解码全球标杆城市
数字经济的北京实践

刁志中　刘淮松　龙　飞　邵　凯　编著
王维航　王文京　周明陶

电子工业出版社
Publishing House of Electronics Industry
北京·BEIJING

未经许可，不得以任何方式复制或抄袭本书之部分或全部内容。
版权所有，侵权必究。

图书在版编目（CIP）数据

解码全球标杆城市：数字经济的北京实践 / 刁志中等编著. —北京：电子工业出版社，2023.1
ISBN 978-7-121-44767-9

Ⅰ. ①解⋯ Ⅱ. ①刁⋯ Ⅲ. ①信息经济—经济发展—研究—北京 Ⅳ. ①F492.3

中国版本图书馆 CIP 数据核字（2022）第 249162 号

责任编辑：李　敏
印　　刷：北京天宇星印刷厂
装　　订：北京天宇星印刷厂
出版发行：电子工业出版社
　　　　　北京市海淀区万寿路 173 信箱　邮编：100036
开　　本：720×1000　1/16　印张：21　字数：395 千字
版　　次：2023 年 1 月第 1 版
印　　次：2023 年 8 月第 3 次印刷
定　　价：108.00 元

凡所购买电子工业出版社图书有缺损问题，请向购买书店调换。若书店售缺，请与本社发行部联系，联系及邮购电话：(010) 88254888，88258888。
质量投诉请发邮件至 zlts@phei.com.cn，盗版侵权举报请发邮件至 dbqq@phei.com.cn。
本书咨询联系方式：limin@phei.com.cn 或（010）88254753。

编著委员会

主　任

刁志中　广联达科技股份有限公司董事长

副主任（按姓名首字母排序）

刘淮松　北京软件和信息服务业协会专家委员会主任

龙　飞　北京软件和信息服务业协会秘书长

邵　凯　北京瑞友科技股份有限公司董事长兼总裁

王维航　北京华胜天成科技股份有限公司董事长

王文京　用友网络科技股份有限公司董事长兼CEO

周明陶　北京中科希望软件股份有限公司董事长

委　员（按姓名首字母排序）

陈尚义　百度技术委员会理事长

费振勇　京北方信息技术股份有限公司董事长

李雪莹　天融信科技集团董事长兼CEO

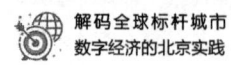

刘睿民	北京柏睿数据技术股份有限公司董事长
刘天文	软通动力信息技术（集团）股份有限公司董事长
马　斌	腾讯集团副总裁
齐向东	奇安信科技集团股份有限公司董事长
施水才	拓尔思信息技术股份有限公司副董事长兼总裁
田溯宁	亚信联合创始人、宽带资本董事长
肖　益	太极计算机股份有限公司总裁
薛向东	东华软件股份公司党委书记、董事长
夏宜君	国家工业信息安全发展研究中心博士
张国明	安世亚太科技股份有限公司董事长
周鸿祎	360集团董事长
周益散	世界生产力科学院院长助理

书评 / Recommendation

  本书站在经济与社会发展的视角，帮助读者理解数字经济实践、寻找数字经济规律、探索数字经济趋势。数字经济从表面看由政府、科技企业及从业者领航，实际上与每个人息息相关。我们的生产、生活、生态在受益于数字化改变的过程中，也会不断涌现新问题和新需求，适宜的数字化解决方案需要及时形成并推广应用，使数字映射充分造福现实世界。希望本书的出版能够引起更多数字经济参与者的共鸣，促进数字化在各行各业全面稳健发展前行。

刁志中 广联达科技股份有限公司董事长

  本书顺应数字经济发展新趋势，聚焦数字经济发展新动向，从战略领航、数字产业化等方面解码数字经济发展新格局，是数字经济发展史中的一次权威总结，将帮助读者对数字经济建立更全面、更立体、更深刻的认知。

费振勇 京北方信息技术股份有限公司董事长

  数字经济是未来的发展方向，创新是经济腾飞的翅膀。只有以科技创新和数字化变革催生新的发展动能，城市发展才能不断获得科技创新能力加持。本书从全球视角，通过翔实案例推动产业数字化转型升级，助力数字经济建设不断迈上新台阶。

龙飞 北京软件和信息服务业协会秘书长

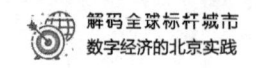

不确定时代唯一确定的就是数智化，数字经济已渗透到各行各业，希望大家具有数字化转型的思维，从人到事，从思想到落地，把握住这一时代的发展机会，创造更多价值。

马斌　腾讯集团副总裁

数字经济是把握新一轮科技革命和产业变革机遇的战略选择。本书悉数人类重大变革历程，以丰富的案例、深入浅出的语言，呈现数字技术的新应用，探索数字时代的新出路。我相信，这本书的读者一定会对未来有更深层次的理解和认识。

齐向东　奇安信科技集团股份有限公司董事长

《解码全球标杆城市——数字经济的北京实践》介绍了很多数字经济创新应用场景，覆盖了产业平台、数据要素、技术和服务各个领域。其中，智慧安全通过新一代信息技术在安全领域的深度融合应用，可大幅提升城市中高风险行业生产管理、智慧产业链管理、产业园区管理、智慧城市应急管理、环境风险评估与应急响应等领域的安全管理水平。长期以来，在智慧安全领域的众多服务企业中，中小企业居多，整体发展水平仍需要提高。未来，我国应从强化政府主导、深化技术创新、推动企业转型、加快产业协同四个方面重点发力，不断优化顶层设计，激发数字经济中小企业主体创新活力，打造合作开放共赢的产业生态，推动数字经济高质量发展。

邵凯　北京瑞友科技股份有限公司董事长兼总裁

本书揭示了数字经济的缘起，从经济学的视角洞察生产关系与生产力的数字化嬗变，以全球数字经济标杆城市北京为"解码"标的，系统地收集、总结和剖析了实际场景和应用案例，既具有理论的深度，又覆盖了实践的广度。

施水才　拓尔思信息技术股份有限公司副董事长兼总裁

我们正从工业经济时代向数字经济时代转变，尤其是在后疫情时代全球经济复苏的关键期，数字经济已经成为应对经济压力的稳定器。围绕数字经济时代发生的新变化、新趋向，本书对当下政企的数字化探索进行了深入解读，针对企业、行业的数字化转型提出了实用路径、技巧与方案。本书内容深入浅出、案例翔实，既适合有数字化转型需求的企业经营者、管理者阅读，也适合行业研究者、政策制定者参考翻阅，能够帮助读者对数字经济建立更全面、更立体、更深刻的认知。

王维航　北京华胜天成科技股份有限公司董事长

从数字技术到数字企业、数字产业、数字经济、数字城市、数字社会，是全球正在发生的历史性进步浪潮。

我国卓越的数字产业化企业家、北京软件和信息服务业协会会长习志中先生组织编著的《解码全球标杆城市——数字经济的北京实践》从技术到平台、产业到社会、城市到国家全方位、多视角解读了全球数字经济标杆城市——北京的丰富实践。推荐企业管理者、产业管理者和城市管理者品读借鉴。

王文京　用友网络科技股份有限公司董事长兼 CEO

数字经济已成为各领域高质量发展的新引擎，正在改变着历史进程和全球格局。该书以全球视野和翔实案例对北京数字经济实践进行了深入的介绍和讨论，对我们围绕北京数字经济规划深入开展产业科技创新很有启发和指导意义。

薛向东　东华软件股份公司党委书记、董事长

本书对数字经济发展的"前世今生"进行非常全面的介绍，深度解读全球标杆城市，施展春秋笔法讲述数字化产业及社会发展状况，洞察行业发展规律，鞭辟入里，是了解科技与数字经济发展的必读之书。

张国明　安世亚太科技股份有限公司董事长

由技术变革激起的数字经济发展浪潮使现代人们的生活方式,以及社会治理方式几乎发生了翻天覆地的变化,数字经济已经融入社会生活的方方面面,也因此成为全球国家战略和企业发展的竞争核心。本书站在全球视角,从国家、社会、技术、企业层面梳理了数字经济发展的现状,以及未来发展趋势和竞争焦点,通过呈现大量企业实现数字产业化和产业数字化的真实案例,清晰地介绍了在国家战略推动下的技术和应用竞争,可帮助读者对数字经济发展现状和趋势有全面、清晰的理解。

周明陶　北京中科希望软件股份有限公司董事长

前 言 / Forword

数字经济的浪潮早已到来，变化早在多年前就已经发生。1998 年，有一本"网红"书籍叫作《浮现中的数字经济》，也是 20 多年前，有一种"热搜"词汇叫作"体验经济"，先知者预测了未来，而我们正在经历这一切。

全世界都在变化

数字技术正在改变历史进程和全球格局。创新引领着国与国的赛跑、区域与区域的竞争。信息技术让数据成为一种新的要素，成为即将点亮数字空间的星星之火，引来更多大变局中的"盗火者"。

数字技术改变了产业的形态和结构。从人的操作、人的判断、人的决策，逐渐补入了机器的操作、算法的判断、智能决策，在降低工作负担的同时，更加复杂的工作种类也不断出现。

数字技术降低了人类基本技能水平的门槛。还有多少人知道，古时候的人出门是以山河树木为指引，以星空为方向？哪怕是 10 年前的人，恐怕也很难想象学习开车可能不需要同时学习认路，一日三餐可以不用自己操作只需要在手机上轻轻点击几下。

新旧交替的世界五彩斑斓

数字产业化不断打开新的市场。新产品不断出现，数据成为搭载在各类产品上帮助人们实现个性化消费的重要驱动，从手机、手表到智能汽车，从智能家电到智能服饰，在数千米外轻轻一点就能操控家中机器人开始打扫卫生，20 年前还是科幻电影中的场景已经成为普通家庭的生活习惯。新模式逐步推广，数据服务已经成为生活中必不可少的一环，"买定离手"已经

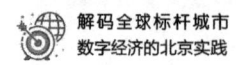

被"七天无理由退换"取代，产地溯源、生产监控、物流追踪已经成为每个消费者的合理权益。

产业数字化正在呈现新的特征。协同远和近，工业设备的远程运维能够跨越山巅和湖泊，让工程师在千里之外定位故障问题；连通点和面，供应链数字化管理能够见微知著，通过智能算法推送一周内全供应链各级供应商的风险提示；衔接人和物，AGV 小车和感知模块能够固定运行轨迹，帮助工厂实现 24 小时无人化生产。

数据要素正在造就新的价值。从物理实体到虚拟空间，数据正在帮助物理世界更集约化、更绿色化发展，数据运算极大地降低着人类对自然界的耗费；从物质世界到精神世界，人民的生活品质需求逐渐增长、生活水平不断提高。

数字经济的浪潮在生活中冲击出朵朵浪花

我们从问题起航，以北京市近 100 个数字经济案例为基础，理解数字经济的实践，寻找数字经济的规律，探索数字经济的趋势。

我们看到，引领数字经济发展的领航者是政府，也是产业；是全社会，也是每个人。社会生活在被数字化不断渗透，虽然带来了新的问题，但也提出了新的解决方案，自然世界、城市社会正在不断勾勒出数字映射……

打开新世界的钥匙，掌握在先行者的手中。

刁志中

2022 年 10 月

目 录 / Contents

第一篇　宏图铺展

第一章　科技变革：数字经济的引擎……002

一、历次科技变革改变全球经济格局……002

二、新一代信息技术带来新一轮改变……006

三、新技术发展引领社会经济发展……009

第二章　产业转型：数字经济的关键……012

一、生产方式数字化……012

二、生产关系数字化……013

第三章　社会发展：数字经济的靶心……016

一、信息消费成为新的生活方式……016

二、数字政府成为新的治理方式……017

三、智慧城市成为新的城市形态……018

第二篇　战略领航

第四章　国家的力量……022

一、发展数字经济：全球各国的共同选择……022

二、治理数字经济：世界性的复杂问题……041

第五章　方圆之内 ············· 045

一、政策体系：长发展、多层次 ············· 045

二、地方政策：特色化、集聚化 ············· 049

第六章　领航者 ············· 062

一、数字产业化的先锋队 ············· 062

二、产业数字化的领头羊 ············· 071

第三篇　数字产业化

第七章　新技术带来新发展 ············· 084

一、连接更广阔的范围 ············· 084

二、计算更无限的空间 ············· 090

三、传递更快速的变化 ············· 095

第八章　开启元宇宙时代 ············· 099

一、连接人类：消费互联网 ············· 099

二、打开虚拟空间：元宇宙 ············· 108

第九章　数据的星辰大海 ············· 132

一、新要素：数字经济时代的"原油" ············· 132

二、新模式：数据驱动的范式变革 ············· 140

三、新价值：数据空间和数据市场 ············· 150

第四篇　产业数字化

第十章　从采棉花到猪联网 ············· 160

一、种植的数字化 ············· 160

二、农业机械的数字化 ············· 167

三、农业供应链的数字化 ············· 169

第十一章　人与机器 ... 175

一、设备的数字化运维 ... 176
二、业务的数字化集成 ... 180
三、工厂的数字化建设 ... 188
四、供应链的数字化管理 ... 196

第十二章　由实体到虚拟 ... 201

一、金融服务：数据的平平稳稳 ... 201
二、企业服务：管理的方方面面 ... 210
三、数据服务：信息的千头万绪 ... 214
四、民生服务：生活的层层叠叠 ... 219
五、安全服务：数据的防护铠甲 ... 228

第五篇　数字社会

第十三章　点亮"管理死角" ... 236

一、认识"城市病" ... 236
二、北上广深之痛 ... 242
三、数字化管理：降低复杂成本 ... 253

第十四章　出击"城市病" ... 285

一、智慧城市的"眼"和"脑" ... 285
二、交通的疏通良药 ... 294
三、管网的四通八达 ... 296
四、健康的城池营垒 ... 298

第十五章　成就"城会玩" ... 302

一、消费的虚与实 ... 302
二、云端奥林匹克 ... 308

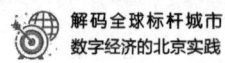

第六篇 未来之望

第十六章 变与不变 ·············· 317
  一、新变革与新生态 ············ 317
  二、新需求与新趋势 ············ 318
  三、新模式与新问题 ············ 319
  四、新格局与新对策 ············ 319

参考文献 ··················· 321

01 第一篇
宏图铺展

从历次工业革命的发展规律来看,科技变革将驱动产业革命暴发、经济范式转变、社会系统性变革,加速全球竞争格局的更替。抓住科技变革机遇的国家,便能占领先机、赢得优势、实现崛起。

本篇从历史出发,以科技变革为主线,围绕"变化"这一关键词,回答三个问题。

第一,科技发展能够对国家兴衰、经济发展、产业结构、社会形态产生什么样的作用力?

第二,数字经济时代,生产方式和生产关系发生了什么样的变化?

第三,数字经济时代,以"人"为核心的社会生活发生了什么变化?

第一章

科技变革：数字经济的引擎

当今时代，数字技术、数字经济是世界科技革命和产业变革的先机。以新一代信息技术为主的科技革命蓬勃兴起，并加速与各行各业深度融合。掌握了新技术发展的主动权，就能更好地占据数字经济新赛道，实现经济发展换道超车。

一、历次科技变革改变全球经济格局

（一）历次工业革命引起的强国兴替

从工业革命发展历程来看，人类社会经历了以机械化、电气化、自动化为标志的三次工业革命。凭借工业革命崛起的国家，也成功跻身世界强国之列。

1. 工业革命 英国

18世纪60年代至19世纪40年代，英国以蒸汽机技术引领第一次工业革命。以蒸汽为动力的汽船、火车等相继出现（见图1-1），蒸汽机广泛应用于煤矿、工厂、交通领域等，人类进入"蒸汽时代"，生产力大幅提高，社会生产关系也发生改变。资本替代土地成为主要生产要素，依赖手工劳动等落后生产方式的自耕农阶级逐步消失，失地农民变成工人，机器大工业不断发展壮大。率先完成第一次工业革命的英国，迅速成为头号资本主义强国，取代荷兰（荷兰是近代第一个称霸世界的国家）成为世界经济的重心。

图 1-1 重要成果：蒸汽机火车

2. 电气革命 德国

19 世纪 70 年代至 20 世纪初，德国以电气化技术引领第二次工业革命。随着电流磁效应、电磁感应、电磁波、直流发电机等新发现、新发明不断涌现，电灯、电车、电钻、电焊机等新产品层出不穷，以煤气、汽油、柴油为燃料的内燃机相继问世，电力、内燃机等得到大规模应用，人类由"蒸汽时代"进入"电气时代"，迅速推动了工业、交通运输等领域的革新，工业结构实现了由轻工业向重工业的飞跃（重要成果耐用碳丝灯泡、三轮机动车如图 1-2 所示）。英国因错过第二次工业革命红利，丧失了"世界工厂"的地位；而德国抓住机遇，完成"赶超"，一跃成为世界第二大经济强国。

图 1-2 重要成果：耐用碳丝灯泡、三轮机动车

3. 信息革命 美国

20世纪50年代中期，美国以计算机和信息化技术引领第三次工业革命。这一时期以原子能、电子计算机（见图1-3）、生物工程、空间技术、新材料、新能源等的发明和应用为主要标志，人类由"电气时代"进入"信息时代"。美国凭借互联网技术、先进制造技术、新能源、生物技术等领先优势，重塑了新的竞争优势，扭转了"去工业化"进程导致的制造业产业日益空心化的不利局面，完成了"再工业化"的转变，并以高新技术为依托，发展了高附加值的制造业，引领了全球产业分工新布局，登上了世界霸主地位。

图1-3 重要成果：世界上第一台电子计算机"ENIAC"

（二）科技变革与全球格局的关联性逐渐紧密

科技变革是科学革命与技术革命的统称。其中，科学革命主要是指在科学理论、方法等方面取得的革命性理论成果，将显著改变人类的思维方式；技术革命以科学革命为基础，是技术体系原理的根本性变革，将直接影响社会生产方式、生产力和生产关系，催生新兴的主导产业，进而推动产业革命暴发。

因此，科技变革能引起全球产业结构发生重大调整、产业布局发生重大变化，驱动全球经济增长重心转移，并给社会带来根本性变化，推动社会结构变革，最终影响全球格局变动。同时，全球政治经济格局变动和发展又必然对科学技术发展有新的、更高的要求，进而牵引新一轮科技变革暴发。因此，随着科学技术不断进步发展，科技变革与全球格局的关联性逐渐紧密。

历次工业革命本质上是重大的科技变革。每次科技变革的推进，都产生了更多的科学理论成果与主导技术，对经济、社会、政治等领域的渗透作用逐步增强，进一步打破原有的政治、经济发展平衡，促使世界力量对比格局发生新改变（见表1-1）。

表1-1 科技变革对全球格局的影响

科技变革	第一次工业革命	第二次工业革命	第三次工业革命
科学革命	经典力学	经典电磁场学、热力学第二定律、进化论	相对论、量子论、系统科学、生命科学、环境科学
技术革命	蒸汽机	电力、内燃机	信息技术、生物技术、环境技术、材料、能源
生产方式	机械化	电气化	自动化，并向信息化、智能化方向发展
新兴产业	纺织、金属冶炼、机器制造	电力、化工、造船、汽车制造、石油	电子、激光、核工业、航空航天等高新技术产业；金融、旅游、房地产、信息咨询等服务业；环境产业、清洁产业、新能源产业等绿色产业
产业结构	第二产业兴起	第二产业繁荣	第三产业兴起，知识产业兴起
全球经济增长重心	英国	德国	美国
社会制度	资本主义制度巩固	资本主义从自由竞争阶段进入帝国主义阶段	推动了社会的现代化
社会结构	社会日益分裂为两大对立阶级：工业资产阶级、无产阶级	国家机构开始和垄断组织结合	经济全球化
全球格局	西方形成了资本主义阵营，东方形成了社会主义阵营；列强的殖民扩张造成东方从属于西方的格局	形成了世界资本主义的殖民体系格局	世界各国经济相互依存，形成了全球多极化格局

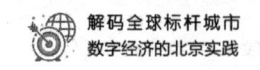

（三）科技变革是大国兴起的关键核心

国家兴衰包括三种表现形态。一是国家崛起，是国家从弱小到强大、突然兴起，由发展中国家上升为发达国家的过程。二是国家复兴，是国家衰落后再次繁荣和兴盛，由发达国家下降为发展中国家后再次成为发达国家的过程。三是国家衰落，是国家水平下降、国家实力衰减或国家败亡，由发达国家下降为发展中国家的过程。

18 世纪以来，科技变革与大国兴衰紧密相关。例如，第一次工业革命中，英国成为第一大国，印度沦为英国的殖民地；第二次工业革命中，德国成为世界强国，中国沦为半殖民地；第三次工业革命中，美国称霸全球，苏联解体，而日本、新加坡、韩国抓住科技变革的机遇期，崛起成为发达国家。

从历次科技变革、大国兴衰的发展规律来看，科技实力决定了各国各民族的前途命运，科技变革已成为大国兴起的关键核心。率先发起和完成科技变革的国家，能够占领先机、赢得优势、迅速兴起。这些国家掌握着最先进的科技成果，并通过在全国范围内推广应用，促进经济迅速发展、国力显著增强、国际地位大幅提高。反之，错失科技变革机遇的国家，因科技变革进程滞后，往往面临巨大的挑战，极有可能在新科技浪潮中被淘汰，并走向衰落或解体。

目前，全球范围内正在进行以新一代信息技术为引领的第四次工业革命。随着新一轮科技变革和产业变革深入发展，一大批数字技术取得创新突破，为数字经济发展奠定了基础。数字经济已成为第四次工业革命的主战场，世界各国在数字经济领域的竞争逐渐加剧。

二、新一代信息技术带来新一轮改变

（一）计算机正在计算世界

计算机技术是新一代信息技术的重要基础之一。计算机能够按照编写的程序处理各种信息，在科学计算、数据处理、过程控制、实时控制、辅助生产等方面，对社会、政治、经济、军事、科技等领域产生巨大影响。

例如，工程设计往往涉及成百上千个大型矩阵运算、高阶微分方程组等，利用计算机技术可以解决这些复杂的数学计算问题。在科技领域，超音速飞行器设计、人造卫星、运载火箭轨道等的计算，也离不开高速运算的计算机。

在非科技工程领域，计算机承担了大量的数据处理工作，包括对原始数据执行收集、存储、整理、统计、修改、增加、删除等操作，并基于数据处理与分析，实现趋势预测，例如，政府机关公文、报表和档案处理，气候变化预测，情报检索，企业财务、人事、物料管理，办公自动化，等等。

工业计算机能实现对连续工业生产过程的控制，即过程控制，如巡回检测、统计报表、状态监控、自动报警、自动启停等；能有效提高生产效率、降低生产成本，被广泛应用于冶金、电力、石化、机械、纺织等行业。导弹、载人宇宙飞船等现代化设施也离不开由计算机构成的实时控制系统，例如，导弹通过将飞行目标、轨迹等预先加载在弹载计算机中，命中率可接近100%。

在现代工业生产领域，计算机辅助设计（Computer Aided Design，CAD）、计算机辅助制造（Computer Aided Manufacturing，CAM）、计算机辅助测试（Computer Aided Test，CAT）、计算机集成制造系统（Computer Integrated Manufacturing Systems，CIMS）等计算机技术广泛用于工业产品辅助设计、制造及测试，极大地提高了生产自动化水平，节省了大量的人力和财力。

目前，量子计算已被认为可能是下一代信息革命的关键技术，全球也在加速布局量子计算机研发。量子计算机可产生远超过传统硅芯片超级计算机的算力，例如，对于传统超级计算机要在 100 亿年才能解决的大数因子分解问题，一台具有 5000 个量子位的量子计算机只需要约 30 秒便能解决。未来，量子计算有望在密码破译、材料设计、药物分析等领域发挥重要作用。

（二）互联网促进万物互联

互联网技术是计算机技术与通信技术的融合。彼此独立的计算机通过遍布全球的网络连接在一起，便形成了互联网。互联网打破了信息传播的时间和地域限制，已成为共享资源、交换信息的重要渠道。互联网技术改变了商业经济、工业生产、文化传播等领域，以智能手机为代表的移动互联网终端设备快速普及，惠及普通大众。可见，互联网技术对人类社会的影响体现在方方面面。

互联网催生了商业经济新业态、新模式。在互联网的驱动下，零售、餐饮、交通等领域消费迅速升级。例如，电子商务成为新经济代表，使人们足不出户便可完成全球购物；网络订餐送餐、共享单车、网约车等基于互联网的新型商业模式快速发展壮大，使人们的生活更加丰富、更加便利。

互联网改变了工业生产方式。互联网技术对制造业的制造模式，以及企业的组成和管理模式产生了极大影响，敏捷制造新模式由此诞生。该模式基于市场需求及变化，通过互联网连接不同企业的资金、技术、基础设施等优势，合法组建为一个具备最优资源、耗费最低成本、市场响应最迅速的"虚拟工厂"，实现工业生产利润最大化。

互联网促进了文化传播。在教学领域，教师可以通过互联网获取更多具象化的教学内容，不断提高教学的生动性；学生也可以在互联网上获取更多教学资源。面对新冠肺炎疫情等突发事件，互联网技术使得远程教育新模式成为可能，满足了多渠道学习需求。另外，互联网技术为文化跨行业、跨地域的传播奠定了良好基础，能实现全球文化的融合。

（三）新技术让世界变得更丰富

大数据、人工智能、区块链等新技术是新一代信息技术的代表性技术，是未来世界发展的重要方向，也是新一轮科技变革的重要驱动力量。

大数据具有大量的数据规模、高速的数据流转、多样的数据类型、较低的价值密度、较高的真实性五大特征。目前，大数据技术已经创造了个性化学习、精准营销等新模式。例如，运用大数据分析技术，教师能够详细记录学生的学习情况和成长轨迹，可以更加清晰地了解每个学生的学习能力和特征，从而实现更加个性化的教学；企业可以运用大数据进行精准营销，更好地开发潜在客户，并提供更适合的产品服务。大数据还能够更好地改善民生，如自助缴纳水电燃气费用、电子地图便利出行等。

人工智能是计算机模拟人类思维方式和智能行为的技术。近年来，人工智能已经在模式识别、语音识别、专家系统和机器人制作等方面取得明显成就，并广泛应用于医疗诊断、机器翻译、智能家居、智慧农业、智能机器人等领域。例如，利用模式识别技术，能够实现指纹分辨、身份鉴别；对人体细胞显微图像进行分析，可以确定是否发生病变；对机器人配置摄像机、声音接收器、机械装置等，可以模拟人类完成海底探测。

区块链本质上是一个去中心的数据库，具有不可伪造、全程留痕、可以追溯、公开透明、集体维护等特征，具有极高的数据稳定性和可靠性，目前其已开始应用于金融、政务、医疗、教育、军事国防等领域。在金融领域，基于区块链分布式账本体系，能够快速完成支付、清算、结算任务，降低跨行跨境交易的复杂性和成本。在医疗领域，区块链能够保障存储的医疗数据来源真实，并能实现永久保存，便于医院查看患者历史医疗记录，给出更具针对性的治疗方案。

三、新技术发展引领社会经济发展

（一）新旧产业的交替

随着新技术的迅猛发展，数字经济与实体经济正在走向深度融合。新技术已经成为新旧发展动能接续转换的强劲引擎。具体而言，新技术在传统产业的应用，不仅使原有生产力升级改造，而且衍生出新的生产力，促使资源重新高效配置，最终重塑经济发展模式。

从产业视角看，实体经济新旧产业交替更迭主要包括两种形式。

围绕技术，人工智能、新能源、新材料、新能源汽车、电子商务等新产业、新业态的产生及不断发展壮大，最终将可能取代传统产业成为国民经济的主导产业。在生活文化领域，在线媒体、电子书的发展，正在严重冲击传统报纸杂志、纸质书籍销售。在交通出行领域，网约车正成为主流，打击了传统出租车市场。

面向传统产业，新技术、新业态、新模式推广运用及渗透到传统产业中，使传统产业获得新的发展动力和活力，并焕发出新的生机。工业互联网作为新一代信息技术与工业技术深度融合的产物，通过人、机、物的全面互连，实现了工业经济的全要素、全产业链、全价值链连接，赋能传统制造业向"制造+服务"的模式转型升级，提高制造业的附加价值，推动制造业进一步向高端化迈进，成为工业经济高质量发展的重要推动力。

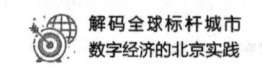

（二）三次产业的比重变化

当前，数字经济已成为撬动经济社会发展的"杠杆"。传统产业正在积极应用5G、物联网、大数据、人工智能、区块链、云计算等新技术，进行全方位、全链条的产业改造，发挥数字技术对经济发展的放大、叠加、倍增作用。数字技术作为农业现代化的助推器、工业变革的驱动器、服务业新模式的孵化器，正在推进产业结构向高层次演进，三次产业结构比例持续优化，产业发展协调性显著增强。

近年来，三次产业数字化转型不断提速，我国三次产业数字经济渗透率逐年提高，产业竞争力持续增强。数据显示，"十三五"期间，我国三次产业数字经济渗透率由"十三五"初期的第一产业6.2%、第二产业16.8%、第三产业29.6%，增长到了"十三五"末期的第一产业8.9%、第二产业21.0%、第三产业40.7%。总体来看，目前第三产业数字化转型最快，第三产业比重明显提高。

新的变化正在发生。在农业领域，物联网、人工智能等技术正用于数字化测土配肥、智能高效节水灌溉、机器人采摘；卫星遥感、区块链等技术正用于农作物品种筛选、精准农业等。在工业领域，数字工厂仿真、智能物流、企业资源计划（Enterprise Resource Planning，ERP）系统等广泛应用，更多企业迈上"云端"，2020年我国新增上云企业超过47万家。在服务业领域，在线学习、远程办公、远程会议、在线医疗、数字娱乐等服务新模式不断涌现，电子商务发展尤为迅猛，交易额由2015年的21.8万亿元增长到了2020年的37.2万亿元。

（三）软硬协同的未来世界

软件产业由最初的软硬一体化阶段，如今已经迈入网络化、服务化阶段，软件正在深刻改变着产品、企业和生态，未来世界也将是软件定义的世界。软件定义是指，利用软件程序赋予事物的应用功能和使用价值，满足日益复杂的多样化需求。软件定义的本质在于，通过软件虚拟化的方式，实现硬件资源虚拟化、管理功能可编程。

软件定义最先出现的概念是软件定义的无线电（Software Defined Radio，SDR）。SDR技术通过软件（或固件）代替硬件执行信号处理任务来实现射频通信。此后，软件定义逐步延伸渗透至整个 IT 环境。例如，软件定义网络（Software Defined Network，SDN）实现了通过软件编程的方式定义和控制网络；软件定义存储（Software Defined Storage，SDS）实现了通过软件自动控制存储资源，并最终达到存储即服务的目标；软件定义计算诞生了云计算；软件定义消费电子产生了智能手机、工业机器人、智能网联汽车等系列产品。

当前，业界已经将软件定义视为推进数字化转型的利器，积极发挥软件在引领创新、促进转型、培育动能中的支撑引领作用。例如，制造业基于软件定义加快推进高质量发展，应用研发设计类、经营管理类、生产控制类等软件，持续提升产品研发能力、提高企业管理水平、优化制造资源配置，实现生产设备故障诊断与预测性维护，并基于软件对数据进行深入分析，不断提高生产效率和资源利用率，全面优化企业生产经营模式。

在数字化的大趋势下，未来世界将是人、机、物融合的世界。各类信息资源的连接，以及信息资源与社会资源、硬件资源等的关联，将构成万物互联的世界。在新环境下，新型应用需求将层出不穷，这需要通过软件定义的方式来实现"按需定制"。因此，未来世界将无法脱离软件。

第二章

产业转型：数字经济的关键

数字经济时代，数据成为关键生产要素。大数据、人工智能、工业互联网等新一代信息技术的应用，使得数据价值得到进一步释放，使得生产资源配置、生产运营逻辑，以及生产、分配、交换和消费关系等得以重塑，使得生产方式和生产关系发生变革，并赋能传统产业转型升级，助力数字经济快速发展。

一、生产方式数字化

生产方式数字化是，通过优化重组生产和运营全流程数据，推动产业生产运营模式转型升级的过程。生产方式数字化将导致产品研发方式、生产制造模式、生产组织方式等发生变化。

1. 研发设计平台化

生产方式数字化诞生了网络化协同设计、平台化设计等新方式，研发设计模式由传统封闭独立的模式向开放化、合作化、专业化方向发展，研发设计质量和效率得到大幅提升。

网络化协同设计模式可以依托云化设计软件，支持零部件供应商、研发生产企业、外协合作伙伴等产业链上下游企业共同参与方案策划、器件选型、样机生产、产品定型等研发设计全流程，实现产品数据协同、研发项目协同，避免了基于邮件、电话、网盘等方式进行项目沟通和数据共享造成的工作效率较低、数据泄露风险较高等问题。波音公司就曾采用网络化协同方式，召集全球供应商共同开展波音飞机设计，使得设计时间缩短了一半。

平台化设计模式可以依托平台化、虚拟化仿真设计工具,对产品研发设计、生产制造等过程进行仿真模拟,实现预估产品功能、优化产品生产工艺、无实物样机生产等,从而缩短新产品的研发生产周期、降低研发生产成本、提升产品竞争力。

2. 生产制造智能化

传统的生产制造模式通常采用大规模流水线生产方式,生产效率偏低、依赖大量人力,并且更适合单品种大量生产,不适合多品种小批量生产。随着市场需求朝着多样化、个性化、定制化趋势发展,传统的生产制造模式难以满足产品快速更新换代的要求。生产方式数字化推动生产制造模式向智能化、柔性化、精细化等方向发展,能更好地满足市场需求,实现高质量生产。

智能化生产运用工业机器人等智能化工具,实现生产的自动化流水线作业,显著提高生产制造效率。柔性化生产是市场导向性的新型生产模式,支持企业根据客户订单、市场需求等随时调整产品品种、生产批量大小,并能保证产品品质,控制生产成本,提高生产设备利用率。企业还可以基于 ERP 系统、工业物联网等信息技术手段,实现准时制（Just in Time,JIT）生产,结合市场情况对生产过程进行精细化管控,实现生产资源合理利用,解决传统粗放式生产模式带来的库存量大、难以适应市场调整等问题。

3. 生产组织数字化

生产方式数字化推动生产组织方式向产业一体化等方向发展。例如,企业可以基于互联网技术、3D 打印技术等,采用数字化叠加的方式,运用增材制造法整合原材料,将原本分散在若干环节和不同企业的专业生产过程集成在一起,以"打印"的方式直接生产产品,使产品能够快速成型。这种生产方式,使得生产组织方式由传统的"集中生产,全球分销",转变为"分散生产,就地销售",节约了大量运输成本,促进了产业一体化发展。

二、生产关系数字化

马克思主义基本原理指出,生产关系是人们在物质生产过程中形成的

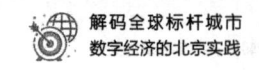

不以人的意志为转移的经济关系。生产关系包括三个方面：生产资料的所有制形式，人们在生产中形成的地位和相互关系，产品分配方式。生产关系的数字化转型导致这三个方面的内容都在发生变化。

1. 生产要素共享化

从生产资料的所有制形式来看，生产资料正在由独占垄断转变为开放共享。在工业经济时代，生产资料主要包括机械化、电气化、传统基建等生产工具，以及资本、土地、石油等生产对象；生产资料通常由大型工厂垄断，或者为个人私有，生产资料的交换局限于实物领域。在数字经济时代，生产资料主要是新一代信息技术等生产资源及数据等生产对象，生产资料所有关系是开放、共有、共享的，普通劳动者可以更方便地获得数据、流量等生产资料，例如，网络主播、电商平台商户等依托大型互联网平台可以获得更多商业机会。

2. 生产关系虚拟化

从人们在生产中的地位和相互关系来看，生产关系正在向虚拟化、合作化、敏捷化等方向发展。在工业经济时代，生产关系主要为公司制，属于传统的雇用关系。生产关系的数字化转型产生了互联网线上劳动、"玩劳动"等数字化劳动力，劳动时间和劳动方式更加多样化，使生产关系在空间上分散化、虚拟化，形成了多种形态的非雇用关系，生产关系由雇用关系开始向合伙制发展，改变了传统的社会结构。例如，很多外卖员、网约车司机等与互联网平台之间并非雇主与雇员的关系，由于这些岗位流动性大，互联网平台通常不会为非合同工缴纳社保。为应对数字经济时代消费者个性化、多样化需求，市场关系也由自由竞争模式更多地转向合作共进、资源共享、合作共赢模式。同时，工业经济时代的组织制度为科层制，以规则为基础，采用刚性化管控模式，追求精准性、持续性和统一性。这种制度强调机械效率而忽视了社会效率，难以满足数字经济时代的需求。组织制度的数字化转型形成了网格制，组织通过网格化方式实现资源协调，更具敏捷性，例如，平台型组织、网络化组织、虚拟组织采用网格制实现了多元化创新。

3. 生产和消费融合化

从产品分配方式来看,传统的生产关系是"产—供—销—用户",消费者被动接受产品;数字化转型使得生产商能够智能感知消费者需求,消费者能够深度参与产品制造,个性化消费、体验式消费更为普遍,区块链等技术能够实现数字经济时代的价值计算、按劳分配,改变了互联网平台的利益分配方式。

第三章

社会发展：数字经济的靶心

数字经济的蓬勃发展，促使新型信息消费产品和服务不断涌现，驱动生活方式和治理方式变革，支撑构建了新的城市形态，正在全方位推动社会发展。

一、信息消费成为新的生活方式

信息消费包括购买信息产品、享受信息服务两个方面。在数字经济的推动下，我国信息消费得到显著提升，已成为新的生活方式。信息消费场景已覆盖零售、餐饮、交通旅游、文化娱乐、教育医疗等领域，数字技术正在驱动生活方式的变革，数字红利正在切实惠及民生各领域。

智能终端支撑全场景购物。移动互联网、移动支付技术的发展，使得人们可以通过智能终端设备随时随地完成线上生活购物，如购买衣服、购买食品、预订餐厅、订购外卖等。众多传统商超也开启了数字化零售，蔬菜、肉类、蛋奶类等生鲜食品可实现"1小时达""半日达"，极大地便利了人们的基本生活。跨境电子商务的发展，进一步打破了生活购物的区域限制。

智能家居产品连接美好生活。家居产品逐渐朝着智能化、便捷化方向发展，智能音响、智能电视、智能空调、智能冰箱、智能洗衣机、智能扫地机器人、智能洗碗机、燃气泄漏检测器、指纹锁、智能安防设备等系列智能家居产品层出不穷，通过移动终端便可实现家居产品的互连、实时监测、远程控制、数据共享等，打造美好智慧家庭，给生活带来更多的舒适性和安全感。

交通旅游享受高效便捷服务。网络约车、网络租车、扫码用车、在线预订车票、民宿短租、旅游线路定制等交通旅游服务新模式极大地便捷了交通旅游出行，能结合消费者个体需求优化匹配交通旅游最佳方案。基于5G、人工智能、VR/AR等技术的智能导览应用程序，能提供实时景区景点直播、便捷化导游导览、个性化旅游产品预订等服务，提高人们的旅游体验。

数字内容丰富文化娱乐体验。网络书籍、付费知识服务、基于智能语音技术的数字阅读服务等数字文化服务，以及网络音视频、网络游戏、动漫等数字娱乐服务，结合信息消费时间碎片化的特征，为人们提供了更加多元化的文化娱乐形式，带来了更好的智能交互体验，为文化娱乐生活增色。

在线教育、在线医疗保障公共服务。在线教育给人们带来了全新的数字化学习体验，满足了不同群体的终身学习需求。无创血液监测仪、血糖测试仪及可监测血压、血氧、心率和心电图等生命体征的智能手环/手表等可穿戴设备，以及在线健康咨询、个性化监控管理等服务模式，为人们的健康生活提供了更好的保障。

二、数字政府成为新的治理方式

数字政府依托互联网、数据库等基础设施和新一代信息技术推动治理方式变革，是一种新型国家治理方式，促使政府治理更为高效、主动、精准、敏捷。通过充分连接数据并挖掘数据价值，数字政府治理形成了"用数据对话、用数据决策、用数据服务、用数据创新"的现代治理模式，不断提高治理效能。

从数字政府的特点来看，数字政府具有政务信息化、管理网络化、政务公开化、管理模式优化等特点。政务信息化建设使得数字政府能运用新一代信息技术广泛获取信息，并利用信息优化治理能力，实现了从传统政府以权力为中心到数字政府以数据为中心的转变。管理网络化使数字政府能实现管理资源共享，打破资源孤岛，实现多级政府联动，提高监控、反馈、督办等工作效率。政务公开化使得广大社会民众均能有效参与公共事务管理和公共服务供给，通过开设政策解读类、回应关切类专栏等，能促进政策更好地落地，可使社会关注热点得到及时回应，增强政府的透明度和公信力。管理模式优化是指，数字政府通过调整政府内部组织架构、运作程序等，推动政府治理流程再造和模式优化，例如，多部门串联审批转变为并行审批等。

从数字政府的作用来看，数字政府实现了政务服务方式创新、政府管理和服务效率提升，以及治理更加科学化和精准化等。数字政府坚持"以人民为中心"的价值观，着力实现"让群众少跑腿，让数据多跑路"的治理愿景，形成了社会诉求"一键回应"、政务服务"一网通办""不见面审批""最多跑一次""秒批"等创新服务管理模式（如安坐家中只需要"刷脸"就能领取养老金等），在提高政府管理效率的同时，也让人民群众的获得感、幸福感、满意度不断增强。另外，数字政府通过大数据、人工智能、区块链等新技术，能建立基于数据的精准决策机制，促使社会治理、风险预警、区域性发展等决策更具科学性和精准性。

三、智慧城市成为新的城市形态

随着城镇化建设步伐加快，城市人口急剧扩张，人口与资源的矛盾不断深化，交通拥堵、资源短缺、环境污染等"城市病"日益突出。为解决这些问题，智慧城市应运而生。智慧城市是新一代信息技术支撑的、知识社会创新环境下的城市形态，强调将新技术用于全面感知城市、充分整合资源、提高资源利用效率，实现城市的可持续发展。

智慧城市建设主要包括四个阶段：数字化、网络化、智能化、智慧化（见表3-1）。随着技术的发展，当前智慧城市建设已迈入智慧化阶段，城市运转更加高效有序。

表 3-1 智慧城市建设阶段

建设阶段	建设内容	特　点
数字化	基于信息基础设施，实现城市可获取信息可用数字进行表述	物能"说话"
网络化	基于网络将数字化城市连接起来，实现数据可交互	物与物能"对话"
智能化	在网络传输基础上实现智能反应与调控，如智能设备、智能交通等	物与人能"交流"
智慧化	基于物与物、人与人、物与人的互联互通，实现对城市的智慧化、精细化管理，以及对城市资源的集约化利用	城市会"思考"

智慧城市的建设内容主要涉及政府管理、民生幸福、产业升级三个领域，实现了政府、公众、企业的有机结合。

政府管理领域的智慧应用包括智能交通、智慧环保、智慧水务、智慧能源、公共安全、应急管理等。智能交通系统运用物联网、云计算、自动控制、人工智能等技术，实现对城市公路交通状况的实时监控、动态管理，以及交通信息的实时共享，有效控制了交通拥堵、交通污染、交通事故多发等问题，提高了智能化管理水平。

民生幸福领域的智慧应用包括智慧医疗、智慧出行、智慧社区、智慧教育等。智慧医疗系统能实现区域内各医疗卫生单位信息系统的交互，电子健康档案、线上挂号、电子收费等功能极大地便利了人民群众的生活。

产业升级领域的智慧应用包括智慧物流、智能制造、智慧电商、智慧旅游、智慧农业等。智慧物流系统基于大数据、云计算、人工智能等技术，能够测算最佳匹配的仓储资源和配送资源，可以更有效地调度城市物流资源；通过物流全链路能源管理技术、无人仓库节能降耗技术等，能满足绿色低碳需求，促进物流产业可持续发展。

02 第二篇
战略领航

近年来,互联网、大数据、云计算、人工智能、区块链等技术加速创新,日益融入经济、社会发展各领域全过程。各国竞相制定数字经济发展战略、出台鼓励政策,数字经济发展速度之快、辐射范围之广、影响程度之深前所未有,正在成为重组全球要素资源、重塑全球经济结构、改变全球竞争格局的关键力量。争夺数字经济先发优势是数字化时代大国参与国际博弈的战略选择。

从战略和政策的视角观察数字经济,能够看到政府对数字经济的"两手抓"。一方面,政府积极发展相关技术,促进市场化、产业化,加快新模式、新业态发展,提升核心竞争力;另一方面,政府出台系列规则和规范,限制数字经济无序发展,打击扭曲市场的不正当竞争、垄断等行为,引导新市场健康良性发展。

尽管在西方经济学中自由市场备受推崇,但从各国的选择来看,产业政策从来都是经济发展的重要组成部分，各国在引导经济优势、培育竞争实力、限制无序竞争方面出台了一系列的规则和法案。

我国历来重视产业发展，在数字经济领域出台了多层次、全方位的政策体系。在中央层面，我国制定了长期战略规划，同时在大数据、人工智能、区块链等技术领域陆续出台了专项政策。在地方层面，京津冀、长三角、珠三角地区成为引领数字经济发展的高地，形成了以总部经济、块状经济、先进制造集群为特征的不同发展路径。在国际形势日趋复杂的今天，政府正在发挥更重要的作用，为数字经济发展保驾护航。

第四章

国家的力量

纵观历史,从国家层面对经济发展提出引导、促进或限制、治理的产业政策,是全球各国的共同选择。

本章聚焦全球各国或地区在数字经济方面的战略和政策,重点选择美国、欧洲和亚洲三个数字经济主战场,从发展和治理两个方面,梳理各国或地区基于自身优势做出的战略选择。

一、发展数字经济:全球各国的共同选择

近年来,互联网、大数据、云计算、人工智能、区块链等技术加速创新,日益融入经济、社会发展各领域全过程,各国竞相制定数字经济发展战略、出台鼓励政策,数字经济发展速度之快、辐射范围之广、影响程度之深前所未有,正在成为重组全球要素资源、重塑全球经济结构、改变全球竞争格局的关键力量。争夺数字经济先发优势是数字化时代大国参与国际博弈的战略选择。多数发达国家及地区较早认识到数字经济的战略意义,相关政策布局起步较早:一方面加速构建其国内数字经济政策体系;另一方面通过国际合作积极抢占全球数字经济规则制定权。多数发展中国家受限于经济、技术发展阶段,近年来才启动相关战略布局,起步较晚,但以发达国家为范本,加快数字经济战略部署,着重发展数字技术,为数字经济相关产业发展营造积极的市场环境,其数字经济增速呈现出比发达国家数字经济增速更快的态势。

（一）美国：全球数字经济引领者

2020年，美国数字经济规模蝉联全球第一，达13.6万亿美元，占美国国内生产总值（Gross Domestic Product，GDP）的比重达65.0%。按照美国商务部经济分析局（U.S. Bureau of Economic Analysis，BEA）窄口径，数字经济行业包括数字基础设施、电子商务、数字媒体三部分，2019年美国数字经济规模为2.05万亿美元，占美国国内生产总值的9.6%，是继房地产和租赁业、公共管理、制造业之后的全美第四大行业。

1. 数字技术发源地，技术发展及商业模式持续迸发活力

美国数字产业化规模居全球第一位。根据中国信息通信研究院测算，2018年美国数字产业规模为1.5万亿美元。

（1）云计算的开创者和领导者。

作为"云计算"概念的发源地，美国云计算市场发展较为成熟，其产品、技术和应用规模处于世界领先地位。2020年，美国云计算市场规模占全球比重超过40%。根据IDC发布的《全球半年度公共云服务追踪报告》，2020年，在基础设施即服务（Infrastructure as a Service，IaaS）、系统基础设施软件即服务（System Infrastructure Software as a Service，SISaaS）和平台即服务（Platform as a Service，PaaS）市场，亚马逊的市场份额居第一位（24.1%），微软的市场份额居第二位（16.6%）；全球前五大公共云服务提供商（AWS、微软、Salesforce、谷歌和甲骨文）全部来自美国，其收入总量占全球的38%，较2019年增长32%。

（2）人工智能发展世界领先。

2009年，美国国家科学基金会发布了《美国机器人路线图》。奥巴马政府于2011年正式启动了"美国国家机器人计划"，以建立美国在下一代机器人技术及应用方面的领先地位。2013年，美国发布了《机器人技术路线图：从互联网到机器人》，指出了机器人在制造业和公共卫生领域的重要应用。2016年，针对人工智能发展现状、应用领域及社会公共政策问题，美国于10月推出了《为人工智能的未来做好准备》；之后发布了《国家人工智能研发战略计划》，提出了优先发展的人工智能七大研发战略和两大建议；12月发布的《人工智能、自动化与经济报告》中对人工智能驱动的自动化对美国就业市场和经济的影响，以及建设性的政策回应等方面进行了系统研究和深入分析。2019年2月，美国总统特朗普签署了《保持美国在人工智能领域的领先地位》文件，启动了美国人工智能倡议行动，这标志着美国正式将人工智能上升为国家战略。特朗普政府强调，要继续保持美国在人工智能领域的领先地位，就必须齐心协力促进技术和创新的进步，保护美国的技术安全、经济安全和国家安全，加强与外国伙伴和盟国之间的合作。2021年3月，美国人工智能国家安全委员会（National Security Commision on Artificial Intelligence，NSCAI）向美国国会递交了一份长达756页的建议报告。该报告的主要建议包括：为美国人工智能领域的发展设定2025年目标，以实现"军事人工智能准备就绪"；在美国白宫成立一个由美国副总统领导的技术竞争力委员会，以帮助提升美国人工智能在各个领域的地位，并大力培养技能人才等。

（3）全球区块链技术创新最为活跃的地区。

美国把区块链技术确立为国家战略性技术，2016年美联储发布的首份区块链研究白皮书《支付、清算与结算中的分布式账本技术》，肯定了分布式账本技术在支付、清算和结算领域的应用潜力，探讨了分布式账本未来实际部署和长期应用面临的机遇和挑战。目前主流的区块链技术，如加密网络、以太坊等均源自美国。美国各大银行、财团、咨询机构等也广泛参与，纷纷与区块链组织合作推进技术研发、标准制定和概念验证等方面的工作，这将进一步强化美国在区块链技术方面的领先地位。根据福布斯发布的2021年全球区块链50强排行榜，美国共有25家企业上榜，是上榜数量最多的国家。

（4）发展量子信息科学投入位居世界前列。

日本专利信息平台Astamuse通过调查2009—2018年这10年各国投入的研究经费发现，全球投入研究经费总额达到约80亿美元，按国别来看，美国投入研究经费10.6亿美元，全球最高。美国2018年在以量子计算机为核心的量子信息科学领域敲定了国家战略，实施了在5年内最多投入13亿美元的《美国国家量子倡议法案》。美国政府已经拨款数亿美元建立12个量子研究中心，用以提高量子计算的生产力。美国能源部下属的5个量子计算中心得到了一个6.25亿美元的项目资助，以及IBM、英特尔、微软等多家科技巨头3.4亿美元的资助。这些资助主要来自《美国国家量子倡议法案》。谷歌计划在十年内完成"量子门"方式的量子计算机的研发，为了实现这一目标，谷歌计划投入数十亿美元推进项目。另外，谷歌已在电阻为零的超导电路方面进行了多年的尝试。IBM 也在加速推进量子计算机的研发，按照计划，IBM 将在 2022 年研发成功量子位数达到 1000 个以上的量子计算机。

2. 依托数字技术，产业数字化水平全球遥遥领先

美国产业数字化规模居世界首位，2018 年产业数字化规模达 10.8 万亿美元。中国产业数字化规模为 3.8 万亿美元，居世界第二位。

2008 年金融危机后，美国提出"制造业回归美国"，美国政府推出系列措施重振制造业。2011 年，美国总统科技顾问委员会发布《确保美国在先进制造业的领导地位》报告，强调推进先进制造战略的重要性。2012 年，美国制定"国家制造业创新网络计划"（NNMI 计划），随后先后出台《美国国家制造业创新网络：一个初步设计》《加速美国先进制造业发展报告》和《振兴美国制造业和创新法案 2014》。2013 年，美国发布了《美国国家制造业创新网络：一个初步设计》，提出投资 10 亿美元组建美国制造业创新网络，集中力量推动数字化制造、新能源及新材料应用等先进制造业的创新发展，打造一批具有先进制造能力的创新集群。此后，美国相继发布了 AMP1.0 战略获得先进制造本土竞争优势，发布了 AMP2.0 战略加速美国先进制造业发展，逐步完善了智能制造整体框架。2014 年 12 月，美国国会通过了《振兴美国制造业和创新法案 2014》，成立先进制造国家计划办公室（Advanced Manufacturing National Program Office，AMNPO）。2016 年，美国发布了《智能制造振兴计划》，依托新一代信息技术、新材料、新能源等创新技术，加快发展技术密集型的先进制造业。同年，美国发布《美国国家制造创新网络战略计划》，该计划围绕制造业领域展开，旨在创造一个具有竞争力的、有效的、可持续发展的从科研到制造的体系，以提升美国制造业的竞争力。2018 年，美国发布了《美国先进制造业领导力战略》，该战略提出发展和推广新的制造技术，教育、培训和匹配制造业劳动力，扩大美国制造业供应链能力这三大任务，其由美国国防部、美国能源部、美国商务部、美国卫生部、美国国家科学基金会、美国航空航天局、美国教育部等多个部门负责推进和执行。

3. 最早启动数字战略，始终保持对先进数字技术发展能力的掌控

技术创新是推动产业变革和经济发展的根本动力。从计算机、互联网到大数据、云计算、物联网，美国政府始终保持对技术创新的高度关注，并投入大量资金，推动数字技术发展是美国政府数字战略的重点。

在互联网刚兴起时，美国就开始布局数字战略，美国是全球最早布局数字经济的国家。20世纪60年代，美国国防部为应对集中军事指挥中心可能遭受的风险，建立了世界上第一个计算机网络阿帕网（ARPANet），即互联网的前身。20世纪80年代，美国国家科学基金会为促进美国大学和研究机构之间的信息共享，资助建立了"美国国家科学基金网"（NSFNet），将互联网技术从军事领域拓展至民用领域，揭开了互联网时代的序幕。20世纪90年代，计算机和互联网技术日新月异，第四次科技革命兴起，美国政府捕捉到了这一未来发展趋势，为占领全球技术领先地位、增强国家竞争实力，迅速将信息科技产业作为战略重点，开始了长期的、持续的战略布局和政策支持。

1991年，美国国会通过了《高性能计算法案》，其是美国政府出台的第一部关于计算机与互联网建设的综合性国家法案，明确了国家高性能计算项目的建设目标、建设任务，以及政府机构的职责和分工，以确保美国在高性能计算及其应用方面保持领先地位，并促成了高性能计算和通信计划的推出。该法案后来发展成为美国政府最早实施的、最大的、跨部门的信息技术领域的正式计划，即网络与信息技术研发计划。

1998年，美国国会通过《下一代互联网研究法案》，首次对《高性能计算法案》进行修订，在其中增加了下一代互联网建设重点任务，为信息技术未来发展方向提供了宏观指导。

21世纪以来，信息技术日新月异，移动互联网、云计算、大数据、人工智能、物联网、区块链等数字技术不断突破，美国政府紧跟信息技术发展趋势，始终保持对数字技术未来发展方向的掌控。美国从国家层面实施了《网络与信息技术研发计划》《联邦大数据研究与发展战略计划》《机器人技术路线图》《国家战略计算计划》《国家人工智能研究与发展战略计划》《国家宽带研究议程》《关键与新兴技术国家战略》等一系列关于技术发展的部署。美国通过《2021年美国创新与竞争法案》，针对可能对国际科技竞争格局产生重大影响的十大关键技术领域，即人工智能与机器学习、高性能计算、量子计算和信息系统、机器人、灾害预防、先进通信、生物技术、先进能源技术、网络安全和材料科学，提出投入1000亿美元用于技术研发。

4. 国家主导构建信息基础设施和保障措施

1993 年，美国克林顿政府公布《美国国家信息基础设施行动计划》，率先提出了著名的"信息高速公路计划"和"数字地球"的概念，引领世界进入数字时代。1996 年，美国国会通过《1996 年电信法案》，促进电信服务市场的竞争，助推数字经济发展。2008 年金融危机之后，美国先后实施《美国复苏与再投资法案》《美国国家空间数据基础设施战略规划草案（2014—2016 年）》等，对新兴技术设施领域进行广泛布局。2010 年美国开始实施"超宽带计划"，提出"数字国家"概念，先后出台了《数字化国家：21 世纪美国通用互联网宽带接入进展》《探索数字国家》一系列计划，指出到 2020 年至少为 1 亿个家庭提供最低 100Mbps 的实际下载速率和最低 50Mbps 的实际上传速率。2018 年，美国特朗普政府推出《美国重建基础设施立法纲要》，加快实施万亿美元基础设施重建计划，在 5G 通信基站、自动驾驶基础设施、无人机设备运输系统等新型基础设施领域进行部署。完备、普及的信息基础设施为美国数字经济的应用、消费和发展夯实了物理基础。

5. 国家机构推动构建完善的数字经济政策体系

1998 年以来，美国商务部共发布了 13 份关于数字经济和数字国家的重磅报告，探讨了数字经济发展的前沿和热点问题，引领全国数字经济发展。2015 年，美国商务部发布了《美国数字经济议程》，聚焦自由开放的互联网、互联网信任和安全、互联网接入和技能、创新和新兴技术四个方面，把发展数字经济作为实现繁荣和保持竞争力的关键。2016 年，美国商务部国际贸易局牵头实施启动了"数字专员"项目，以向美国企业提供支持和援助，帮助美国企业成功降低其在外国市场遭受的数字政策和监管问题所带来的不利影响，确保美国企业能够顺利参与全球数字经济，打开全球数字经济市场。2021 年，美国信息技术与创新基金会（Information Technology and Innovation Foundation，ITIF）发布《美国全球数字经济大战略》，提出制定以"数字现实政治"为基础的宏大战略，设立"新兴技术与数据的地缘政治影响委员会"，以保护和促进美国利益。同年，美国国会参议院通过《2021 年美国创新与竞争法案》，提出实施"美国制造计划"，大力推进前沿数字技术在制造业中的创新应用，深化制造业数字化转型。

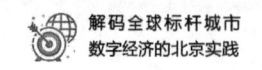

6. 重视数字人才建设，拓宽人才引进渠道

美国数字经济方面的人才储备量居世界首位，人才质量全球领先。多年来，美国一方面通过自身一流的大学、企业等培养相关人才，另一方面通过优厚的移民政策吸引外国优秀人才。例如，1965年美国国会通过的《外来移民与国籍法修正案》提出，每年分配2.9万个移民名额给全球各国的高级人才。2018年美国国防部发布的《美国国家网络战略》中虽然没有对数字经济人才方面做出整体规划，但是对网络安全方面的人才做出了详细规划。《美国国家网络战略》指出，一方面要建立和维持人才渠道；另一方面要扩大美国工人的再教育和教育机会，以发展强大的网络安全人才队伍。美国拜登政府提出，免除对美国科学、技术、工程和数学（Science, Technology, Engineering, Mathematics，STEM）领域博士毕业生签证数量的上限，增加高技能签证数量并取消国别限制；对年收入低于12.5万美元的家庭免除公立大学学费，为社区大学培训计划承担75%的成本，增加初高中计算机科学课程；等等。

美国数字经济政策里程碑如图4-1所示。

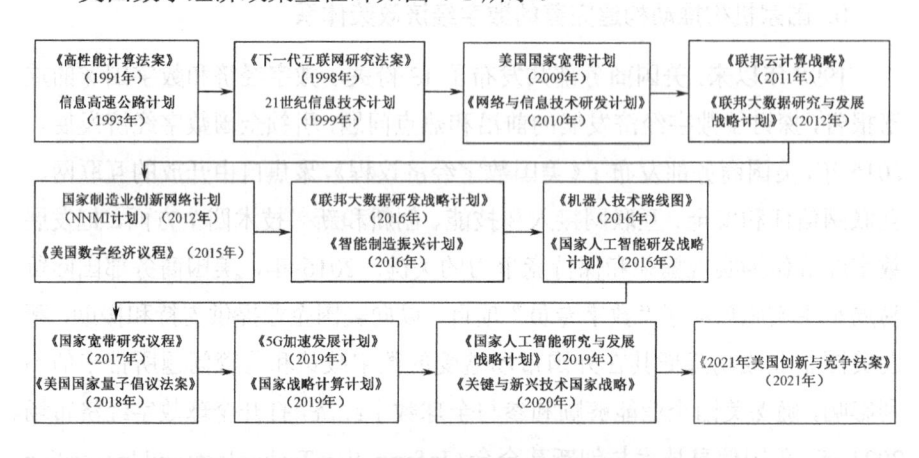

图4-1　美国数字经济政策里程碑

（二）欧洲：探索构建数字化单一市场

面对数字技术高速发展、全球各经济体数字贸易新模式新业态迅速崛起、传统产业加速数字化转型的趋势，为全面提升在数字经济领域的竞争力、维护自身的"数字主权"，欧盟及欧洲各国出台了多项政策，以促进加快推

动自身数字化进程。

1. 从顶层设计推动数字经济发展

为全面提升在数字经济领域的竞争力，欧盟公布了一系列数字化转型战略规划。2015年欧盟委员会提出"单一数字市场战略"，2016年欧盟正式推出《欧洲工业数字化战略》，2018年欧盟发布《欧盟人工智能战略》。2020年欧盟发布了用于指导欧洲适应数字时代的总体规划《塑造欧洲数字未来》《欧洲新工业战略》《欧洲数据战略》《人工智能白皮书》等，旨在重新定义并扩大其数字主权，建立基于规则和标准的数字空间框架。2021年3月初，欧盟发布了《2030数字指南针：欧洲数字十年之路》纲要文件，涵盖了欧盟到2030年实现数字化转型的愿景、目标和途径。为助力数字经济发展战略与规划的实施，欧盟高度重视并积极推动有关数字经济的立法工作。《网络与信息系统安全指令》《通用数据保护条例》《非个人数据自由流动条例》《网络安全法》等的出台，为欧盟数字经济的健康发展提供了法律依据。

2. 统筹工业数字化协同发展

工业数字化转型是解锁欧洲未来经济增长的关键。尽管近年来欧洲各国纷纷出台国家级工业战略，如德国"工业4.0"、法国"新工业法国"等，但各国之间缺乏协同、各自为政，导致欧洲老牌工业技术体系向数字化、网络化发展速度缓慢，难以形成整体竞争优势。为此，欧盟在整合成员国和地区已经出台的工业数字化战略基础上，2016年正式出台《欧洲工业数字化战略》，投入大量资金支持工业数字化发展。2020年3月初欧盟发布的《欧洲新工业战略》提出，通过物联网、大数据和人工智能三大技术来增强欧洲工业的智能化程度，大型企业、中小型企业、创新型初创企业等均在支持范围之内。对企业而言，数字化转型更是巩固市场份额、激发企业活力的最佳机遇。

3. 引导和协调欧洲各国加大数字领域投资

《欧洲数据战略》规定，2021—2027年在共同数据空间和云基础设施领域启动40亿~60亿欧元的投资。《人工智能白皮书》提出，未来10年内欧盟每年将投入200亿欧元用于人工智能技术研发和应用。欧盟还将连接欧洲基金计划延长至2027年，拟向数字领域投资30亿欧元。欧盟委员会主席表示，欧盟重建基金的 20%（约 1500 亿欧元）将投资于数字领域。为促进数字技术和创业技能的发展，欧洲社会基金和欧洲区域发展基金 2014—2020 年为职业教育与培训提供 300 亿欧元资助，"伊拉斯谟+计划"将在 2021—2027 年再投入 92 亿欧元用于支持教育与数字技能发展项目。

4. 英国：不断升级人工智能等数字技术发展战略

英国先后发布了《数字经济战略（2015—2018）》《国家网络安全战略》《政府转型战略（2017—2020）》《英国数字战略》《产业战略：人工智能领域行动》《数字宪章》等。

2008 年 10 月，英国启动了"数字英国"战略项目。2009 年 6 月，英国商业、创新和技能部（BIS）与英国数字、文化、媒体与体育部（DCMS）联合发布了"数字英国"计划，数字化首次以国家顶层设计的形式出现在英国。"数字英国"计划从国家战略的高度，为英国社会、经济、文化等方面的数字化进程确立了明确的目标，旨在将英国打造为世界数字之国。"数字英国"计划在"后金融危机"时代被寄予厚望，英国政府希望此计划在未来英国经济的长期稳定发展中发挥重要的作用。2009 年 8 月，英国政府发布了《数字英国实施计划》，希望通过改善基础设施、推广全民数字应用及提供更好的数字保护来促进经济的长期稳定发展。至此，英国拉开了发展数字经济战略的序幕。2010 年 4 月，英国议会通过了《数字经济法案》。该法案共 48 条、11 个主题，主要内容包括通信办公室的职能、关于网络著作权侵权的规则、侵犯著作权和表演者权的处罚规则、域名注册规则等。2013 年，英国政府发布了《信息经济战略 2013》，其与"数字英国"计划紧密相连，进一步提出了英国繁荣信息经济、增强国家竞争力的发展方向。2015 年 2 月，英国政府出台《数字经济战略（2015—2018）》，旨在通过数字化创新来驱动社会经济发展，通过信息通信技术创新、融合、扩散来提升生产效率和交易效率，并为把英国建设为数字化强国确立了方向。2017 年 3 月，在脱欧未定之际，英国发布了《英国数字战略》，对打造世界领先的数字经济和全面推进数字化转型进行了详细部署，并提出了多项数字化转型战略，包括连接战略、数字技能与包容性战略、数字经济战略、数字转型战略、网络空间战略、数字政府战略和数据经济战略。2017 年 4 月，全新的《数字经济法案》生效，成为全球首部系统、完整的数字经济促进法案，旨在平衡技术创新与风险应对、网络开放与安全保障、数据挖掘与隐私保护、数据垄断与有序竞争，构建一个运用技术持续推动经济、社会及政府转型与变革的良性法律环境。2018年1月，英国数字、文化、媒体与体育部（DCMS）发布了《数字宪章》，制定了网络空间的规范和准则，旨在以促进创新的监管制度应对新技术带来的机遇和挑战；建立了数字经济生态系统，为高科技企业的成长创造了良好的条件。

1）持续升级人工智能相关战略

2013年，英国政府就将人工智能及机器人技术列为国家重点发展的八大技术之一。2017年英国政府发布的《现代工业化战略》指出，英国政府将把英国置于人工智能和数据革命的最前沿，并使英国成为世界人工智能和数字驱动型创新的中心，英国政府会支持企业通过人工智能和数据分析提高生产力。另外，英国政府也积极参与定义人工智能的伦理问题，在政府报告《人工智能：未来决策制定的机遇和影响》中详细讨论了有关人工智能伦理的问题，旨在引领世界安全、合乎道德地使用数据和人工智能。2021年，英国政府发布《国家人工智能战略》，旨在指导未来十年的行动，促进人工智能的商业应用，吸引国际投资，培养下一代科技人才，使英国成为全球人工智能超级大国。为使英国在未来十年做好准备，《国家人工智能战略》提出三大策略目标：投资并规划人工智能生态系统的长期需求，以确保英国作为科学和人工智能超级大国的领先地位；支持英国向人工智能经济转型，确保人工智能惠及所有部门和地区；使英国获得人工智能技术的国家和国际治理权，鼓励创新和投资，保护公众和基本价值观。

2）加大力度投入量子信息科学研究

日本专利信息平台Astamuse通过调查2009—2018年这10年各国投入的研究经费发现，全球投入研究经费总额达到约80亿美元，按国别来看，英国投入研究经费8.3亿美元，仅次于美国的10.6亿美元。英国较早制定了量子计算机的研究计划，主要选择大学展开重点投资。

5. 德国：在数字赋能实体经济中抢占先机

近年来，德国的数字化创新增长战略和监管策略逐步发展，出台了《数字议程（2014—2017）》《新高科技战略——创新德国》《智能服务世界》《联邦政府人工智能战略要点》《德国人工智能发展战略》《国家工业战略2030》等战略。

1）德国高度重视高科技战略规划

2006年，德国联邦教育与研究部制定了《科技人员定期聘任合同法》，规定将公立科研机构研究人员的定期聘任合同最长期限放宽至12年或15年，以留住青年科技人才。同年，德国联邦政府出台了德国第一个全国性的高科技战略《德国高科技战略（2006—2009年）》，德国联邦政府为此投入了100亿欧元，在信息通信、能源、生物、环保、健康医药和纳米等17个重点行业促进企业开展研发工作。2010年7月，德国联邦政府发布了《高科技战略2020：思想、创新、增长》，涵盖德国联邦政府各个部门的研究和创新促进措施，并提出到2015年将教育和研发经费总和提高到国内生产总值的10%的量化目标，其中研发经费要达到国内生产总值的3%。德国联邦经济和技术部于2010年11月发布了《德国ICT战略：数字德国2015》，将其作为指导德国信息通信技术发展的纲领性文件，提出了通过数字化获得新的经济增长和就业机会，具体内容包括发展电子能源和智能电网、研发电动汽车、建设智能交通系统、在工业领域推广云计算技术等。2012年，德国联邦政府推出了《高科技战略行动计划》，提出2012—2015年投资约84亿欧元，以推动开展《高科技战略2020：思想、创新、增长》框架下的10项未来研究项目。2014年8月，德国联邦教育与研究部更新高科技战略，发布了《新高科技战略——为德国而创新》。该战略由关乎价值创造和生活质量的优先"未来课题"、网络化和成果转化、增强经济界的创新活力、构建创新友好的框架条件、提供透明度与公众参与五个相互紧密关联的核心要素组成。2018年，德国联邦政府发布了《高技术战略2025》，明确了德国未来7年研究和创新政策的目标和举措，旨在进一步推动德国科学技术的发展。

德国工业领域尤其是制造业领域拥有全球领先的地位和优势。2013年4月，德国联邦政府提出实施"工业4.0"战略，即通过大力发展智能制造，构建信息物理系统，进一步提高德国制造业的竞争力，在新一轮工业革命中占领先机。此后，德国联邦政府围绕"工业4.0"战略保障了德国数字经济发展的规模和质量，推出了一系列政策措施。2014年8月，德国联邦经济与能源部（BMWI）、德国联邦内政部（BMI）、德国联邦运输和数字基础设施部（BMVI）共同宣布并通过了《2014—2017年数字议程》，提出通过数字价值创造和数字网络实现经济增长和就业增长，并提出实现政策目标的七个领域。2016年3月，德国联邦经济与能源部公布《2025年数字战略》，旨在有效实现《2014—2017 年数字议程》的目标：一方面，在短期内通过挖掘数字化创新潜力促进经济增长和就业增长，为"工业 4.0"体系建设提供长久动力；另一方面，打造一个数字化的未来社会，以期在未来数字化竞争中保障德国持久的竞争力，把德国建设成为未来欧洲乃至全球的数字强国。2018 年，德国联邦政府发布了《高科技战略 2025》，提出到 2025 年将研发投资金额扩大到国内生产总值的 3.5%，并将数字化转型作为科技创新发展战略的核心。

2）推动中小型企业数字化转型

德国中小型企业的数量占企业总数的 99.3%，中小型企业的净产值占全国企业净产值的一半，并且中小型企业承担了德国就业人数的 60%，富有活力中小型企业成为德国经济的重要支柱，数字化对企业尤其是中小型企业的发展尤为重要。2007 年，德国联邦政府提出了"中小型企业创新计划"，由德国联邦教育与研究部负责实施，资助对象是对德国未来发展至关重要的前沿技术领域进行研究的中小型企业，支持其开展高水平的专业研究计划。2016 年，德国联邦经济与能源部发布《2025 年数字战略》，对数字化重点领域的目标进行了描述，并提出了相应的实施措施。其中，针对中小型企业数字化攻势的核心元素是针对"中小型企业数字化投资项目"进行资助，这一项目 2018 年的资助总额达到 10 亿欧元。该项目旨在找出有差距项目的难点，同时扩充目前已有的中小型企业扶持项目。例如，"中小型企业创新计划"（ZIM）项目和"工业社区研究"（IGF）项目，就分别得到了 7 亿欧元和 2 亿欧元的扩充资金，以满足不断增长的资金需求。为了让中小型企业更好地认识数字化，在"中小型企业 4.0 数字化生产及工作流程"资助项目下，德国目前已在全国各地成立 10 多家中小型企业数字化能力中心，旨在让中小型企业在家门口也能体验到数字化带来的技术潜力和经济潜力。

3）德国致力于成为量子竞赛的顶级国家之一

德国通过规划量子计算路线图为量子计算生态系统奠定基础。德国联邦政府已拨款 24 亿美元与研究机构、工业企业、政府机构和社区合作，并且有多所著名大学致力于量子研究，以期在量子计算领域成为欧洲领先国家。目前，已有 10 家领先的德国公司共同创立了"量子技术和应用联盟"，将量子计算的基本原理开发成用例。最近，该联盟与 IBM 合作为德国在量子竞赛中赢得了一席之地。

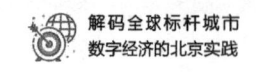

6. 俄罗斯：数字经济、人工智能上升为国家战略

2017年5月，俄罗斯总统普京签署了第203号总统令《2017—2030年俄罗斯联邦信息社会发展战略》。2017年7月，俄罗斯政府公布了总理梅德韦杰夫签署的、由俄罗斯通信与大众传媒部等部委制定的《俄罗斯联邦数字经济规划》，明确了2018—2024年发展数字经济的目的、任务、优先发展方向、政府各项相关政策的落实时间表和预期目标。该规划提出的主要政策措施包括：规范数字经济领域的相关管理规定，培养数字经济所需的人才，保障相关领域的科研能力和技术储备，建设信息基础设施，保障信息安全，等等。在规划框架的支持下，未来俄罗斯重点开发的数字技术包括大数据技术、神经网络技术、人工智能、分布式存储系统、量子技术、先进制造技术、工业网络、机器人技术、无线通信技术、虚拟现实与增强现实技术。这些数字技术将优先在保健医疗、智慧城市建设、政务管理等领域进行应用推广。该规划计划，到2024年俄罗斯将拥有10余家具有全球市场竞争力的公司；在数字医疗、数字教育和智慧城市等领域建成10余个数字平台；培育500余家开发数字技术、数字平台和提供数字服务的中小型企业；在数字经济领域规模不小于1亿卢布的大型项目将达到约30个。2019年5月，俄罗斯总统普京签署命令批准发布《俄罗斯主权互联网法案》，该法案主张在互联网领域实现独立与自主，建立自己的互联网体系，以便在紧急情况下（如"断网"时）确保俄罗斯境内信息通信网络安全、稳定、完整运行。

俄罗斯重视人工智能发展。2019年10月，俄罗斯总统普京签署命令批准发布《2030年前俄罗斯国家人工智能发展战略》，第一次将加快推进人工智能发展提升至俄罗斯国家战略层面。该战略希望通过促进人工智能技术的发展与应用，确保俄罗斯国家安全，提升整体经济实力，并谋求俄罗斯在人工智能领域的全球领先地位。该战略明确了具有国防特色的技术发展方向，将人工智能视为国家间战略竞争的重要领域，将人工智能的技术载体主要确定为无人机、机器人、无人潜航器、虚拟现实、神经计算机等一系列和国防安全密切相关的装备，并将进行可持续的长期研究。该战略的实施建立了高效协同的工作推进机制，营造了有利创新发展的政策环境。

（三）亚洲：各国政府营造数字经济宽松发展环境

1. 日本：全力推进"数字新政"

当前，日本政府十分重视数字经济发展，全力推进"数字新政"，在信息通信基础设施、学校 ICT 应用、中小型企业信息化、ICT 领域研发等方面加大资金投入力度，体现了其提升数字经济竞争力，全面推动社会数字化、智能化转型，激发中小型企业数字时代新活力，提升劳动生产率和技术能力，以及维系国内经济活力、化解国内社会矛盾、保持日本国际竞争力的核心力量。

限于对数字经济发展和数字化转型的全局性和战略性认识不足，日本数字经济政策相对处于战略劣势。虽然 2020 年日本数字经济规模达 2.48 万亿美元，仅次于美国、中国、德国，列全球第四位，但仍未能将日本在第二次互联网革命中建立起的 ICT 传统竞争优势转化为数字经济发展的新型竞争优势。日本生产性本部 2019 年的数据显示，2018 年日本的劳动生产率在七国集团（G7）中居于末位，仅为美国的 6 成，在 36 个经济合作与发展组织（OECD）成员国排名中列第 21 位。根据欧洲数字竞争力中心《数字崛起者报告》的评估，日本的数字竞争力在七国集团和二十国（G20）集团中表现垫底。日本总务省"2018 年通信利用动向调查"显示，仅有 16.6% 的日本制造业企业尝试引入物联网、人工智能这两项技术中的一项或两项。

日本关于数字经济的顶层设计起步较早，可以追溯到 1995 年《面向 21 世纪的日本经济结构改革思路》中关于重点发展通信、信息等相关资本技术产业的安排。随着日本产业结构向知识密集型转型，日本数字经济顶层设计趋于成熟。自 2000 年以来，日本数字经济政策经历了三个阶段：第一个阶段是 2000—2012 年，在该阶段日本注重数字信息技术在经济社会的应用，先后推出 "e-Japan"（2001 年）、"u-Japan"（2004 年）、"i-Japan"（2009 年）战略计划；第二个阶段是 2013—2015 年，在该阶段日本强调以机器人革命为突破口，带动产业结构变革，相继出台了《日本振兴战略》《推进成长战略的方针》；第三个阶段是 2016 年至今，在该阶段日本致力于"超智能社会 5.0"计划，通过利用人工智能、物联网、大数据等技术推动向数字化、智能化社会转型，先后发布《科学技术创新综合战略 2016》《日本制造业白皮书》《综合创新战略》《集成创新战略》《第二期战略性创新推进计划（SIP）》等战略计划。

2000—2016 年，日本数字经济发展战略引导力度不大。为了适应数字化发展，2017 年日本依托制造业基础提出"互联工业"战略，积极推动人工智能、物联网、云计算等科技手段应用到生产制造领域，以突破人口老龄化、劳动力短缺、产业竞争力不足等发展瓶颈。此后，日本相继发布《日本制造业白皮书》《综合创新战略》《集成创新战略》《第二期战略性创新推进计划（SIP）》等战略和计划，推动产业数字化发展。2020 年 6 月，在超级计算机的全球 500 强排名中，日本超级计算机"富岳"以每秒 41.5 亿亿次的运算速度排名世界第一，在模拟计算方法、人工智能学习性能、大数据处理性能等方面取得突破。2020 年 7 月，由日本政府牵头的大型国家项目"量子密码通信"项目正式立项，支持展开量子通信和加密链路技术、可信节点技术、量子中继技术、广域网构筑与运用技术四个方面的研究与开发。

2020 年，日本制定了《量子技术创新战略》，为了避免落后于世界潮流，启动了具有中长期目标的国家项目。该战略将围绕量子计算机、量子加密通信、量子传感、量子材料四个领域在主要研究机构设置基地，展开重点投资。日本政府决定在 10 年内投资 2.76 亿美元，以成为量子技术世界领先的国家之一。日本企业有多项量子计算研发战略，日本政府也出台了不同的政策（"量子飞跃旗舰计划"等），以高效且有效地支持量子计算研发。日本自 2025 年起将致力于将量子密码学投入实际应用中，预算为 1400 万美元。2020 年，富士通开启了"量子门"方式的量子计算机研发，富士通、日立制作所和东芝三家日本企业正在加速推进"模拟量子计算机"的研发。

2021 年 6 月，日本经济产业省发布了《半导体和数字产业发展战略》，从半导体产业、数字产业、数字基础设施三个方面阐述了发展措施。该战略将这三个方面定位于基础性产业，将其作为国家重要事业；确保其在本国的发展，以及在国际社会发挥影响力；确保其早日实现数字化和绿色化。

2000—2021 年日本数字经济战略及政策如表 4-1 所示。

表 4-1　2000—2021 年日本数字经济战略及政策

发展阶段	战略/政策	主要内容
第一个阶段 2000—2012 年	"e-Japan"战略计划 （2001 年）	打破日本信息产业发展面临的基础设施不完善、IP 地址资源有限、通信质量较差等瓶颈；在全国建立高速互联网，完善基础设施；提高校园 IT 教育质量，培养 IT 人才

续表

发展阶段	战略/政策	主要内容
第一个阶段 2000—2012年	"u-Japan"战略计划（2004年）	转变原有战略框架，实现任何人能够在任何时间、任何地点上网；通过开发区域平台、强化电子政府服务来创造新商业、新服务，并对不同的社会群体采用针对化的策略
	"i-Japan"战略计划（2009年）	设立首席信息官，提高学校、政府、医院三大公共部门信息化水平
第二个阶段 2013—2015年	《日本振兴战略》（2013年）	着力于让日本建成全球最高水平的信息化社会；从产业的复兴着手，建设能够在全球竞争中胜出的制造业，创造具有高附加值的服务业
	《推进成长战略的方针》（2013年）	是政府产业竞争力会议的地方版本，即"地方产业竞争力协议会"，就如何激活地方经济展开讨论，并为国家政策制定提供参考
第三个阶段 2016年至今	《科学技术创新综合战略2016》（2016年）	为信息化发展制定的首个综合性战略，包括超智能社会平台及基础设施建设、人才力量的培养、推进大学改革及研究经费改革、创新人才技术及知识良性循环系统、加强科学技术创新的推进功能等
	《日本制造业白皮书》（2018年）	提高劳动生产率，培养更多制造业人才；建成能够面向超智能社会的制造业和教育人才；实现强大现场力的提高及附加值创造的最大化
	《综合创新战略》（2018年）	完善社会基础设施所必需的数据协作基础，加强大学改革，加强政府对创新的支持，加强对人工智能、农业发展、环境能源的支持，并敦促各部门严格实施
	《集成创新战略》（2018年）	强调技术集成，以产品开发为导向，综合集成现有技术开发能获取商业价值的产品
	《科技白皮书》（2018年）	为应对基础科研、人才培养、资金保障等多方面的挑战，加强对科研领域的资金投入，并为年轻研究人员提供更好的科研环境
	《第二期战略性创新推进计划（SIP）》（2018年）	着重推进大数据和人工智能技术在自动驾驶、生物医药、医疗物流等方面的应用，通过推动科技转化，解决国民生活的重要问题，以及提升日本经济水平和工业综合能力
	《科学技术创新综合战略》（2019年）	建设超智能社会
	《半导体和数字产业发展战略》（2021年）	将半导体产业定位为基础性产业，作为国家重要事业；确保其在本国的发展，以及在国际社会发挥影响力；确保其早日实现数字化和绿色化

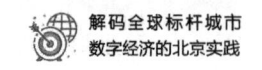

2. 印度："数字印度"国家战略

为了推动印度的经济社会数字化转型，培育印度的国际竞争力，印度总理莫迪于 2015 年 7 月提出了"数字印度"战略。该战略聚焦人人受益的基础设施建设、基于需求的政府治理和服务、公民的数字赋权三大关键领域，指出支撑数字化转型的九大支柱包括高速宽带、普及移动连接、公共网络接入项目、电子政务、电子化服务、全面信息化、发展电子制造业、IT 就业岗位和早期示范项目。该战略在印度政府引导和社会参与的推动下取得了显著进展，加速推进了印度的经济社会数字化变革。截至 2017 年 11 月，印度已在 7.8 万个村庄铺设了 171 万千米光缆，数字身份证注册数量已经达到 11.1 亿人，覆盖了约 99%的 18 岁以上印度居民。印度政府还推出了"直接福利转移"（Direct Benefit Transfer，DBT）系统，将个人身份证系统与公共分配系统同步。

印度政府在 2020 年联邦预算中为国家量子技术和应用任务拨款 11.2 亿美元。印度作为一个发展中国家，正逐渐成为可与量子技术高度发展国家进行量子竞赛的一员。印度塔塔基础研究院的量子测量和控制实验室是印度唯一一个专注于量子计算的实验室。印度的目标是在 5 年内建造一台 50 量子比特的量子计算机。IBM 与一些印度顶级教育机构合作，提供对量子计算系统的完全访问。

3. 新加坡：从智慧城市迈向智慧国

从 20 世纪 80 年代发展电子政务开始，到当今的数字政府、智慧国建设，新加坡一直以来都十分重视通过制定系统的政策法规，推动国家和政府的数字化进程。

早在 1986 年，新加坡就出台了国家 IT 计划，提倡办公无纸化、自动化和全社会的计算机化，为各级公务员配备计算机并对其进行信息化培训。新加坡政府建立了一个覆盖 23 个部门的计算机互联网络，旨在促进政府部门之间的数据共享和政企之间的数据交换。

20 世纪 90 年代，新加坡制定了《国家科技计划（1991—2000）》《IT2000 智慧岛计划（1992—1999）》，致力于打通信息孤岛，促进数据交换共享和互联互通，并建成了新加坡国内第一个宽带网络，新加坡政府开始基于互联网为公民提供服务。新加坡政府于 1996 年宣布实施《覆盖全国的高速宽带多媒体网络计划》(*Singapore One*)，旨在建设一个集高速和交互于一体的多媒体网络信息服务平台，公众可通过该网络享受 7×24 小时全天候服务。

2000 年，新加坡政府出台了第一个电子政务行动计划 *e-Government Action Plan I*，提出要在全球经济日益数字化进程中将新加坡发展成电子政务领先的国家。在第一个电子政务行动计划启动三年后，新加坡政府又推出了 *e-Government Action Plan II*，该计划的愿景是在未来三年内打造一个网络化的政府，实现数字化业务系统部门全覆盖。在此期间，新加坡政府还推出了《信息通信 21 世纪》《互联网新加坡》等战略规划，以促进 IT 技术的整合和应用，打造一个在任何时间、任何地点都能获得信息服务的高效能社会。

2006 年，新加坡政府提出了"智慧城市 2015"，这是一个为期十年的信息通信产业发展蓝图，旨在充分利用信息通信技术（ICT）提高新加坡的经济竞争力和创新能力，将新加坡打造成一个信息技术应用无处不在的智慧国家、一个全球化的国家。2014 年 6 月，新加坡政府提出了升级版"智慧国 2025"计划，这是全球首个政府统筹的智慧国家发展蓝图，旨在使用科学技术为民众创造更加舒适且充满意义的生活，利用互联网、物联网、数据分析和通信技术，提升民众的生活质量，增加商业机会，促进民众团结。

近年来，新加坡十分重视推进数字经济协定的签署工作，充分抓住数字革命和数字技术发展带来的新机遇。2020 年 6 月，新加坡与新西兰、智利签署第一份《数字经济伙伴关系协定》(*Digital Economy Partnership Agreement*，DEPA)，并分别于 2021 年 1 月、11 月生效；2020 年 12 月，新加坡与澳大利亚签署的《数字经济伙伴关系协定》生效；中国于 2021 年 11 月申请加入 DEPA；2021 年 12 月，新加坡与韩国完成《数字经济伙伴关系协定》谈判。另外，新加坡与欧盟、印度和加拿大等也在商讨加强数字经济合作事宜。2022 年 6 月,《英国—新加坡数字经济协定》(*UK-Singapore Digital Economy Agreement*，UKSDEA）正式生效，标志着新加坡在积极推进数字经济发展及加强与合作伙伴的互联互通方面取得新进展。根据 UKSDEA，英国和新加坡将建立互操作系统，包括数字支付、安全数据流、数字身份及网络安全合作。

4. 越南：发展数字经济已上升成为国家战略

越南在国家发展战略中已将数字经济发展任务置于最高优先地位，并把数字经济、数字政府和数字社会作为建设数字化国家的三大支柱。截至2022年5月，越南数字经济总规模约为210亿美元，约占国内生产总值的7.5%，数字经济已成为推动越南经济发展和产业转型的重要驱动力。越南数字经济增长速度居东盟地区首位，2015—2022年越南数字经济年均增速达38%，而东盟地区的年均增速为33%。

2020年1月，越南政府总理批准发布《到2030年第四次工业革命国家战略》，目标是：充分利用第四次工业革命带来的机遇，从根本上掌握并在社会和经济各个方面广泛应用新技术；逐步开发新技术，以支持更新越南的经济增长模式；将新技术与战略突破和国家现代化相结合，促进经济结构调整；加速数字经济的发展。该战略的目标还包括：基于科技、创新和高素质的人力资源，实现国家的强劲和可持续发展；改善生活质量、社会福利和人民福祉；坚定维护国防安全，保护环境和生态系统；增强国际融合的有效性，并利用高科技来确保网络安全。

2020年6月，越南公布了《至2025年国家数字化转型计划及2030年发展方向》。其双重目标是，在发展数字政府、数字经济、数字社会的同时，形成具有全球竞争力的数字技术企业。

2021年9月，越南成立了国家数字化转型委员会，统筹推进数字经济等领域发展。根据越南制定的《数字经济和数字社会国家发展战略》，2022年数字经济规模将占越南国内生产总值的11.5%，使用数字化平台的中小型企业比例将提升至30%；到2025年数字经济规模将占越南国内生产总值的20%。为了鼓励更多市场主体和个人参与数字经济，越南政府出台了多项优惠政策。例如，为本国从事数字经济和相关软件研发的初创型企业优先提供办公场地及减免税收、租金。越南政府还将数字经济列为外资优先投资领域。仅2021年上半年，越南初创型数字经济企业就获得了13.7亿美元的投资，超过以往全年的投资总额。

2022年4月，越南政府副总理签发了关于批准到2025年、远期到2030年国家数字经济和社会经济发展战略的第411号决定，提出当前越南需要尽快采取强有力行动来推动数字经济和数字社会发展，进一步发展新的经营行业，开辟新市场，创造更多就业机会，提升国家发展水平，并明确在国家发展战略中将数字经济发展任务置于最高优先地位。到2025年越南政府数字经济发展的基本目标为：数字经济规模占国内生产总值的20%；数字经济规模占各行业和领域规模的比例至少达 10%；电商销售额在零售总额中的比例达 10%以上；使用电子合同的企业比例达 80%以上；使用数字平台的中小型企业达 50%以上；数字经济人力资源占劳动力总数的 2%以上。

二、治理数字经济：世界性的复杂问题

在数字治理领域，数据的控制、存储和传输方面目前几乎没有达成一致的规则或制定统一的标准，全球数据治理体系缺乏系统性。当前，全球数据治理体系多是主要经济体根据有关贸易规则拼凑制定的单边、双边或多边治理框架，并没有被各国普遍接受或应用。从全球数字治理格局来看，美国和欧盟各自主导了全球最主要的两大数字治理体系。两大数字治理体系的治理重点各有不同，但均致力于将各自的治理方式推广成全球规则和标准。中国、日本、俄罗斯、印度、加拿大、澳大利亚、韩国等主要国家在数字治理方面也逐渐形成了自己的特色，但在全球数字治理主导权、话语权方面尚不能与美国、欧盟相抗衡，在国际数字规则制定中扮演着参与者、跟随者的角色。

（一）北美：立法及执法日趋严格，在全球范围内坚持主张

美国数字治理的核心是数字市场的自由开放，强调数据自由流动，反对各种形式的贸易壁垒，在数据跨境流动、数据存储本地化、源代码开放、市场准入、数字内容审查、数字知识产权、政府数据开放等关键议题上有鲜明主张。

美国联邦政府目前还没有统一的数据隐私保护法，采用的是一系列部门规则、州级法律框架和私营部门惯例。近年来，美国加快数据隐私保护立法步伐，实施差别化的数据隐私保护立法。美国早期隐私保护法除对儿童隐私保护严厉外，对一般个人隐私保护规定较宽松，侧重于鼓励个人信息的合法利用。近年来，受欧盟立法及与欧盟等在数字经济领域竞争的影响，美国在州级和联邦层面分别推出《2018 年加利福尼亚州消费者隐私法》（*California Consumer Privacy Act of 2018*，CCPA）、《美国数据隐私和保护法

案》《社交媒体隐私保护和消费者权利法案2021》等法案，旨在加强对美国消费者的数据隐私保护。2018年，《澄清境外数据的合法使用法案》将美国执法机构的执法效力扩展至境外。CCPA旨在改变企业在加利福尼亚州进行数据处理的方式，CCPA一经生效，包括Google和Facebook在内的科技公司就面临着非常严格的隐私保护要求，包括披露其收集的关于消费者的个人信息的类别和具体要素、收集信息的来源、收集或出售信息的业务目的，以及与之共享信息的第三方的类别等。

在垄断竞争领域，美国加快平台竞争监管立法步伐。针对互联网平台巨头垄断问题，2021年，美国众议院司法委员会通过《2021年平台竞争和机会法案》《2021年美国创新与选择在线法案》《2021年终止平台垄断法案》等六部法案。美国参议院于2021年提出《2021年竞争与反垄断执法改革法》和《2021年开放应用市场法案》两部草案，旨在全面改革美国反垄断执法框架和理念，增强反垄断执法力量。

在网络安全领域，美国坚持网络技术发展与网络安全管理并重，是全球网络安全立法最完善的国家之一。以1996年《信息自由法》为中心，美国制定了包括《网络安全信息法》在内的几十部法律，构成了美国网络安全法律体系的基本框架。自2015年以来，为了适应网络安全管理新需要，美国加快了网络安全立法和修法进程，制定或提出了《网络安全法》《美国网络安全素养法案》等众多法律和草案。

（二）欧洲：注重个人隐私保护和欧盟数字单一市场建设

欧盟将保护个人数据隐私权置于核心地位，将其纳入《里斯本条约》第16条，并推动欧盟《通用数据保护条例》（General Data Protection Regulation，GDPR）生效，将个人数据隐私作为一项基本人权来保护，使企业在处理欧盟公民的个人数据时具有很高的安全性和透明度，建立了数字经济发展的基本监管框架。GDPR于2018年5月25日在欧盟成员国内正式生效实施，任何收集、传输、保留或处理涉及欧盟所有成员国内个人信息的机构组织均受GDPR的约束。通过多层次规范实施机制，GDPR一方面将规范约束更深入地介入数据处理的全生命周期，进而对于大数据、云计算、人工智能等以数据收集、处理为核心要素的新技术应用产生显著的导向意义；另一方面，以"设计隐私"（Privacy by Design）为突出代表的新数据保护机制将会对全球数据处理主体的现有业务运营模式产生深度的逻辑变革，进一步渗透欧盟特有的数据治理理念。此外，以个人数据跨境制度为有力抓手，GDPR会对他国的数据治理框架产生跨地域的持续制约，进而对未来国际数据治理生态带来更多的制度变量。

欧盟的竞争政策基于《欧洲联盟运作条约》（Treaty on the Functioning of the European Union）的规定，还包括各种欧盟行为规则和欧洲法院的判决。2018年4月，欧盟委员会、欧洲议会和欧盟国家的谈判代表协商通过"平台对企业"（Platform to Business，P2B）业务管理办法，也称《P2B法案》。《P2B法案》通过建立具有约束力的、透明的"平台对企业"业务条例，减少网络平台对商家的不公平行为。《P2B法案》在生效的同时，欧盟委员会宣布建立了一个称作在线平台经济观察站的组织，来监督和规范平台的违规行为。

（三）亚洲：加强规范和引导，采取包容审慎的监管方式

1. 新加坡：创新数据监管制度，引导数字经济健康发展

2016年，新加坡创新构建"监管沙盒"制度，提出新兴技术的实施需要相对灵活的规则和监管实践。例如，在智能交通领域，由陆路交通管理局制定自动驾驶汽车相关标准与法规，放宽自动驾驶汽车与无人机相关的法律法规，允许自动驾驶汽车在规定区域内测试和上路，打造和谐的交通法规环境。2016年，新加坡提出"金融科技监管沙盒指引"政策，以引导新兴金融科技发展。

2. 日本：关注数字知识产权保护、数据隐私保护、跨境数据流动、公开政府数据和公平的数字贸易环境

自2018年以来，随着《全面与进步跨太平洋伙伴关系协定》（Comprehensive and Progressive Agreement for Trans-Pacific Partnership，CPTPP），以及日本与欧盟的贸易协定生效，涉及跨境数据流动、源代码、个人信息保护等方面的数字贸易规则成为日本对外贸易谈判的重点。2019年，日本又同美国专门签署了《美日数字贸易协定》。2020年日本与英国签署的

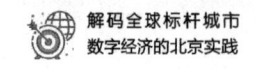

自由贸易协定中专门设置了数字贸易条款，旨在打造更高水平的数字贸易规则。

尽管日本并未发展出巨无霸型的数字经济跨国企业，但日本政府始终认为对数字知识产权的保护是维护其电子和信息技术制造业、服务业占据全球优势地位的关键。日本的主张主要包括禁止强制公开源代码和算法，以及禁止政府通过不正当程序获取数字知识产权。在数据隐私保护方面，日本社会具有十分普遍的个人隐私保护意识。早在 2003 年日本就通过了《个人信息保护法》，首次修订后于 2017 年 5 月 30 日全面生效，并于 2020 年 3 月 10 日再次修订。2018 年 7 月，在欧盟《通用数据保护条例》（GDPR）生效两个月后，日本和欧盟签署了《日欧经济伙伴关系协定》。该协定允许日本和欧盟之间共享个人数据，而不需要额外的安全检查。这意味着日本和欧盟互相承认对方的数据保护制度为个人数据提供了充分的保护。在公开政府数据方面，《美墨加三国协议》和《美日数字贸易协定》中都已经纳入了公开政府数据的条款。日本在给 WTO 的提案中进一步指出，政府在公开数据时应对国内外企业一视同仁，差别对待会成为阻碍外国企业进入本国市场的数字壁垒，不利于公平的贸易环境。除此之外，日本要求进一步改善电子商务或数字贸易相关服务中的市场准入承诺。

第五章

方圆之内

我国数字经济发展成就举世瞩目，目前全球数字经济正呈现智能化、量子化、跨界融合、深度渗透、变革速度指数化等新特征，我国更需要努力适应数字经济带来的全方位变革，提高综合国力和国际竞争力。

本章聚焦国内，梳理从中央到地方各级政府在数字经济方面发布的各类政策。在中央层面，相关政策主要集中在长期规划和顶层设计，为全国数字经济发展奠定坚实基础，并在近年来取得了一系列优异成绩。在地方层面，各地方基于自身产业优势，打造各具特色的数字经济高地，其中以京津冀地区、长三角地区和珠三角地区为引领，形成了以总部经济、块状经济、先进制造集群为特征的不同发展路径。

一、政策体系：长发展、多层次

（一）战略规划

党的十八大以来，我国政府高度重视数字经济发展，数字经济已上升为国家战略。自2015年我国提出"国家大数据战略"以来，推进数字经济发展和数字化转型的政策不断深化和落地。自2017年以来，数字经济已经连续四年被写入《政府工作报告》。2021年我国政府发布的《中华人民共和国国民经济和社会发展第十四个五年规划和2035年远景目标纲要》，将《加快数字化发展　建设数字中国》单独成篇，并首次提出数字经济核心产业增加值占GDP比重这一新经济指标，明确要求我国数字经济核心产业增加值占GDP比重要由2020年的7.8%提升至10%。

进入2022年以来，我国政府多次明确表态支持数字经济发展。1月，习近平总书记在《求是》杂志发表文章《不断做强做优做大我国数字经济》；国务院发布《"十四五"数字经济发展规划》，这是数字经济首次进入国家级规划体系，从顶层设计明确了未来几年数字经济发展方向；国家发展和改革委发文《大力推动我国数字经济健康发展》。3月，《政府工作报告》明确提出"促进数字经济发展"。5月，全国政协召开"推动数字经济持续健康发展"专题协商会，提出支持平台经济等持续健康发展，支持数字企业在国内外资本市场上市。不断做强做优做大数字经济是高质量发展的必然要求，在规范健康发展的政策基调下，中国数字经济将迎来全新发展机遇。我国数字经济战略规划如表 5-1 所示。

表 5-1 我国数字经济战略规划

发布时间	政策文件	发布机构	主要内容
2016 年 3 月	《中华人民共和国国民经济和社会发展第十三个五年规划纲要》		推动信息技术与经济社会发展深度融合，加快推动信息经济发展壮大；组织实施"互联网+"重大工程，培育"互联网+"生态体系
2020 年 3 月	《关于构建更加完善的要素市场化配置体制机制的意见》	中共中央、国务院	大力培育数字经济新业态，深入推进企业数字化转型，打造数据供应链
2021 年 3 月	《中华人民共和国国民经济和社会发展第十四个五年规划和2035 年远景目标纲要》		专门列出一篇《加快数字化发展 建设数字中国》；打造数字经济新优势，加快数字社会建设步伐，提高数字政府建设水平，营造良好数字生态
2022 年 1 月	《"十四五"数字经济发展规划》	国务院	明确"十四五"时期推动数字经济健康发展的指导思想、基本原则、发展目标、重点任务和保障措施。到 2025 年，数字经济核心产业增加值占 GDP 比重达到 10%，数据要素市场体系初步建立，产业数字化转型迈上新台阶，数字产业化水平显著提升，数字化公共服务更加普惠均等，数字经济治理体系更加完善
2022 年 3 月	《2022 年提升全民数字素养与技能工作要点》	中央网络安全和信息化委员会办公室、教育部、工业和信息化部、人力资源社会保障部	提出到 2022 年年底，提升全民数字素养与技能工作取得积极进展，系统推进工作格局基本建立；部署了加大优质数字资源供给、打造高品质数字生活等八个方面重点任务

续表

发布时间	政策文件	发布机构	主要内容
2022年6月	《国务院关于加强数字政府建设的指导意见》	国务院	提出两阶段工作目标，到2025年，与政府治理能力现代化相适应的数字政府顶层设计更加完善、统筹协调机制更加健全；到2035年，与国家治理体系和治理能力现代化相适应的数字政府体系框架更加成熟完备。明确了数字政府建设的七个方面重点任务

（二）产业政策

中国长期重视数字技术、数字经济发展，产业政策日益完善。一方面，从科技创新角度来看，数字化是第四次工业革命的核心特征，与创新驱动发展的国家战略相匹配；另一方面，从产业发展、扩大内需角度来看，数字技术将为农业、工业、服务业赋能，是提升产业效率、拓展成长空间、全面促进消费的重要助推器。我国数字经济产业规划如表5-2所示。

表5-2 我国数字经济产业规划

发布时间	政策文件	发布机构	主要内容
2015年7月	《国务院关于积极推进"互联网+"行动的指导意见》	国务院	"互联网+"协同制造
2017年7月	《新一代人工智能发展规划》	国务院	提出了面向2030年我国新一代人工智能发展的指导思想、战略目标、重点任务和保障措施，部署构筑我国人工智能发展的先发优势，加快建设创新型国家和世界科技强国
2017年11月	《国务院关于深化"互联网+先进制造业"发展工业互联网的指导意见》	国务院	围绕推动互联网和实体经济深度融合，聚焦发展智能、绿色的先进制造业，构建网络、平台、安全三大功能体系，增强工业互联网产业供给能力，持续提升我国工业互联网发展水平
2018年9月	《关于发展数字经济稳定并扩大就业的指导意见》	国家发展和改革委、教育部、科技部、工业和信息化部等十九部门	推动数字产业发展壮大，拓展就业新空间；促进传统产业数字化转型，带动更多劳动者转岗提质就业

续表

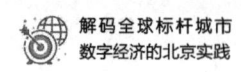

发布时间	政策文件	发布机构	主要内容
2019年8月	《国务院办公厅关于促进平台经济规范健康发展的指导意见》	国务院办公厅	首次从国家层面规范数字平台经济,提出要依法查处互联网领域滥用市场支配地位限制交易、不正当竞争等违法行为,重点强调严禁平台单边签订排他性服务提供合同,针对互联网领域价格违法行为特点制定监管措施等要求
2020年4月	《关于推进"上云用数赋智"行动 培育新经济发展实施方案》	国家发展和改革委、中央网络安全和信息化委员会办公室	明确将数据作为一种新型生产要素写入政策文件,提出加快培育数据要素市场,推进政府数据开放共享,提升社会数据资源价值,加强数据资源整合和安全保护
2020年4月	《关于工业大数据发展的指导意见》	工业和信息化部	促进工业数据汇聚共享,深化数据融合创新,提升数据治理能力,加强数据安全管理,着力打造资源富集、应用繁荣、产业进步、治理有序的工业大数据生态体系
2020年7月	《关于支持新业态新模式健康发展 激活消费市场带动扩大就业的意见》	国家发展和改革委、中央网络安全和信息化委员会办公室等十三部门	积极探索线上服务新模式,激活消费新市场;加快推进产业数字化转型,壮大实体经济新动能;鼓励发展新个体经济,开辟消费和就业新空间,培育发展共享经济新业态,创造生产要素供给新方式
2020年12月	《工业互联网创新发展行动计划(2021—2023年)》	工业和信息化部	推动工业互联网新型基础设施建设量质并进,新模式、新业态大范围推广,产业链、价值链纵向延伸,持续提升我国产业综合竞争力
2021年5月	《关于加快推动区块链技术应用和产业发展的指导意见》	工业和信息化部、中央网络安全和信息化委员会办公室	发挥区块链在产业变革中的重要作用,促进区块链和经济社会深度融合,加快推动区块链技术应用和产业发展
2021年7月	《新型数据中心发展三年行动计划(2021—2023年)》	工业和信息化部	推动新型数据中心建设布局优化、网络质量提升、算力赋能加速、产业链稳固增强、绿色低碳发展、安全保障提高,打造新型智能算力生态体系,有效支撑各领域数字化转型,为经济社会高质量发展提供新动能
2021年7月	《5G应用"扬帆"行动计划(2021—2023年)》	工业和信息化部、中央网络安全和信息化委员会办公室、国家发展和改革委等十部门	大力推动5G全面协同发展,深入推进5G赋能千行百业,促进形成"需求牵引供给,供给创造需求"的高水平发展模式,驱动生产方式、生活方式和治理方式升级,培育壮大经济社会发展新动能

续表

发布时间	政策文件	发布机构	主要内容
2021年9月	《物联网新型基础设施建设三年行动计划（2021—2023年）》	工业和信息化部、中央网络安全和信息化委员会办公室、科技部等八部门	打造系统完备、高效实用、智能绿色、安全可靠的现代化基础设施体系，推进物联网新型基础设施建设，充分发挥物联网在推动数字经济发展、赋能传统产业转型升级方面的重要作用
2021年12月	《工业互联网创新发展行动计划（2021—2023年）》	工业和信息化部	2021—2023年是我国工业互联网的快速成长期，其提出了工业互联网创新发展目标，以及五个方面、十一项重点行动和十大重点工程，着力解决工业互联网发展中的深层次难点、痛点问题，推动产业数字化，带动数字产业化
2022年1月	《关于促进云网融合加快中小城市信息基础设施建设的通知》	工业和信息化部、国家发展和改革委	面向城区常住人口100万人以下的中小城市（含地级市、县城和特大镇）组织实施云网强基行动，增强中小城市网络基础设施承载和服务能力，推进应用基础设施优化布局，助力区域经济社会高质量发展
2022年1月	《数字乡村发展行动计划（2022—2025年）》	中央网络安全和信息化委员会办公室等十部门	对"十四五"时期数字乡村发展作出部署安排,提出到2025年数字乡村发展取得重要进展；部署了数字基础设施升级行动、智慧农业创新发展行动等八个方面的重点行动
2022年5月	《关于推进实施国家文化数字化战略的意见》	中共中央办公厅、国务院办公厅	明确了到"十四五"时期末，基本建成文化数字化基础设施和服务平台，形成线上线下融合互动、立体覆盖的文化服务供给体系；到2035年，建成物理分布、逻辑关联、快速链接、高效搜索、全面共享、重点集成的国家文化大数据体系；提出了八项重点任务

二、地方政策：特色化、集聚化

随着中央出台数字经济政策，地方层面也不断加强数字经济的战略引导。截至2021年，全国各省级地区均出台了数字经济专项政策，包括数字经济发展行动计划、产业规划、补贴政策等，我国国家、省级两级数字经济

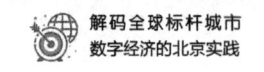

政策体系基本成型。

（一）京津冀地区

自 2014 年"京津冀协同发展战略"实施以来，京津冀三地始终深入贯彻落实习近平总书记对京津冀协同发展工作的重要指示精神，紧密围绕《京津冀协同发展规划纲要》和各阶段重点任务，持续增强协同联动，非首都功能疏解取得阶段性成效，产业、交通、生态环境及公共服务等重点领域率先实现突破，高质量发展稳步推进。

经济总量持续扩大，2021 年北京、河北经济规模均突破 4.0 万亿元。2020 年，北京数字经济规模达到 2.0 万亿元，列全国第六位，高于同期 GDP 排名七个名次。从占比来看，北京数字经济占 GDP 比重达 55.9%，列全国第一位，超过广东（47.2%）、上海（55.1%）。河北数字经济规模达 1.21 万亿元，排名全国第十一位，同比增长 10.5%，占 GDP 比重达 33.4%。

产业升级有序推进，服务业占 GDP 比重超过 6 成。京津冀三次产业构成比由 2013 年的 6.2∶35.7∶58.1 变化为 2021 年的 4.5∶30.6∶64.9，第三产业发展较快。北京、天津、河北第三产业占比较 2013 年分别提高 2.2 个百分点、7.2 个百分点和 8.5 个百分点。

京津冀数字产业化规模持续提升，区域创新发展指数增势强劲。2020 年京津冀地区创新发展指数（北京市统计局测算）为 131.87，与 2014 年相比年均提高 5.31。伴随着创新驱动战略的实施，京津冀地区创新成果不断丰富，创新质量稳步提升。

在创新投入方面，京津冀地区研发经费投入强度从 2014 年的 3.48%提升到 2020 年的 3.99%，提高了 0.51 个百分点；北京、天津、河北的研发经费投入强度之比由 2014 年的 4.46∶3.52∶1 变为 2020 年的 3.68∶1.97∶1，河北与北京、天津的差距有所缩小。在创新产出方面，2020 年京津冀地区每万人常住人口发明专利拥有量为 37 件，比 2014 年增长 2.2 倍；区域技术市场成交额由 2014 年的 3584 亿元增加至 2020 年的 7987.8 亿元，增长 1.2 倍。在创新效率方面，京津冀地区 2020 年每亿元研发经费产生的专利授权量为 95.8 件，比 2014 年增长 61.8%。

产业对接步入快车道，产业数字化基础稳固，发展动力十足。京津冀地区在数据共享、产业协同方面取得突破，京津冀国家大数据综合试验区基本建成，张承廊大数据走廊初具规模，河北省在线运营服务器规模突破 220 万台。京津冀三地以搭建产业合作平台为抓手，积极开展形式多样的对接活动，"4+N"产业合作不断增强。截至 2021 年年底，河北累计承接北京、天津转入法人单位 2.9 万家、产业活动单位 1.1 万家。天津滨海—中关村科技园挂牌成立 5 年来，紧密推进与中关村国家自主创新示范区的合作发展，累计注册企业突破 3000 家，其中，北京企业占全部新注册企业的 1/3，科技型企业占全部新注册企业的 40%，已成为北京、天津两市的重要合作平台。京津冀地区科技创新链加快形成。2014 年以来，北京输出到天津、河北两地的技术成交额累计达到 1760.4 亿元，年均增长率超过 2 成。

1. 北京

北京在布局数字经济发展规划方面走在全国前列。北京出台了《北京市推进政务服务"一网通办"工作实施方案》《北京市"十四五"时期智慧城市发展行动纲要》《北京市关于加快建设全球数字经济标杆城市的实施方案》《北京市"十四五"时期高精尖产业发展规划》《北京工业互联网发展行动计划（2021—2023 年）》《北京市数字经济全产业链开放发展行动方案》《北京市数字消费能级提升工作方案》等多项政策，推动智慧城市、高新技术产业、工业互联网等数字经济全领域发展。

北京作为我国的政治中心、文化中心、国际交往中心、科技创新中心，吸引了众多跨国公司地区总部、研发中心及国内大型企业集团总部聚集，总部经济规模居全国首位。2020 中国总部经济国际高峰论坛公布的数据显示，北京总部企业数量达 3961 家，超过半数的央企总部在北京；在北京的跨国公司地区总部累计达 183 家。依托北京的优势地位及总部经济、高新技术人才优势，北京数字经济政策及发展进入新阶段，从关注数字技术发展转变为布局产业数字化和数字化治理并重。在产业数字化政策方面，北京积极推动工业互联网建设，同时注重制造业与互联网融合。在数字化治理政策方面，北京关注"互联网+政务"建设，北京数字经济政策在电子政务、智慧教育、智能交通等多个领域贯彻数字化治理理念。

从整体来看，北京市抓住数字经济这一历史契机，加快传统产业及推动新兴产业数字化、智能化转型，以高质量发展为主题，着眼世界前沿技术和

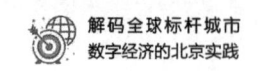

未来战略需求，以科技创新为引擎，促进数字技术与实体经济深度融合，打造中国数字经济发展"北京样板"、全球数字经济发展"北京标杆"。

2. 天津

天津深度挖掘区位优势，通过承接北京及其他地区高水平数字经济企业，以产业经济智能升级为特色推动数字经济发展，为实现自身"一基地三区"的功能定位提供坚强支撑。天津数字经济规模在2019年达到8000亿元，数字经济规模占GDP比重超过40%，数字经济领域就业岗位增长率超过10%，具备较大的发展潜力。近年来，天津持续在数字经济领域发力，出台了《天津市促进数字经济发展行动方案（2019—2023年）》《天津市智慧城市建设"十四五"规划》《天津市新型基础设施建设三年行动方案（2021—2023年）》《天津市制造强市建设三年行动计划（2021—2023年）》《天津市加快数字化发展三年行动方案（2021—2023年）》《天津市商贸数字化发展三年行动方案（2021—2023年）》《天津市制造业数字化转型三年行动方案（2021—2023年）》等政策措施。

《天津市加快数字化发展三年行动方案（2021—2023年）》提出，到2023年，天津数字化发展整体实力迈入全国第一梯队，数字经济创新引领能力显著增强，数字公共服务体系更加高效、便捷，数字生活服务更加普惠可及，建成"津产发""津心办""津治通"数字化综合应用平台，数字经济增加值占GDP比重不低于55%，分批落地20个民生热点领域和生活品质提升应用场景、41个数字治理典型应用场景，基本建成智治协同、运转高效的整体数字政府，形成适应社会主义现代化大都市发展的数字治理新模式。

到"十四五"时期末，天津以数据为关键要素的新产品、新模式、新业态、新场景将蓬勃发展，新增数字化车间和智能工厂将超过400个，新增工业互联网平台达40个，车联网应用场景覆盖区域超过600平方千米，天津港智能集装箱水平运输设备拥有量达到50辆以上。自2022年起，天津加速数字产业创新发展，全面发展智能制造，推动企业加快应用智能制造新模式，重点推进高端装备、电子信息等行业数字化集成应用，发展共享制造和制造服务业；优化产业创新生态环境，通过构建统一的政策微门户，汇聚产业服务类数据资源，为企业提供全方位信息服务。

3. 河北

河北信息基础设施水平位居全国上游，承接了北京数字中心需求外溢，近年来大力发展大数据产业，全国唯一跨区域建设的国家大数据综合试验区——京津冀大数据综合试验区启动建设近六年来，京津冀三地协同发展格局基本形成，大数据基础设施支撑带初具规模，大数据产业集聚格局逐步显现，数字产业化发展实现新突破。随着"互联网+"行动计划、工业诊所"百千万行动"等深入实施，互联网与各行业、各领域深度融合，产业数字化步伐加快。河北省政务信息系统整合共享工程成效初显，社会数字化转型深入推进。但是，河北省也存在数字经济核心产业规模小、制造业数字化水平较低、创新能力不强、新业态新模式发展缓慢等问题。

近年来，河北省相继出台了《关于加快发展数字经济的实施意见》《河北省数字经济发展规划（2020—2025年）》《河北省县域特色产业集群数字化转型行动计划（2020—2022年）》等20个专项行动计划，制定了促进发展大数据、5G网络、智慧城市、"互联网+"等政策措施。

2022年5月出台的《河北省数字经济促进条例》是河北省首部数字经济领域的地方性法规，主要围绕数字基础设施建设、数据资源开发利用、数字产业化、产业数字化、数字化治理、京津冀数字经济协同发展、保障和监督等方面作出规范。

石家庄提出要打造"中国数字新城"，张家口则在积极构建"一带两翼三区多节点"空间布局。面对数字经济浪潮，京津冀地区支持数字经济发展的政策体系日趋完善，以信息化培育新动能，用新动能推动新发展。

（二）长三角地区

据中国信息通信研究院统计，2020年长三角地区数字经济规模占区域GDP比重约为44%，占全国数字经济总规模比重约为28%，其中，数字产业化占比达26%，产业数字化占比达74%。近年来，数字经济规模在长三角地区的增长尤为突出。以浙江为例，2020年浙江数字经济核心产业增加值占GDP比重为10.86%，高于"十四五"规划公布的2020年7.8%的全国总体水平和2025年10%的预期目标。

长三角地区已经建成以电子器件、信息通信、集成电路、新型显示等为代表的新一代信息技术产业体系，5G、人工智能、大数据、区块链、云计算等新兴数字产业领域的发展也走在全国前列。尤其是在新冠肺炎疫情期间，长三角地区数字经济优势凸显，例如，杭州首创推出"杭州健康码"，通过数字技术手段解决异地互信问题，为复工复产复市提供了可能；后续陆续推出的货车通行证、数字化消费券等数字化工具，成为高效、便捷、低成本促进区域经济恢复的重要方式。

从长三角地区各省市数字产业化发展来看，上海已率先实现固定网络和移动网络"双千兆宽带城市"的建设目标；作为芯片企业的主要孵化地，仅上海浦东新区集成电路产业规模就已经突破千亿元。浙江形成电子元器件及材料、应用电子及软件与信息服务业等优势产业；杭州数字经济核心产业对经济增长的贡献率超过50%，在人工智能方面，杭州成为继北京、上海之后第三批国家新一代人工智能发展创新试验区。南京作为全国首个"中国软件名城"，其主导产业是软件与信息服务业、电子信息制造业等数字经济核心产业，并拥有新型显示、信息通信设备、物联网领域三个"千亿元级产业"。无锡聚力推动以物联网为龙头的新一代信息技术产业发展，建成全国首个窄带物联网全域覆盖的地级市、首个物联网连接规模超千万个的地级市、首个高标准全光网城市。合肥数字产业实现跨越式发展，以人工智能为代表的数字产业蓬勃发展，已经形成龙头有效引领、科研强力支撑的产业生态体系，成为全国人工智能产业开放性创新平台最密集的城市之一。长三角企业家联盟推动组建了九个产业链联盟，联合开展长三角重点产业链协同研究，积极推进跨区域产业链供需对接、标准统一和政策协同，多家龙头企业已实现跨域布局。

长三角地区聚焦数字政府和智慧城市建设，不断拓展社会治理的新格局。2019年，长三角地区共同推进"一库（基础数据库）""一章（网上身份互认）""一卡（民生一卡通）"建设，携手开通了政务服务"一网通办"，通过政务服务数据跨区域融通共享，实现长三角地区政务服务"一网通办"。根据《省级政府和重点城市一体化政务服务能力调查评估报告（2021）》，长三角地区主要城市在线办理和在线服务能力均位于全国前列。作为先行先试地区，《长三角地区电子证照互认应用合作共识》在2020年9月正式发布，上海、江苏、浙江、安徽共同推进身份证、驾驶证、营业执照等高频电子证照在跨地区、跨部门、跨层级业务场景中的共享互认，这对于在全国范围内实现电子证照互认或"一网通办"具有引领和示范意义。

长三角地区各省市结合地方实际设定数字经济发展目标,规划数字经济发展路径。《上海市"十四五"规划和二〇三五年远景目标纲要》中,首次将《数字化转型》单列一章,提出要着力营造智慧便利的数字生活,特别是在医疗、教育、养老、文化旅游等领域,要深化数字技术与民生服务领域融合创新。《长三角生态绿色一体化发展示范区国土空间总体规划(2019—2035年)》提出,到2035年,上海数字经济增加值占GDP比重要达到80%以上。《浙江省数字经济发展"十四五"规划》提出,到2025年,数字经济增加值占GDP比重达到60%左右,高水平建设国家数字经济创新发展试验区,成为展示"重要窗口"的重大标志性成果。

江苏省数字经济相关政策持续完善,提出加大省级财政相关专项资金的支持力度,设立省级数字经济产业投资基金,鼓励地方设立数字经济股权基金,吸引社会资本支持数字经济发展。江苏省以南京和苏州为代表,积极规划数字经济三年行动计划,其中,南京数字经济规模占GDP比重在2022年要达到56%,苏州数字经济核心产业增加值要达到6000亿元。《合肥市数字经济发展规划(2020—2025年)》明确提出,到2025年,合肥数字经济规模占GDP比重达50%以上,对于正在打造"安徽省数字经济第一区"的合肥市包河区,力争三年内使其数字经济规模占GDP的比重达到60%以上。

(三)珠三角地区

作为中国开放程度最高、经济活力最强的省份之一,广东具备发展数字经济得天独厚的资源和优势。2019年,广东数字经济规模达4.9万亿元,占GDP比重达45.3%,年均增速达13.3%,超过GDP同期增速约7个百分点。《粤港澳大湾区数字经济发展与就业报告(2020年)》显示,2019年深圳、广州两座中国一线城市,数字经济规模均超万亿元,呈现数据价值化步伐加快、吸纳就业数量持续攀升态势。

广东制造业资源丰富,为数字经济与制造业深度融合奠定了坚实基础。广东省数字产业化基础持续夯实,截至2021年已累计建成5G基站12.4万座,产业规模、用户数和基站数均居全国第一;工业互联网节点建设及应用也在全国领先,率先实现20户以上自然村全部通百兆光纤。未来,广东将开展数字关键核心技术"强基筑魂"行动,加快布局6G、太赫兹、8K、量

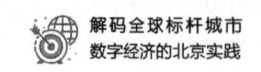

子信息、DNA 存储等前沿技术，以揭榜挂帅等方式持续支持数字化领域关键核心技术攻关。

数字技术赋能产业发展，不断迸发新活力。近年来，广东各地积极推进数字科技创新中心、智慧城市、数字大湾区建设，高质量建设数字经济产业集聚区，加速数字产业集聚、培育壮大数字经济产业集群优势，逐渐形成以深圳为中心的珠三角地区数字产业化发展引领地和数字经济企业集聚地。作为制造业大省，广东大规模推动"机器换人"，推动制造业企业加速转型升级。

2019 年，广东及各地市出台多项政策，强化数字经济政策总体规划，包括《广东省推进新型基础设施建设三年实施方案（2020—2022 年）》《广东省数字政府改革建设"十四五"规划》《广东省制造业数字化转型实施方案（2021—2025 年）》《广东省制造业数字化转型若干政策措施》《关于贯彻落实〈粤港澳大湾区发展规划纲要〉的实施意见》等。另外，《广东省新一代人工智能发展规划》《广东省加快 5G 产业发展行动计划（2019—2022 年）》《广东省数字交通"十四五"发展规划》《深圳市首席数据官制度试点实施方案》《深圳经济特区数据条例》等政策，有力地支持了相关领域发展、创新模式、规范管理。

（四）其他地区

1. 山东

近年来，山东实施重点行业转型升级，坚持以数字产业化、产业数字化为主线，开展数字经济培育"沃土行动"，增强传统行业发展活力，大力培育新兴产业，积极推动以数据为关键要素的数字经济快速发展。山东围绕数字产业化、数字农业、智能制造、智慧服务、培育新业态五大任务，从加大要素供给、强化人才支撑、激发创新活力、培育市场主体、加强资金扶持五个方面，提出具体政策措施，推动新旧动能转换，塑造了现代产业新优势。到 2022 年，山东数字经济与经济社会各领域融合的广度、深度显著扩大，重要领域数字化转型率先完成，数字经济规模占地区生产总值比重年均提高 2 个百分点。

（1）山东数字产业成长显著。"十三五"时期，山东数字经济核心产业持续走强，数字经济总量突破 3 万亿元，年均增速超过 30%，显著高于同期 GDP 增速，成为带动全省经济持续增长的重要动力。2020 年，山东软件业务收入达 5848.5 亿元，同比增长 12.4%，跻身国内第一梯队。山东拥有中国软件名城数量并列国内第一位，海尔、海信、浪潮、东方电子、中创等企业入围全国软件百强企业。2020 年，山东电子信息制造业主营业务收入为 3676.3 亿元，同比增长 14.1%。

（2）在产业数字化方面，山东积极培育产业发展新动能。随着用工成本上涨和产品转型升级，山东工业企业加快了"机器换人"的步伐，自动化程度不断提升，从业人员的行业分布逐渐由传统的原材料制造、高能耗行业向先进制造业转移。在工业和信息化部、国家发展和改革委、财政部、国家市场监督管理总局联合发布的"2021 年度智能制造试点示范工厂、优秀场景名单"中，山东分别入选 12 个示范工厂、21 个项目，智能制造持续释放两化融合发展的叠加、倍增和加速效应。电子商务有力拉动消费，2019 年山东网上零售额达 4109 亿元，比 2018 年增长 15.8%。其中，实物商品网上零售额达 3445 亿元，同比增长 19.6%，占社会消费品零售总额的比重为 9.6%，对社会消费品零售总额增长的贡献率为 27.5%。

《数字山东 2021 行动方案》聚焦数字政府、数字经济、数字社会、基础设施四个方面，提出 20 项重点工作，明确优化提升"互联网+政务服务"，明确加快数字产业化发展；推动集成电路等关键领域创新突破，打造 10 个左右新型智能终端、超高清视频等数字产业集群，培育 100 家左右工业互联网创新示范企业；加快发展特色数字农业、推动服务业数字化转型，建设 100 家智慧农业应用基地、16 家以上智能牧场；推动"互联网+高效物流"发展，加快济南、青岛、临沂国家物流枢纽，以及济南、青岛国家骨干冷链物流基地建设；全面建设新型智慧城市，加快建设数字乡村；建设完善通信基础设施。

《山东省"十四五"数字强省建设规划》从数字基础设施、数字科创高地、数字经济、数字政府、数字社会、数字生态六个方面，提出了"十四五"时期山东数字强省建设的重点任务。

《数字青岛 2021 年行动方案》指出，将在四大领域落实 31 项重点任务，持续发力建设协同高效的数字政府、富有活力的数字经济、智慧便民的数字社会、智能融合的数字基础设施，推动青岛在新型智慧城市建设上迈入新赛道。

《济南市"十四五"加快数字化高质量发展规划》定下了济南"十四五"期间数字经济发展的目标,到2025年,济南数字化发展水平走在全国前列,数字经济核心产业规模达到8000亿元,数字经济总规模占GDP比重达到52%。

2. 湖北

尽管新冠肺炎疫情冲击对湖北经济造成了一定影响,但2020年湖北数字经济核心产业规模达到6542亿元,同比增长5.42%。2019年、2020年湖北数字经济核心产业规模年均增速达7.75%,高于同期GDP年均增速。2017—2021年,湖北数字经济规模由1.2万亿元增至2.1万亿元,占GDP比重由33.8%提升至42%。目前,60余家数字经济头部企业在湖北设立了总部或第二总部。另外,湖北拥有百亿元级企业9家,拥有高新技术企业逾2000家。

(1)数字产业迅速成长。发挥"光芯屏端网"等信息技术产业优势,2021年湖北软件业务收入达2184.74亿元,约占中部地区软件业务收入的52%。湖北打造网络安全人才培养高地、技术创新高地、产业发展高地,加快推进"新基建",加大对工业互联网顶级节点、网络干线、大数据中心、5G基站等的投资,以"新基建"拉动新经济、新业态发展。未来,湖北将培育壮大本土数字经济龙头企业,引进更多信息领域头部企业在湖北设立第二总部,培育和发展具有竞争力的大型数字企业。

(2)产业数字化结构持续优化。湖北累计上云工业企业达4.02万家,企业上云率达39.4%;在建5G全连接工厂达到108家,建成全球灯塔工厂2家、国家级两化融合贯标企业952家、国家级新一代信息技术与制造业融合发展试点示范32个、国家级大数据产业发展试点示范30个。农村电商增势强劲,2019年,湖北与阿里巴巴集团签署了战略合作协议,双方合作建设物流服务网络,月均服务村民超过百万人次,并建设了"兴农扶贫县域品牌站",有效推动了湖北的农村电商发展、农民增收和脱贫攻坚工作。湖北加快推进智能制造,2019年全国首条5G智能制造生产线在武汉光谷启动,该智能制造生产线可以实现设备点对点通信、设备数据上云、横向多工厂协同、纵向供应链互联,打造设备全生命周期在线管理、运营数据监控与决策、订单全程追溯的透明交付,生产效率较改造前提升30%以上。湖北跨境电子商务实现跨越式发展，2018年中国（武汉）跨境电子商务综合试验区获批后，武汉市海关以服务湖北经济社会发展为目标，以口岸和平台为抓手，推动优化跨境电子商务业务布局，集聚优势资源，推动跨境电子商务集约突破发展。2020年湖北对外贸易逆势增长，其中，跨境电子商务进出口额达24.5亿元，同比增长92.4%。

《湖北省数字经济发展"十四五"规划》提出，到2025年，湖北数字经济核心产业增加值占GDP的比重超过10%，重点建成"四区两中心"，即建成全国数字产业化引领区、全国产业数字化先导区、中部数字化治理样板区、数字生态活力区、全国数字商贸物流中心、具有全国影响力的数字科技创新中心。未来，武汉作为湖北省会，将通过全面实施"573"工程——五大数字"新基建"、七大数字"新产业"、三大数字"新融合"，推动武汉数字经济增加值占GDP比重超过50%，建成国家数字经济创新发展试验区。未来，湖北将以新基建为切入点，大力促进5G、工业互联网、人工智能、区块链等数字技术与实体经济融合。

3. 湖南

2018—2020年，湖南数字经济连续三年保持两位数高速增长，近三年的平均增速分别达16.5%、11%、13.4%，分别高于同期GDP增速8.7个百分点、3.4个百分点、9.6个百分点，在新冠肺炎疫情冲击之下，湖南数字经济展现了强劲的韧性。2020年，湖南数字经济规模达1.148万亿元，同比增长13.4%，增速居全国第四位；数字经济规模占GDP比重达27.5%，较2019年同期提升2个百分点。

（1）数字产业能级不断提升，趋向集群化、产业化发展。2020年，湖南软件和信息服务企业累计完成软件业务收入939.8亿元，同比增长53.9%，产业规模居中部地区第二位；规模以上电子信息制造业实现营业收入2904亿元，工业增加值增速高于全国增速8.7个百分点。

（2）产业数字化成为数字经济发展的主阵地，为湖南数字经济持续健康发展输出动力。2020年，湖南产业数字化增加值规模达到10574亿元，同比增长14.1%，占数字经济比重由2018年的91.1%提升至2020年的92.1%。湖南新一代信息技术与先进制造技术深度融合加快，带动产业数字化迈上新台阶。2020年，湖南大型企业两化（信息化和工业化）融合水平居全国

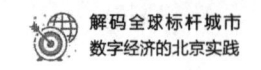

第九位、中部地区第一位,"上云上平台"企业数量居全国第三位。

近年来,湖南主动融入长江经济带发展、中部地区崛起等一系列国家战略布局中,深入实施"三高四新"战略,共建"一带一路",加快推动自贸试验区建设等。在数字经济发展方面,湖南省政府先后出台了《深化制造业与互联网融合发展的若干政策措施》《关于加强信息安全产业发展的若干政策措施》等政策文件;湖南省工业和信息化厅发布《湖南省数字经济发展规划(2020—2025年)》,以及软件、工业互联网App、大数据、人工智能、5G应用创新、超高清视频、区块链等产业专项行动计划。

《2021年湖南省政府工作报告》提出,加快数字经济发展,力争数字经济增加值增长15%以上。《湖南省数字经济发展规划(2020—2025年)》指出,到2025年,湖南省数字经济规模进入全国前10强,数字经济规模占GDP比重达到45%,成为全国数字经济创新引领区、产业集聚区和应用先导区。

4. 川渝地区

川渝地区目前将数字经济作为重点发展领域,其在发展新业态、建设服务中心等方面,已经形成相对错位发展格局,推进合作的空间较大。

1)川渝地区数字产业发展各有重点

重庆将着力打造"芯屏器核网",成都将突出"一芯一屏一机"发展。川渝地区有广泛的合作基础,川渝地区开展跨区域的研发、制造、服务、消费等合作,有利于错位培育新业态,构建服务于中西部地区、多层次和多链条的数字经济体系。数字经济发展需要开放合作,通过加强川渝地区之间合作,将会形成经营业态更加多样、产业生态更加丰富的数字经济圈。

重庆作为全国首个启动实施国家数字经济创新发展试验区的省份,2020年数字经济增加值超过6000亿元,同比增速超过18%,在地区生产总值中占比超过25%。重庆数字经济连年保持两位数增长,已成为助力重庆经济发展的重要支撑。

2)产业数字化转型升级成效显著

重庆以建设国家数字经济创新发展试验区、国家新一代人工智能创新发展试验区为重要抓手,集中力量打造"智造重镇"、建设"智慧名城",推动数字经济和实体经济深度融合。为聚集创新资源、进一步促进要素合理配置，以及激发相关企业的活力和内生动力，重庆重点打造了一批数字经济园区。重庆两江数字经济产业园重点发展数字基础型、数字应用型、数字服务型三大类产业；重庆仙桃国际大数据谷围绕建成中国大数据产业生态谷的总体目标，瞄准智能硬件产业打造产业集群；中国智谷（重庆）科技园形成5G、集成电路、智能终端、人工智能、物联网等产业集群；礼嘉智慧体验园重点打造集时间、空间、层次于一体的生活场景体验平台；重庆两江协同创新区注重产城景融合，彰显"生态+科技"内涵，打造融人文、智慧、科技于一体的高端人才集聚地；重庆市区块链数字经济产业园，推动区块链与实体经济深度融合。

近年来，四川数字经济发展水平不断提升。2019年，四川数字经济总体规模超过1.6万亿元，占GDP比重超过30%。以数字经济为核心的新经济已成为驱动四川发展的新动能之一。四川大力推进产业数字化、数字产业化，在产业链条、智能制造、设施平台、经济规模、研发能力等方面积累了一定的优势。

四川以数据要素高效流通和新型基础设施建设为驱动，以推动数字产业集聚发展和产业数字化融合为重点，以集聚高端人才和培育市场主体为引领，加快数字技术创新赋能实体经济，探索建立与数字经济发展相适应的政策法规、公共服务、产业生态和技术创新体系，推动形成更多在全国具有引领性、示范性的试验成果，着力打造数字经济新增长极。目前，四川数字经济指数、数字消费力、大数据应用水平等指标排名居全国前列，网络规模和服务能力居西部第一位，发展了电子信息、5G规模化组网试点、大数据应用等数字产业集群，以及政务服务、健康养老、教育医疗等领域的智慧应用形态。

《国家数字经济创新发展试验区（四川）建设工作方案》提出，力争到2022年，初步构建与数字经济发展相适应的政策体系和制度环境，数字产业化和产业数字化取得显著成效，全省数字经济规模超过20000亿元，占GDP比重达到40%。《重庆市数字经济"十四五"发展规划（2021—2025年）》提出，到2022年，重庆市将集聚100家数字经济龙头企业、500家前沿领域高成长创新企业、5000家"专特精尖"中小微企业和创新团队，创建10个国家级数字经济应用示范高地，到2025年全市数字经济总量超过10000亿元。

第六章

领航者

在数字产业化、产业数字化过程中，大企业以强大的科技创新能力、数字平台底座、专业技术能力等优势，带动和引领全社会经济体投入数字经济的时代趋势。2021年，在规模以上服务业中，战略性新兴服务业（包括新一代信息技术产业、高端装备制造产业、新材料产业、生物产业、新能源汽车产业、新能源产业、节能环保产业和数字创意产业八大产业中的服务业相关行业，以及新技术与创新创业等相关服务业）企业营业收入相比2020年增长16.0%。

得益于数字化信息技术的广泛深入应用，第一产业的规模化、集约化、智能化水平，以及农业劳动生产率持续提升。随着机器人等新一代人工智能技术的普及，更多的农业劳动力将会被农业自动化释放出来。在第二产业中，传统制造业就业规模持续降低。除了机器替换人，在"人工智能+制造"条件下，人机交互方式将再次升级，这将大幅提升制造业生产率。在第三产业中，生产性服务业与高端生活性服务业所吸纳的就业规模将显著增加。与此同时，云计算、大数据、人工智能等技术向生活性服务业的全面渗透，推动了养老医疗、体育健康、旅游文化、教育培训等高端生活性服务业的兴起，创造了产业新形态、就业新趋势。

一、数字产业化的先锋队

（一）平台企业

1. 平台企业的内涵

现代的平台企业主要是以互联网技术为支撑，为用户提供某一种或多种综合服务的企业。2022年，国家发展和改革委员会、国家市场监督管理总局、中央网络安全和信息化委员会办公室、工业和信息化部等九部门联合印发了《关于推动平台经济规范健康持续发展的若干意见》，定义了平台经济是以互联网平台为主要载体，以数据为关键生产要素，以新一代信息技术为核心驱动力，以网络信息基础设施为重要支撑的新型经济形态。近年来，我国平台经济快速发展，在经济社会发展全局中的地位和作用日益凸显，平台企业不断发展壮大，在科技创新、供应链优化、经济效率效能提升方面发挥了重要作用。

国家统计局官方网站公布的数据显示，2021年全国网上零售额为130884亿元，同比增长14.1%。商务部等22部门制定的《"十四五"国内贸易发展规划》指出，到2025年，电子商务交易额达46万亿元左右，全国网上零售额达17亿元左右，相关从业人数达7000万人左右。

在互联网平台经济体内，平台、用户、服务商共同构成了网状协作关系。平台是整个生态系统的基础，为用户、服务商提供信息、交易与物流等数字基础设施。海量用户和服务商则是平台经济的主体，通过平台完成信息交换、需求匹配、资金收付和货物交收等经济活动。平台企业通过对数据的清洗、挖掘、优化实现供需准确匹配，扩大企业对资源的调配半径，降低平台经济参与者的经营成本，平衡用户之间的关系，提高用户的交易效率。

平台企业在各自领域深耕，并以主业为基础推进技术升级，不断扩张商业版图。以亚马逊、阿里巴巴、京东、美团为代表的电商平台，以谷歌、百度为代表的搜索平台，以Facebook、腾讯为代表的社交平台，以YouTube、抖音/TikTok、快手为代表的视频平台，以优步、滴滴为代表的打车平台等，渗透在实体经济全产业，改变了人们的日常生产和生活，具备广泛的经济、社会及环境影响。

2. 平台企业的特征

1）网络效应

平台市场由交易（或交互）的两边（或多边）组成。在交易一边中，存在同边网络效应；在交易双边之间，存在跨边网络效应。同边网络效应指，平台一边的使用者越多，平台对该边使用者的价值越大。例如，在打车平台中，软件使用者越多，平台对所有成员的价值越大。跨边网络效应指，平台一边的使用者越多，平台对另一边使用者的价值越大。例如，在购物平台中，买家数量越多，平台对卖家的价值就越大；同样，卖家数量越多，平台对买家的价值也越大。梅特卡夫定律（Metcalfe's Law）指出，网络的价值等于网络节点数的平方，随着网络使用者数量的增加，网络价值成指数级增加。

2）规模效应

在平台设立初期，行业竞争非常激烈，企业的固定资产投资、营销投资等投入很大；在平台运行期间，维护其正常运行的投入也比较大；但在平台进入成熟期之后，每增加一个使用者，平台所支出的边际成本将逐渐减小，有时甚至接近于零。基于平台的这种特性，平台企业规模越大，越节约社会资源，存在的规模经济效应越巨大。头部平台企业利用其所积累的大数据优势可以迅速形成先发优势，形成进入壁垒，从而抑制后发企业进入发展，获取行业的超额利润。

3）数据驱动

互联网平台依托信息基础设施和数字生产要素，走出了IT时代大企业封闭式、集中控制的信息化道路，踏上了数据时代为其他企业和个人服务、以激活生产力为目的的"赋能"新道路。平台企业提供了广泛的、极低成本的信息撮合机制，人们通过互联网平台，高效分享着不受地域、时间、空间限制的信息，扩展了分享的物品和服务种类，并渗透到越来越多的地区。专业化平台企业通过聚合效应将所有交易往来信息记录在自身系统内，掌握了用户画像、物流、资金流等数据，这些都是数字经济时代最重要的生产要素。

4）价值连接

互联网平台显著降低了各方的沟通成本，直接支撑了大规模协作的形成，向全社会共享能力，从而激发了微经济活力。平台企业充当连接、整合的角色，连接多边群体，整合多方资源，满足多边群体的需求，共享输出商业基础设施能力，为全社会提供随需随取、种类丰富、成本可控的商业服务，降低了进入门槛，让中小企业（个人）与拥有雄厚资金的大企业站在了同一高度的舞台上。通过平台经济，企业能减少不必要的中间环节，创造更多价值连接，提高效率，带来增值。企业还能通过协同上下游伙伴，甚至同业竞争者，不断变革新格局、新规则，为供需双方带来更大增值。

3. 典型企业分析

1）美国亚马逊公司

美国亚马逊公司是一家"财富500强"公司，其从线上书店快速走向商品多元化，现已成为全球最大的网上零售商、云计算服务商，占据着近一半的美国在线销售市场。美国亚马逊公司规模化发展、多行业布局的发展模式，具有数字经济平台扩张的典型性，跨市场业务的整合使得美国亚马逊公司能够以潜在的反竞争方式利用跨部门优势及其从其他市场获得的资源优势地位，获取竞争优势。

美国亚马逊公司（以下简称"亚马逊"）是数据驱动的经营决策自动化公司。调查显示，第三方卖家在亚马逊平台上的交易相关实时业务数据被输入到了亚马逊零售业务的算法中，亚马逊基于这些数据决定要发布的新产品、确定定价策略、管理库存及选择产品最佳供应商。当第三方卖家决定在亚马逊平台上推出新产品时，亚马逊平台就会收集第三方卖家的有关信息及每笔交易的数据，包括卖家产品的订购和发货数量，以及卖家的市场收入、产品访问次数、有关运输信息、过往表现、投诉应对信息等。

为达到供需双方需求精准匹配、吸引用户等目标，亚马逊平台收集广泛且深入的个人信息，包括消费者浏览的商品种类和时长、搜索目标等，通过汇总分析用户数据为商户提供产品的发展趋势及消费者关注的重点，从而促进商户与消费者之间成交量增加，使商户利润增长，进而吸引更多商户并要求其支付更高的服务费用，进一步促进亚马逊获得超额收益。

亚马逊自有仓储物流运营中心以技术驱动，为客户提供卓越体验。亚马逊全球的任何一个仓库，都采用自主研发的仓储物流系统，并实现无线信号全覆盖。在亚马逊精密计算的仓储物流系统中，工作人员仅是系统的执行者，而不是操作者。例如，在包装的作业地点，工人只需要拿起商品对着扫描枪一扫，系统就会根据这件商品的尺寸、质量，算出所需的包装盒大小，这位工人只需要从面前的两三种包装盒里抽出系统建议的包装盒即可。基于对仓储物流中心的成熟运营经验，亚马逊推出了很多创新又快捷的服务，比如，亚马逊在西雅图推出了新鲜杂货超市类服务，当地的用户可以在下订单的第二天早上喝到新鲜的牛奶；在日本和法国，亚马逊将仓储物流服务与LBS（Location based Services，围绕地理位置数据展开的服务）结合起来，顾客可以在手机或无线设备中输入所在地信息，利用终端设备GPRS定位寻找

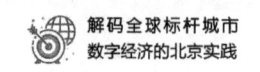

距离最近的送货点，亚马逊可以将商品送到离顾客最近的便利店，让顾客去那里提货，系统也可以看到顾客的位置，亚马逊可以据此为顾客提供就近的服务。

2）阿里巴巴集团

根据《2020—2021 阿里巴巴集团社会责任报告》，2020 年阿里巴巴平台农产品销售额达 3037 亿元；已有近 1000 个阿里巴巴数字农业基地和 1000 多个"菜鸟县域快递共配中心"在全国落地；通过数字化的仓配及分销网络，阿里巴巴每年将 100 万吨生鲜农产品直供全国。截至 2020 年年底，832 个前国家级贫困县在阿里巴巴平台的商品销售额已超过 2700 亿元。阿里巴巴平台不仅帮助乡村商品卖得多，更让乡村特产卖出好品牌、好价格，成为推动农村产业发展的有效助力之一。

2020 年，天猫"双 11"的成交额破纪录地达到 4982 亿元，吸引了超过 8 亿名消费者、25 万个品牌、500 万家商户共同参与；2021 年，天猫"618"通过算法优化、能源优化、低碳物流等手段，每笔订单同比减碳 17.6%。

截至 2020 年年底，菜鸟智能装箱计算累计减少了 5.3 亿个包裹用材，相当于种下 393 万棵梭梭树；2020 年，阿里云自建基地型数据中心交易清洁能源电量 4.1 亿千瓦时；钉钉推动绿色办公，累计减少碳排放 1100 万吨，相当于固化荒漠 6300 平方千米。

新冠肺炎疫情期间，支付宝支持研发的"健康码"快速从杭州推广到全国，由阿里云支持建立的"数字防疫系统"已覆盖 28 个省市，"全球新冠肺炎实战共享平台"覆盖的国家和地区达到 229 个。阿里巴巴还帮助 20 个省市的 2000 多个产业带进行"数字化"突围，助力中小型企业在构建以国内大循环为主体、国内国际双循环相互促进的新发展格局的市场机遇中抢得先机。

在北京冬奥会期间，阿里云支撑赛事运营所需的核心系统 100%上云。这是奥运史上首次由云计算替代传统 IT，改变了过去奥运会期间重复建设传统 IT 机房，在赛事短暂使用后拆除的状况，使应用开发和部署流程缩短，使 IT 基础设施的成本大幅下降。阿里巴巴旗下平台为中小型企业提供精准供需对接，推动物流行业智慧转型、服务企业供应链数字化改造，利用数字技术使传统制造业及能源等行业提质增效。

在清洁能源领域，全国近 30 个城市的 100 座垃圾焚烧炉已装上阿里云工业大脑，通过 AI 技术使生活垃圾焚烧的生态环境指标更稳定，使单位发电量提升，全年可多发电 3.6 亿千瓦时，相当于一个中型水电站的发电量。同时，阿里云向行业开放核心能力，与行业专家、能源企业共同推进垃圾发电的绿色、低碳、高效，数字经济助力实体经济低碳转型的生态效应逐渐形成。

在智能制造领域，阿里巴巴旗下犀牛智造在服饰设计环节为商家引入创新的人工智能技术，将新品服饰开发周期缩短到两周以内，相比传统模式提效 5 倍。作为新制造的代表，犀牛智造入选世界经济论坛"灯塔工厂"，并入选工业和信息化部《2021 年工业互联网平台创新领航应用案例名单》。

3）腾讯

腾讯作为一家以行动者连接见长的数字平台企业，承载了社交生态、内容生态、游戏生态、交易生态、支付生态等。微信作为社交生态，是非常复杂的生态，任何与社交关联的人类活动几乎都可以成为一个生态，例如，在社交生态中涵盖了内容生态（读书）、交易生态（交易）、支付生态（支付）等。

"3Q 大战"之后，马化腾在 2010 年 12 月 5 日召开的中国企业领袖年会演讲中宣布，腾讯将进行全面战略转型——"转型原则上是开放和分享的"。流量、技术、算法、社交与生态，成为谋划开放的重要元素，伴随着腾讯开放策略的全部进程。具体而言，在腾讯自身的阐述中，其开放策略以成为连接器、搭建工具箱、构建行业生态三个梯度渐进式呈现。

2011 年 6 月 15 日，在第一届腾讯全球合作伙伴大会上，腾讯宣布和合作伙伴"一起打造一个没有疆界、开放共享的互联网新生态"。对用户而言，它使用户拥有了一键登录的统一账号平台，在这个综合的互联网平台中囊括了所有的互联网应用。对开发者而言，它提供了一个入口，提供了包括 QQ 等软件在内的流量资源，使他们在一开始就具备能够支撑海量用户运行的开发能力，减少了应用开发成本。

自 2016 年起，腾讯的开放策略更进一步，主要提供了应用开放平台、社交开放平台和腾讯云开放平台。中小创业者可以通过入驻平台获得腾讯的用户资源和技术工具，包括公众号、小程序、移动支付、网络广告、企业微信、安全能力，以及大数据、云计算、人工智能技术等，降低了开发成本，得以快速成长。

随后，腾讯进一步扩展了开放的定义：将开放延伸到以产业互联网为核心,搭建整个互联网产业的行业生态。腾讯在2013年推出腾讯云开放平台,进一步开放自己的计算能力,打造腾讯开放平台产品的后盾。2017年,腾讯"着力推动以AI为核心的新科技开放平台和以泛内容为核心的大内容开放平台",将开放的对象从互联网产业扩展到内容产业。同时,流量也成为平台巨头的必争之地,也是造成平台市场不正当竞争的重要因素。

一方面,对于腾讯垄断的指责聚焦于平台垄断行为,具体体现在对于入口和流量的限制。数据和流量是腾讯实现对于用户和市场控制能力的主要线索。2021年2月,抖音向腾讯提起反垄断诉讼,提出只有"腾讯旗下产品、游戏及其投资公司"可以"合法使用""用户的头像、昵称等用户数据",认为"腾讯这种对于用户数据的垄断行为,严重影响了行业的创新发展","用户数据不应该成为腾讯公司的'私产'"。同时,在与企业合作时,虽然腾讯不会和合作方签订"排他协议",但对于流量、数据等问题,还是会博弈和谈判。

另一方面,对腾讯垄断的指责也聚焦在平台垄断的市场结构之上。以数据连接为依托,腾讯平台的基础设施化让其可以更便捷地利用自身的流量优势进入用户日常生活刚需的业务领地,从而在更多互联网产业领域延续自己的优势地位。

腾讯平台改善与创新者的关系,同时也不断融合多种职能、不断消弭市场边界,进而不断融合多元产业主体于同一个平台生态。腾讯探索开放与垄断,都伴随着互联网技术对于社会交往、日常生活、经济产业的不断深入,从根本上改变了用户之间的连接方式与产业内部的市场边界。

(二)专业技术企业

1. 专业技术企业的内涵

专业技术企业是在某领域深耕的企业,将那些能为企业赢得最大竞争力和最大化利润的业务归类为其核心业务,然后重点围绕这些业务功能培育专业化能力。

技术先进性:技术是专业技术企业的立足之本,企业所提供的产品和服务包含了多少高新技术、应用了多少先进的手段,这些将直接构成企业的核心竞争力。技术越尖端、方式越先进,企业的基础将越牢固。

技术独特性：无论多么先进的技术，都必须通过特定的产品和服务造福于人类才能真正转化为生产力。专业技术企业通过对技术的应用和创新，形成自己独特的产品和服务，从而占据细分市场，拉开与竞争对手的差距，避开激烈的市场竞争。在特定技术的基础上，差异化越明显，专业化越强。

技术市场认同度：追求技术的先进性、独特性必须以市场为导向。如果一个高科技产品、一个具有独特性能的产品不被市场接受，或者被市场有限接受，则其不会给企业带来多大的利润。只有那些得到市场认可、受市场欢迎的高科技产品，才是企业追求的专业化产品。

2. 专业技术企业的不可替代性

专业技术企业深耕所在领域多年，这些领域往往是需要大量资金、人才投入的技术领域。专业技术企业以技术立本，积累了深厚的技术、专利、产品、服务、人才等资源，后进入该领域的企业难以在短期内追上其技术水平，更无法提供能媲美其科技含量的产品和服务。有了难以撼动的优势，专业技术企业如果能够持续进化，则在其领域内很难被其他企业超越，也不可能被替代。

3. 典型企业分析

1）西门子

西门子数字化工业集团是工业自动化、电气自动化、工业数字化、"工业4.0"和智能制造领域的创新开拓者。作为在相关领域深耕多年的专业技术企业，西门子不断创新应用新技术，积极拥抱数字化。新冠肺炎疫情暴发以来，通用自动化领域下游应用需求旺盛，2022年西门子的营业收入和营业利润相比2021年分别增长12.7%和52.9%，创下历史新高。

新技术决定自动化未来。西门子将最新技术[包括人工智能、增强现实、工业物联网（Industrial Internet of Things，IIoT）和数字孪生]与其在开展业务的所有领域的自动化专门技术知识相结合，旨在为数字化企业提供能够重新定义自动化的整体解决方案，并向制造业提供有价值的应用。这些应用将改变产品的诞生方式、生产方式及演进方式：通过独立的网络物理系统，可以在从产品设计直至生产的一个闭合循环中（包括来自产品全生命周期自身的反馈）实现基于模型的工程设计，使工程设计工作量进一步下降至一个最低水平。此外，基于新 IT 技术（如边缘计算或增强现实）的应用实例大幅提高了生产力。西门子最新的可扩展工业自动化系统 SIMATIC，可以为每个应用领域提供解决方案；其与 TIA Portal 中的一体化工程组态一起，能够大大降低成本并缩短产品上市时间。

2）用友网络

用友网络是全球领先的企业云服务与软件提供商。Gartner 研究显示，用友网络在全球 ERP SaaS 市场居亚太区厂商第一位，在中国应用平台化云服务 APaaS 市场占有率排名第一，中国企业应用 SaaS 市场占有率排名第一。

企业的数字化包括运营管理的数字化和生产制造的数字化。在运营管理的数字化方面，ERP 系统在中国历经数十年发展，已经形成了稳定的市场规模和市场结构。新冠肺炎疫情的暴发使得数字办公得到快速普及，随之而来的是企业更深层次和更广范围的数字化应用需求被激发出来，使得企业整体的数字化、智能化水平逐步提升。

过去，传统企业从成本视角看待软件产品。近年来，新冠肺炎疫情和经济环境变化冲击了传统商业模式和经营方式，通过数字化支撑集团内协同、产业链协同，逐渐成为企业群体的共识。用友 YonBIP 平台级产品是集团企业数字化升级和产业联动的底座、平台和工具。作为商业创新平台，在 YonBIP 平台落地案例中，其已直接支撑企业客户商业模式转型，起到了降本增效的作用。2022 年，用友 YonBIP、NCC 等平台级产品及重要模块在头部企业市场持续落地，包括烟草、钢铁、金融、航空航天、铁路、农业等多个重要行业，而且项目体量较大，涉及客户企业核心业务和管理系统。行业头部客户标杆案例的落地可能直接带来同行业其他客户企业的合作，这已经在银行、钢铁、烟草等行业得到充分验证。用友网络的平台级云原生产品已逐渐得到越来越多主流头部客户的认可，标杆案例在市场推广的辐射带动效应也将持续体现出来。

3）太极股份

太极计算机股份有限公司（以下简称"太极股份"）是国内电子政务、智慧城市和关键行业信息化的领先企业，1987 年由中国电子科技集团有限公司第十五研究所发起设立，2010 年在深圳证券交易所中小企业板上市。太极股份以"做中国最优秀的数字化服务提供商"为愿景，致力于成为"自主可控的主力军、数据运营的国家队、智能应用的引领者、员工价值的成就者"，面向政府部门、公共安全领域、国防领域等提供信息系统建设和云计算、大数据等服务，涵盖云服务、网络安全与自主可控、智慧应用与服务、信息基础设施等综合信息技术服务。

成立30余年来，太极股份围绕数字政府、数字企业、数字国防打造一体化整体解决方案，树立了可信赖的国家队形象，是国家重大信息系统总体设计和工程建设的主要承担者、国家电子政务政策和相关标准制定的倡导者和积极参与者，为国防、外交、公共安全、宏观经济、金融、民生服务、工业生产等提供了重要的信息化支撑，客户覆盖中央部委、地方政府、大型集团企业等。

作为中国电子科技集团有限公司的软件和信息服务业龙头企业、自主可控总体单位、智慧城市与数字政府牵头单位，太极股份是中国电子科技集团有限公司网信事业核心产业平台、数字化转型的关键推动力量。太极股份形成了卓越的品牌和市场影响力，被列为科技部、中关村科技园区创新试点示范单位，连续多年被认定为国家规划布局内重点软件企业和全国软件产业收入前百家企业，是多个行业学会、协会的发起者和重要参与单位，是中国软件行业协会副理事长单位、北京软件和信息服务业协会副会长单位、智慧北京促进联盟理事长单位。

面向"十四五"，太极股份坚持以"数据驱动、云领未来、网安天下"为核心战略指引，深入实施"一体两翼"业务发展策略，以数据作为重要生产要素，加快推动行业解决方案数字化、核心产品产业化和运营服务平台化，积极投身数字经济主战场，以创新融合的数字化服务，助力政府、企业、军队及关键行业数字化转型发展，为"数字中国"建设贡献太极力量。

二、产业数字化的领头羊

（一）服务化延伸：制造企业的新方向

1. 制造企业的服务化转型

服务型制造是制造与服务融合发展的新型制造模式和产业形态，是先进制造业和现代服务业深度融合的重要方向。《中华人民共和国国民经济和社会发展第十四个五年规划和 2035 年远景目标纲要》提出："发展服务型制造新模式，推动制造业高端化智能化绿色化。"在新发展阶段，推动传统制造企业向服务型制造企业转型，由卖产品向卖服务拓展，是开辟盈利空间、打造新的竞争优势的重要途径，有利于巩固提升中国制造在全球产业链中的地位，有利于深化供给侧结构性改革，有利于畅通经济循环、构建新发展格局。

面对美国拜登政府提出的制造业回流政策，为积极应对国际产业分工变化，中国制造企业正在探索从过去平面扩张、通过要素投入来推动的增长向高质量增长转型。制造企业服务化转型是指制造企业为客户提供更加完整的包括产品和服务的"组合包"；是基于制造业的服务和面向服务的制造的融合，也是基于生产的产品经济和基于消费的服务经济的融合；是制造企业为了获取竞争优势，从"微笑曲线"中较低价值的组装、制造环节向更高价值的设计、研发和服务环节移动的动态过程。

随着技术发展、产业升级，企业制造业务与服务业务之间的边界变得越来越模糊，欧美主要国家 50%的制造企业实现了实物产品与无形服务的结合，世界 500 强制造企业的服务化率普遍已达到 70%。中国服务型制造发展也进入加速新时期，出现了系统解决方案、全生命周期管理、个性化定制服务、在线支持服务等新模式，但整体水平较全球制造企业仍有较大追赶空间。

2. 服务化延伸中数据的重要作用

数据驱动贯穿制造企业服务化延伸全流程。企业依靠技术手段实现的大数据深度获取、分析，对企业生产经营，特别是对服务产生的影响表现在两个方面。第一，企业通过运用机器学习、数据挖掘技术对包括消费者或其他核心利益相关者在内的主体行为特征进行深度分析，进而构建出更加准确的"数字画像"，方便企业开展更加聚焦、更加定向的服务；搭载了传感器、数据处理及网络通信技术的智能产品，天然具备了服务属性，因此能够为客户提供更好的体验。第二，企业通过设计、工艺、制造的一体化、数字化改造，可以消除企业内部不同环节、不同部门之间的壁垒。蕴藏在生产运营过程中的数据也为制造企业提高内部服务化效率创造了更大空间，数据可视化之后，制造企业可以依赖实时数据而非经验指导决策，这些措施的推进都将提高以员工为核心的企业内部服务水平。

（1）数据驱动客户端转型。多数制造企业开始采取"预测性维护"技术有效提升客户工作绩效，包括提高客户生产运营安全性与可持续性、延长机器使用寿命、降低服务规划难度、降低维修或零部件成本等。还有一些制造企业选择自建或与第三方合作，建立以交易、社群、创新为主要目的的平台系统，开发面向客户服务的 App，增加客户选购和使用除硬件产品外服务的概率，通过随时随地的互动提高客户体验，从而达到锁定用户、提高用户黏性的目的。基于这些平台系统，企业可以进一步采集、分析与产品使用状态相关的外部数据，并将其作为指导改进现有服务、优化客户体验的关键措施。

（2）数据驱动生产转型。实施诸如智能/无人生产线、车间、工厂等作业端的数字化改进，帮助企业实现从"产品驱动"向"数据驱动"、从"装备制造"向"智造服务"的转型。以数字工厂、先进生产设备为代表的生产端转型，有助于企业实现生产制造环节的透明化、标准化和可视化，在提高生产作业效率的同时，保障产品制造的高质量与可追溯性。虽然生产端转型与服务并不直接相关，但它的实现是产品和服务融合发展的摇篮，只有在制造源头实施改造，才能催生更多包含服务属性的智能化产品。

（3）数据驱动管理升级。将生产、质量、物流、库存等各个环节打通，并与生产线自动化设备高度融合，将排产细化到人与设备。生产管理人员不再需要分头汇报，而是可以通过平台了解生产线的运行、工况、资源分布等情况；专业技术人员可以借助自动化数据采集、计算统计、定时巡检等功能实现数据精准化采集和分析，从而避免由人工抄录、计算失误等引起的损失；分析人员也可以通过实时数据的更新，进行策略完善。总而言之，管理端数字化转型为塑造更具"柔性化"和"敏捷性"的组织提供了支持，这也是企业提高外部服务水平的重要组织保障。

3. 典型企业分析

1）罗尔斯—罗伊斯公司

罗尔斯—罗伊斯公司是全球最大的航空发动机制造商。作为波音、空客等飞机制造企业的供货商，罗尔斯—罗伊斯公司并不直接向他们出售发动机，而是以"销售飞行时间+维护服务"的形式出售发动机，承诺在对方租用时间段内，承担一切保养、维修和服务工作，买方只需要按时支付租赁费用即可，待发动机全生命周期结束，罗尔斯—罗伊斯公司再将其回收。发动机一旦出现故障，不是由飞机制造商或航空公司来修理，而是由发动机公司在每个大型机场派驻的专人修理。这样，发动机公司得以在发动机市场上精益求精，飞机制造商也"落得轻松"。这种方式通过服务合同绑定了用户，增加了服务型收入，罗尔斯—罗伊斯公司的服务收入占其总收入的比重已经超过了60%。

21世纪初，国际航空业迎来了高速发展期，全球空中出行率连年增长，罗尔斯—罗伊斯公司享受着时代"红利"。仅2019年，罗尔斯—罗伊斯公司就获得全球55%的宽体飞机发动机订单，业务增长率超过10%。新冠肺炎疫情暴发之前，全球每天约有10万架次飞机飞行，罗尔斯—罗伊斯公司占据着航空发动机市场22%的份额，几乎每天都在盈利。虽然新冠肺炎疫情暴发期间，全球航空市场急剧萎缩，航空发动机供应链遭受重创，但是罗尔斯—罗伊斯公司经过改革重组、技术研发、开拓军贸市场等举措重焕生机。随着新冠肺炎疫苗实施计划加速，部分空中航线重新开放，发动机运行时间逐渐恢复，罗尔斯—罗伊斯公司的发展状况已呈回升之势。

2）三一重工

三一重工历经30余年的发展，已成为我国工程机械行业的龙头企业。2016—2021年，三一重工先后推出了客户关系管理（Customer Relationship Management，CRM）、三一客户云、智慧服务系统等一系列数字化系统，实时感知设备运行状态，快速响应客户需求，成为全球制造业的"灯塔工厂"。

三一重工率先在行业内建立企业控制中心（Enterprise Control Center，ECC），依托物联网平台"云端+终端"建立了智能服务体系，实现了全球范围内工程设备2小时到现场、24小时完工的服务承诺；推出三一客户云2.0，实现设备互联、设备数据共享、工况查询、设备导航、设备保养提醒。三一重工推广应用机器人、自动化系统、物联网、视觉识别、AI等技术，提升制造工艺水平、生产效率，大幅降低制造成本；依托SCM（Supply Chain Management，供应链管理）项目实施及MES（Manufacturing Execution System，制造执行系统）升级优化，实现制造管理过程数字化；运用智能检测和大数据分析等技术，实现质量检测过程的数字化、在线化。

积极推进数字化、智能化转型，三一重工实施了三现数据、设备互联、

PLM（研发信息化）、CRM（营销信息化）、SCM（产销存一体化）等一批数字化项目，并取得积极进展，推动各项业务在线化、智能化。推进生产设备、物料及人员在线化，对生产组织方式、工艺路线、机器运维、辅料消耗等进行透明化、精细化管理，消除制造黑洞；推进客户及客户设备的在线化，实时收集油耗、开工率、地理位置、服务路径等数据，为客户创造价值，探索数字化营销与服务，大幅提升营销能力和售后服务效率。

3）广联达

广联达是工程造价领域的龙头企业，在建筑行业数字化转型进程中，广联达既作为平台服务商提供以 PaaS 平台为基础的综合解决方案，又作为应用服务商提供各类 SaaS 服务。广联达逐渐从工具产品提供商转向综合解决方案提供商，再向数字化平台商演进。在演进过程中，横向 PaaS 平台成为广联达的核心竞争力，这是广联达和其他 SaaS 服务商的分水岭，其核心能力是通过规模化满足客户的个性化需求。当前，建筑产业链的上下游都在使用广联达的产品，其形成了多方生态力，从而提升了客户转换成本，同时开发平台的固定成本会随客户数量的增加而降低。

广联达数字建筑平台服务于应用者及开发者双边市场。其中，应用集成平台集中了广联达自身应用及第三方的应用，可以满足客户多样化的需求；应用开发平台专门服务客户的开发团队，支撑个性化的定制。此外，广联达数字建筑平台包括业务中台、物联网中台、数据中台三大中台体系。其中，业务中台聚焦软件能力；物联网中台聚焦硬件能力，管理对象所有的硬件设备；而硬件和软件产生的大量数据都会集中在数据中台进行分析处理，从而更好地赋能业务。

广联达云业务增值业务存在较大的市场发展空间。截至 2021 年，广联达已为全国超过 200 个行业主管部门、公共资源交易中心和建设工程交易中心提供了产品及解决方案。2021 年，广联达公共资源交易管理系统的运维收入占比持续提升，市场化清标产品收入实现快速增长。

在施工业务方面，广联达从传统施工业务向提供产品及解决方案转变，切实助力客户降本增效，同时推广云化产品。传统施工领域的管理是粗放式管理，各个环节缺乏精细化管理。广联达的施工产品及解决方案从"人、机、料、法、环"等方面出发，切实帮助施工企业降本增效。以广联达的物料管理产品为例，该产品通过无人/自助过磅项目的实施，平均为客户节约 3%的

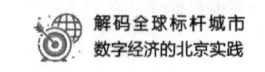

材料成本。施工云产品线（BIM 技术产品线）实现了客户数和项目数的快速拓展。2021 年，广联达斑马进度计划软件新增用户 18 万户，覆盖 7 万多个项目，增长幅度超过了 2020 年。

（二）网络化协同：集团企业的新探索

1. 集团企业的管理变革，从人治到数治

在数字化时代，企业需要不断升级数字化转型，变成"数治企业"，才能保持韧性成长。对于大型集团企业而言，尽管数字化转型带来了新的增长突破口，但麦肯锡调查显示有 70%的企业向数字化转型的尝试是失败的，风险依然存在。集团企业数字化转型不仅是数字化技术的研发与使用，而是企业全方位、多维度的升级和改造，以数字化运营推动管理和业务从对人的依赖转向对数据的依赖，充分发挥数据流动的作用，联动多利益攸关方，从战略理念、组织架构入手，结合数字技术，实现从"人治"转向"数治"。

2. 网络化协同中数字技术的重要作用

网络化协同和企业的业务联系紧密，企业在了解自身业务的优势并分析未来增长点的基础上，有目的地积累数字化数据和资源，汇聚、挖掘内外部数据，为企业数字化转型的发展方向提供动态化依据，有助于提高业务运作效率，满足市场需求。建立企业内部数字化治理机制，能够构建可以高效获取或存储数据的企业数据仓库。建立企业内部与外部的数据流转机制，提供灵活的数据分析平台，有助于防止"数据孤岛"的发生。通过提升数字化应用能力，构建数据驱动的客户全生命周期管理系统，完善产品创设体系，建立数据驱动的风控运营体系和总分支营销体系，推动实现运营效率质的提升。

3. 典型企业分析

1）GE（美国通用电气公司）

美国通用电气公司（General Electric Company，GE）创立于 1892 年，是世界上最大的提供技术和服务业务的跨国公司。目前，GE 业务遍及世界上 100 多个国家和地区，拥有员工 30 万人。GE 的核心业务是设备制造，生产的产品包括高端计算机、航空发动机、燃气轮机及其他机车。另外，GE 也是全世界少数具备完整软件设计能力，并用于提高自身生产力的制造企业。

随着新时代的到来，工业企业正进入数字化转型时代，GE 也同样面临着内外部的多种威胁，为此 GE 制定了"数字化制造业"的变革方向，开展了一系列新动能转型工作。

（1）第一个阶段（2010—2012 年）：人才技术准备时期。GE 学习硅谷互联网企业的"精益创业"模式，吸收专业科技人才，设计精益转型战略，针对组织、业务、流程、技术和商业模式等进行分析，并首次提出"工业互联网"的概念，即通过一个开放、全球化的网络，将人、数据和机器连接起来，目标是在那些关键的工业领域进行升级。

（2）第二个阶段（2013—2016 年）：数字化覆盖时期。GE 整合自身能力和业务转型经验，搭建数字化工业平台 Predix。该平台无须重新开发工业互联网，直接从创新层开始，迅速将最重要的成果交付给客户。GE 还在全球成立了新的业务部门 GE Digital，将原有的软件和 IT 职能部门并入其中，旨在加速组织数字化转型，构建企业数字工业能力。另外，GE 结合"精益创业"与"敏捷开发原理"，利用 Fast Works 开展企业文化变革，促进文化与数字化转型的融合。

（3）第三个阶段（2017 年至今）：数字化转型修正时期。借助数字化工业平台 Predix 和 GE Digital 的投入使用，GE 成立了工业互联网联盟（Industrial Internet Consortium，IIC），并与微软 Azure 云平台合作，但转型效果不太理想，其业绩出现了持续性的下滑。为了提振业绩，GE 开始整合与调整，出售非核心业务，削减董事会成员及 Predix 工业互联网软件销售人员；并收购了 Bit Stew Systems 和 Wise.io 两家高科技初创公司，提高人工智能实力；成立了新的工业物联网软件业务公司，专注以市场为驱动的软件产品，形成了新品牌；建立自动化控制解决方案平台，帮助客户利用大数据来产生洞察。

GE 较早就开始布局数字化业务，通过结合其自身在工业互联网时代的特色，重新定位市场格局中的角色，强化技术和工作流程，提出了协作创新的 Predix 平台。然而，这种端到端的数字化业务战略未能如预期一样提升企业业绩，企业业绩反而出现了严重下滑，相关数据显示，2017 年 GE 的股价下跌超过 40%，成为道琼斯工业平均指数最差的股票。这与 GE 在此过程中的多个问题有关，具体包括：过度聚焦自身业务，分享程度低；业务模型本质上未变革，只聚焦技术累加；依赖短期内部业务绩效，忽视长期数字

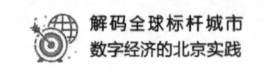

化改造；团队缺乏快速迭代性，专门管理人员缺失；等等。

2021年，GE宣布旗下航空制造、医疗和能源业务将拆分成三家上市企业。通过组建三家引领行业趋势的全球性上市企业，每家独立企业都将受益于更聚焦的业务领域、更定制化的资本配置和更灵活的战略，从而为客户、投资者及员工创造长期增长潜力和价值。GE将继续发挥所在领域的技术专长、领导力和全球影响力，以更好地为客户服务。

2）海尔集团

海尔集团于1984年在中国青岛创立，是一家全球领先的美好生活解决方案服务商。为了实现无处不连接、无时不协同、无人不分享的平台愿景，海尔集团从四个方面推进网络化协同。

（1）战略思维。海尔集团在探索数字化过程中，不是简单地在生产线上实现机器换人，而是追求用户驱动下的高效率。因为单纯机器换人可以提升生产效率，但是如果生产出来的产品没有市场，那就是库存。海尔的互联工厂已经实现了产品在生产线上就有订单，产品下线之后直发用户，目前产品市场率可以达到71%,同时产品研发周期缩短了50%、生产效率提高了60%。

（2）增长模式。从规模和范围来看，在数字时代企业的增长模式不可能产生规模的扩大、范围的扩大，而是演变成平台的增长、生态的发展。以海尔E联网为例，把一个洗衣机变成"网器"，其既连接用户，也连接厂家，其连接的面料厂家、洗涤剂厂家为用户构建了私服穿搭的生产场景，目前平台上已经吸收服装企业约2300家、智慧门店5000多家、生产资源3600多家。

（3）组织转型。要做好数字化，企业一定会把组织从科层制变成网状组织，海尔的实践是平台+小微组织。平台+小微组织既可以利用企业平台聚焦战略，做成大事业；又可以利用小微组织抓住市场机会，孵化出"新物种"。这也得益于海尔数字化的三个架构，即灵活的前台、强大的中台、稳定的后台。

（4）激励机制。在企业里，人是最重要的资产，海尔付薪实现员工价值最大化，员工的收益与创造用户价值是直接挂钩的，每个员工都拥有公平的机会。以海尔的创业小微为例，他们团队是用个人房产抵押贷款进行自主创业的，海尔集团投资了该企业。四年内，该企业已发展成为年产70亿元，拥有500亩家居产业园的家居生产体系。

（三）平台化服务：链主企业的新做法

1. 链主企业面临新挑战：从封闭供应链到开放供应链

每个行业或产业，都是一个由企业群、产业链、供应链、创新链、信息流、发展环境等组成的产业生态系统。"链主"企业一般是指，在整个产业链中占据优势地位，对产业链中大部分企业的资源配置和应用具有较强的直接影响力或间接影响力，并且对产业链的价值实现予以最强烈关注，肩负着提升产业链绩效重任的核心企业。《中华人民共和国国民经济和社会发展第十四个五年规划和 2035 年远景目标纲要》明确提出，要提升产业链、供应链的现代化水平。

人们常说，"多培育几个像苹果、华为这样的企业。"人们看中的不只是它们建造的庞大商业帝国，更是其在智能手机、通信设备产业链及在产业生态中的影响、支配和引领作用。产业链整合通常由产业链中某个扮演"链主"角色的龙头企业主导，通过"链主"企业整合产业链资源是维护产业链和供应链稳定的重要实现机制。"链主"企业通常是行业龙头企业，具有较强的资源整合能力和市场影响力。一般而言，"链主"企业通过调整、优化与相关企业之间的生产协作关系，提升整个产业链的运作效能，并进一步巩固其自身竞争优势。处于产业核心生产环节的"链主"企业，为获得对战略性资源或生产能力的控制，从整体功能和系统集成角度对采购、生产、销售等环节进行计划、协调、操作、控制和各种流程优化。这类扮演产业链整合功能的"链主"企业通常利用其在产业链分工中的主导权优势，推动相应产业生态的集聚，形成"多链"融合的产业体系。

通过"链主"企业以生态主导能力牵头优化产业链和产业生态，有其优势，但也要防止"链主"企业"携私自肥"，在事实上垄断产业链上下游利益。要采取正向激励措施，鼓励"链主"企业通过并购、引进、参股等方式，开展补链、强链、延链等产业链垂直整合活动，支持围绕"链主"企业建立供应链备选企业清单，鼓励其建立开放式产业创新平台，支持其在行业协会和产业联盟中发挥作用，进一步提升和发挥其生态主导能力。

2. 平台化服务向供应链上下游开放能力，大中小企业融通发展

平台化已经成为企业数智化转型的一个"支点"。它在横向上拉通架构、

数据，并汇聚各项能力；在纵向上支撑应用场景和服务的多元化，为实现生态化、服务化、场景化的企业发展奠定了坚实基础。利用数字技术增强产业链上下游合作能力，鼓励"链主"企业利用数字技术对产业链进行全方位、多角度的改造，打造供需对接、资源整合的供应链数字协同平台。

在产业生态中具有重要影响力和主导能力的"链主"企业，在生态系统优化中起到"以大带小"的牵引作用，推动"开放+可控"供应链的演进。在产业链中，中小型企业在细分领域独当一面，在推动产业链、供应链优化升级方面各尽所能。领军企业主动"建链""延链"，中小型企业积极"补链""强链"，接入供应链数字协同平台，实现融通发展。

3. 典型企业分析

1）苹果公司

苹果公司是世界领先的智能手机制造商，在建立"全球化供应链生态系统"后，曾连续七年在 Gartner 的全球供应链榜单居榜首。即使在新冠肺炎疫情期间，苹果公司的库存周转天数也控制在了 7 天左右，即一个商品从进入苹果公司的仓库，再到卖出去只经历 7 天，远远超越业内动辄数月的周转时间。苹果公司采用 JIT（Just in Time）模式，通过减少生产过程中的库存和相关的顺带成本，改善商业投资回报的管理战略，使苹果公司借助强有力的话语权来实现轻资产运营。更重要的是，苹果公司将风险和库存压力转嫁至供应商——果链企业身上，并沿用至今。

苹果公司从不同的供应商采购零部件和材料，然后把它们运到设立在中国的组装厂。从组装厂，产品直接从苹果公司的在线商店配送给最终消费者。对于其他分销渠道，如零售商店和其他分销商，苹果公司在美国加利福尼亚州的埃尔克格罗夫（中央仓库和呼叫中心所在地）生产产品，并从那里运送产品。

苹果公司对全链路的精准控制打造了其强悍的供应链能力。苹果公司很早就投资了 SAP 最先进的企业资源规划（ERP）系统。ERP 系统的应用成功地将苹果公司整个供应链打通，穿透了零件供应商、组装厂和渠道的信息系统。从 ERP 系统就能直接掌握销售的具体情况、零售渠道精确的库存统计、向外包工厂发出的订购需求、库存是否积压过多等细节，并随时调动果链企业的生产节奏。

苹果公司的供应链实力还体现在它对供应链厂商的把控。从元器件研发到生产、制造过程，苹果公司都会参与。苹果公司通过集中资源，每年只发布一次新机，大幅简化了供应链的复杂程度。这样苹果公司更易掌控生产流程，同时削减了供应商数量，并将订单汇集给少数几家供应商来做，增加了其在供应商端的话语权。苹果公司的订单大而集中，谁都无法忽视大笔订单带来的诱惑及其带来的苹果供应链闪亮标签。然而，苹果公司掌控着一切，强势的苹果公司可以随时替换供货商，让果链企业无法获得大笔订单的议价权。果链企业的毛利润通常十分微薄，只要业务结构稍有变化，在盈利状态上便会牵一发而动全身——果链企业分担了苹果公司的库存、运营压力。

苹果公司对技术和品控细节的把控十分严格，并通过数字系统全程自动跟踪。瑞声公司曾给苹果公司供应过声学部件，在瑞声苹果的生产线上，软件、计算机、ERP 系统都是苹果公司派发的，如果某个地方出现差错，苹果公司很快就会发远程邮件过来。等苹果公司打开权限之后，瑞声公司员工才有权查看，还有 20 多名苹果公司的工程师轮流驻场，协助他们解决问题。

苹果公司庞大的市场体量让其在产业上下游获得了几乎垄断的话语权，在这样的情况下，大量的果链企业其实都面临着巨大的压力。以 2022 年宣布退出果链的仁宝为例，2022 年第一季度，苹果公司实现了净利润 250.1 亿美元，同比增长 6%，毛利率 43.7%，营业收入 927.78 亿美元，同比增长 8.59%；仁宝的净利润则为 21.57 亿美元，同比下滑 18%，毛利率仅为 3.6%，营业收入为 2678.58 亿元新台币，同比下滑 1%。

苹果公司一方面扶持果链企业，另一方面为了避免果链企业一家独大挑战其产业话语权，会扶持另一家企业来当备份，由于苹果公司本身的优势，这些被扶持的企业往往会尽力抓住机会。这就形成了一个"围城"，果链里面的企业激烈竞争的目的是避免被苹果公司淘汰出局；而果链外面的企业不断压低自身的价格，目的是挤进果链之中来获得一杯羹，例如，越南、印度等国家的代工厂正竞相加入果链。最终的结果就是，苹果公司可以借助自己在果链中的优势不断备份新企业，然后压缩供应商的利润空间，甚至利用供应商难以与其对抗的优势，将成本转嫁给供应商从而获得更多的利润。

苹果公司创造了消费电子产品奇观，以"全链条打通+合理降低库存+激发供应商竞争"实现了高效率、高质量的供应链管理。

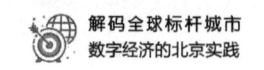

2）华为公司

随着华为计算产业链建设不断完善，越来越多的上市公司参与到华为生态中，从计算产业链底层软硬件到上层应用软件均实现覆盖。目前，华为在全球范围内的供应商和合作伙伴超过万家，分布于半导体、电子元器件、原材料、软件开发、生产代工、工程服务、物流服务、综合采购、行政采购等领域，其中核心供应商有100多家。

华为的主要策略是硬件开放、软件开源。其目的有两个：一是尽可能将华为沉淀下来的产品与能力开放赋能给伙伴，以求更好地服务客户、满足客户需求；二是助力 ICT 产业全员升级，做多伙伴，做大规模，推动数字经济更好、更快地发展。聚焦投入大、回报周期长的软硬件平台，给生态伙伴打造一个肥沃的黑土地，和生态伙伴一起创造茂盛的生态，创造新的商业价值，是华为完整的主航道。

华为对内打破现有的组织边界，快速集结资源，实现短链条运作，提高决策效率。基于此，华为研发、技术、销售等前后端部门形成合力，研发可以直接了解客户的业务需求，产品和方案可以快速适配客户场景，给华为带来价值；同时，华为联合更多的解决方案伙伴，发挥伙伴的优势，包括伙伴对行业、对客户业务的理解，以及行业应用、行业终端的开发能力等。将伙伴应用和华为提前做好预集成，可以更高效地为客户提供场景化解决方案，也可以给伙伴带来更多价值。

华为是国内的 ICT "链主"企业，把伙伴做多、把规模做大、把门槛做低，这三件事将持续进行。伙伴多了，生态规模才能变大，数字经济的规模也才能随之扩大，而这还需要立足于把门槛做低。过去十年是数字经济蓬勃发展的十年，也是中小型企业入局数字化的十年，在中小型企业之外还有无数小微企业用户和自由职业者——他们也是数字化的潜在用户。这些用户的入场，对 ICT 企业、合作伙伴和开发者提出了新的需求，他们需要更简单易用、更具经济性的适销产品。这些用户，在技术领域大部分都是门外汉，要让他们投入数字化的大潮中，就需要把门槛降到足够低，这样才能让更多商业企业入场，数字经济的规模才能做大。

为此，华为将通过研、营、销、服等多方面支持赋能生态伙伴，以拓展更大的商业市场，其中，在研发层面华为将打造"适销"产品和"小而美"的方案，其简单易用，可以高效、快捷地满足客户需求。

03 第三篇
数字产业化

数字经济时代，新技术不断涌现，但我国部分基础性技术研究仍处于探索起步阶段或初步应用阶段，着力实现"从0到1"的突破是当前的重点。这些基础性技术已经展现出了巨大的应用前景，未来必将对多个行业领域产生变革性影响。

在快速发展过程中，场景和载体在变化，人和渠道在变化，内容和形态在变化，消费呈现从单向到交互、从产品到服务、从有形到无形的发展趋势，而这些变化正在催生一个虚拟世界，元宇宙因此成为数字产业化的未来趋势。

数据已经变成数字经济时代的"原油"。从男耕女织到数字经济，要素的范畴和内涵一直在变化，其作为社会生产最基本的因素和条件，在一定程度上决定着生产力和生产关系，也成为政府治理的重点领域。

第七章

新技术带来新发展

在数字产业化方面，人们可以从三个领域观察技术进展。

（1）连接技术能够连接的范围正在不断扩大。一方面，无源物联网正在帮助人类在更广阔、更深邃的层面感知自然，向更未知的领域抛出一束人类观察的视线；另一方面，生物芯片和脑机接口正在帮助人类更细致、更精密地了解自己，人和物更加紧密地相连。

（2）算力技术正在从各个领域突破前进。类脑计算正在从仿生维度为计算增加一个维度，泛在计算正在建立一个无处不运算的人与环境有机交融的社会环境，量子计算正在跳出已有思维建立新的体系。

（3）传输技术从地面向更广阔的空间奔跑。5G已经逐渐普及应用，6G将5G陆地移动通信网络扩展至空天地海一体化通信网络，而卫星互联网将卫星作为移动的"空中基站"以实现通信。

一、连接更广阔的范围

（一）感知自然：无源物联网

无源物联网（Passive IoT）是指连入网络的物联网终端节点设备不需要外接电源（电池或者电线），而是通过采集环境中的微能量使物联网节点正常工作。

无源物联网采集的能量可以来自光能、热能、动能、射频等。常见的无源物联网类型包括：通过采集太阳能供电，其能量转换效率最高，但成本较高；基于温度差供电，通常适用于野外环境；按压式发电，其获取便捷、成本低，但依赖人工手动操作；通过采集环境中的无线电波收集能量，其尺寸小、易部署、成本低，非常适用于大规模、低成本的物联网应用场景，是最受关注的类型。

因此，当前热议的无源物联网主要是指基于无线电磁能量捕捉技术的物联网。无源物联网技术与传统物联网技术相比，具有如下特征。

（1）无源感知。从无源物联网的定义可知，其最大的特征在于传感器端不依赖主动供电模块，通过利用无源反向散射技术，内置的无线采集模块将周围可利用的无线电波转化为计算和通信所需的能量，实现了无源传感替代有源传感。

（2）低功耗计算。无源物联网终端驱动电路或芯片用于计算的功耗需求低，例如，应用于低功耗计算的 MCU（Micro-Controller Unit，微控制单元）芯片的功耗一般在微瓦级别。

（3）低功耗通信。无源物联网终端利用反向散射技术，将需要发送的数据调制到输入的射频信号上，并反射接收到的射频信号以传输数据，从而实现目标节点的低功耗信息传递。

基于上述特征，无源物联网打破了传统物联网的传感器能耗等限制，为进一步扩大物联网设备的覆盖面和使用率，以及推动物联网连接数从百亿级迈向千亿级奠定了基础（见图 7-1），成为物联网产业关注的焦点。

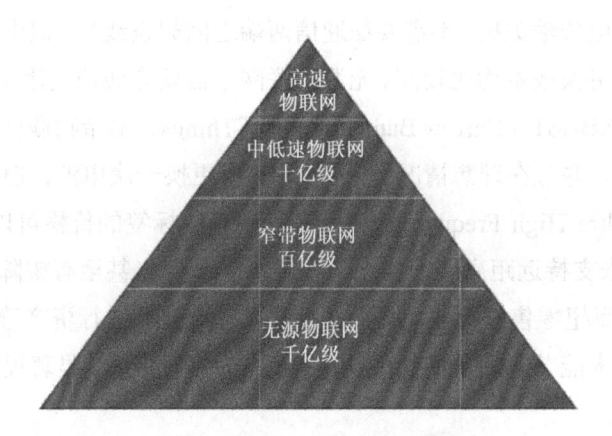

图 7-1　物联网连接数分布模型

目前，已经成熟应用的无源物联网技术包括基于 RFID（Radio Frequency Identification，射频识别）、NFC（Near Field Communication，近场通信）等，但其存在对专用读写器的依赖度高、传输数据储存数量小、通信距离受限等不足。为了解决这些问题，业界正在积极研究基于 Wi-Fi、蓝牙、3G、4G、

5G通信技术的无源物联网技术。例如，中国移动与华为联合推出无源物联网技术eIoT，以增大通信距离、降低成本和功耗，以及结合基于蜂窝的5G定位技术提供高精度室内定位等。

具体而言，无源物联网对物联网产业的影响包括三个方面。

（1）扩应用场景。一方面，高温、高湿、极低温、高压、高辐射等极端环境，无法支持物联网设备安装、电池更换，并且物联网设备的电源工作也会受到极端环境影响，因此在这些环境下只能采用无源物联网设备。例如，在工业传感器领域，需要在复杂危险环境下部署大量的传感器节点以实现工业自动化、环境传感、安全监控等，无源物联网无电源、功耗低，能有效延长传感器节点的生命周期，避免了在使用周期中更换电池等可能带来的经济损失、人身伤害等。另一方面，由于不需要电池模块，无源物联网终端的体积进一步缩小，可以实现贴片式的产品形态，具有更高的应用灵活性，在智能交通、智慧物流、智能仓储、智慧农业、智慧城市等产业物联网领域，以及智能穿戴、智能家居、医疗护理等消费物联网领域均有广泛的应用前景。

（2）降使用成本。传统物联网技术的数据传输依赖线缆或电池供电传输数据。基于线缆传输数据虽然稳定性高，但成本耗费巨大，在布线设计、开槽准备、中期布线、后期维护线缆等各个环节，均需要投入大量人力、财力。基于电池供电传输数据，不需要在通信两端之间架设线缆，但电池本身的成本及电池的更换成本均比较高。无源物联网不需要布线或使用电池，成本很低。例如，NB-IoT（Narrow Band Internet of Things，窄带物联网）模组价格约为十几元，并且在理想情况下需要每10年更换一次电池；但目前的通用型UHF（Ultra High Frequency，特高频）RFID标签的价格可以低至0.2～0.3元，未来支持远距离通信的无源物联网设备价格甚至有望降至0.1元。物流仓储、商超零售等行业，需要对海量非昂贵物品进行资产管理，基于无源物联网技术能节省大量的硬件、供电及人力管理成本，显著提高物流与仓储管理效率。

（3）节能环保。有源物联网设备除了使用成本高，还因电池生产使用了大量的金属和化学物品，会对环境产生一定的影响。随着物联网产业迈向千亿元量级，海量物联网设备使用的电池数量将极为庞大，其对环境的影响更甚。因此，在碳达峰、碳中和背景下，环保友好型的无源物联网技术正成为行业发展趋势，其使用对节能减排意义重大。

（二）拥抱人类：生物芯片和脑机接口

生物芯片和脑机接口技术能够实现检测、感应、读取生物信号，正在医疗健康等领域对人类社会产生积极影响。

1. 生物芯片

广义的生物芯片是指任何检测生物信号的芯片，如可穿戴设备应用的心率检测芯片等。狭义的生物芯片是指直接参与生物化学反应获取信号的芯片，其通过缩微技术，根据生物分子间特异性相互作用的原理，将生物分子固着于硅片、玻璃片（珠）、塑料片（珠）、凝胶、尼龙膜等固相递质上形成生物分子点阵，从而将生化分析过程集成于芯片表面，实现对细胞、蛋白质、基因及其他生物组分的准确、快速、高通量检测。根据芯片上固化的生物分子，生物芯片可以划分为基因芯片、蛋白质芯片、多糖芯片、神经元芯片等。本书更关注狭义的生物芯片，其实物照片如图 7-2 所示。

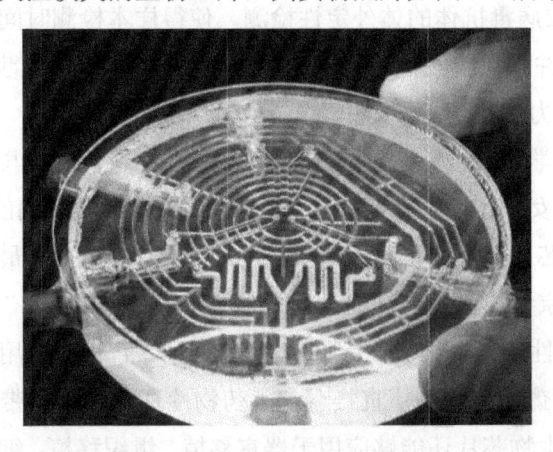

图 7-2　狭义的生物芯片实物照片

生物芯片技术具有两大特征。

（1）集成化检测。生物芯片将生命科学领域涉及的样品制备、反应、分离、检测，以及细胞培养、分选、裂解等一系列不连续的分析过程，集成于几平方厘米甚至更小的硅芯片表面或玻璃芯片表面，并利用制作在基底上的微沟道形成网络，实现分离分析功能的缩微集成，取代常规化学或生物实验室各种功能。生物芯片具有体积小、检测速度快、试剂用量小、成本低等特点。

（2）大规模数据处理。生物芯片技术采用原位测试光学的方法将大量生物分子有序排列，使用放大的信号分析，结合计算机数据分析技术对待测样品的生物信息进行大规模检测，能够在短时间内对数以千计的基因组信息进行数据处理与并行分析，从而快速、准确地得到样品的测试结果。因此，生物芯片技术的检测效率是传统检测手段的成百上千倍。

基于以上特点，生物芯片技术在医学诊断、生物制药、食品安全、司法鉴定等领域具有明显的应用优势。

例如，在医疗健康领域，生物芯片被称作灵敏的"医学侦察兵"。新冠肺炎疫情暴发后，新型冠状病毒快速检测的需求极为迫切。然而，通用的聚合酶链式反应（Polymerase Chain Reaction，PCR）技术最快需要 2 小时的检测时间，并且依赖专业人员采样，难以满足大量密接、次密接等风险人群的快速筛查需求。基于生物芯片技术的 POCT（Point-of-Care Testing，即时检验）新型冠状病毒抗体检测试剂盒（胶体金免疫层析法），能够在加样后 15 分钟内完成病毒抗体的体外定性检测，使得样本检测时间大幅缩短、效率大幅提升，并且风险人群可以自主检测，避免了风险进一步扩散，为抗疫工作提供了有力支撑。

聚焦于医学诊断领域，目前已知有 600 多种遗传疾病与基因有关。基因芯片能帮助女性在妊娠早期开展基因诊断，避免遗传疾病的发生，助力优生优育。基因芯片能够分析基因与疾病的相关性，支撑提供最适合的治疗方法，例如，北京博奥生物研发的"遗传性耳聋基因诊断芯片"能够检测先天性耳聋、药物性耳聋，已被20余个省（自治区、直辖市）用于开展免费新生儿遗传性耳聋基因检测，直接避免了药物性耳聋基因携带者因用药不当致聋。此外，生物芯片还能够应用于器官移植、组织移植、细胞移植方面的基因配型，以及细菌和病毒鉴定、耐药基因鉴定等，对人类健康具有重要意义。

2. 脑机接口

脑机接口概念较新，其中，"脑"是指有机生命形式的脑或中枢神经系统；"机"是指任何处理或计算的设备，如电路、硅芯片，以及轮椅等外部设备；"接口"是指用于信息交换的中介物。关于脑机接口，学术界尚未形成公认的确切定义，目前引用较多的定义是由乔纳森·R. 沃尔帕乌（Jonathan R. Wolpaw）等于 2012 年提出的：脑机接口是一种测量中枢神经系统活动，并将其转换为替代、恢复、增强、补充或改善自然中枢神经系统输出的系统，以改变中枢神经系统与其外部/内部环境正在进行的交互。

脑机接口技术十分复杂，涉及神经科学、心理学、影像医学、材料科学、电子工程、信号处理与模式识别、人工智能等多个学科领域。为改变中枢神经系统与其内部/外部环境的交互机制，脑机接口技术通常包括信号采集、信号处理、控制设备和神经反馈四个技术环节。

1）信号采集

脑电是思维活动的物质表现形式，脑机接口通过信号采集设备采集脑电信号，以基于脑电信号推测出思维活动。根据脑机接口类型，信号采集可以分为非侵入式（脑外）信号采集、侵入式信号采集和半侵入式信号采集。

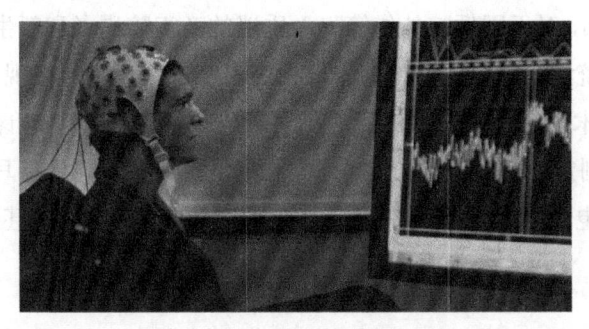

其中，非侵入式信号采集通过附着在头皮上的可穿戴设备（见图 7-3），实现对脑电信号的采集、记录。该技术无须手术，但由于颅骨对于大脑信号的衰减作用等，采集到的脑电信号通常非常微弱，只剩下几十微伏。侵入式信号采集通过手术等方式将电极植入大脑皮层，可以获得高质量的神经信号，但存在较高的安全风险，成本也较高。半侵入式信号采集将脑机接口植入颅腔内，但是在大脑皮层之外，基于皮层脑电图（Electrocorticography，ECoG）进行信息分析。

图 7-3　非侵入式信号采集示意

2）信号处理

在信号处理阶段，人们主要采用去噪滤波、P300 信号分析、小波分析+奇异值分解等技术进行信号降噪、分析及特征提取，分析出大量脑电数据中承载的大脑思维。例如，基于时域滤波和空域滤波，对采集的脑电信号进行预处理，去除工频干扰、眼动伪迹、环境中的其他电磁干扰等，以提高信噪比。

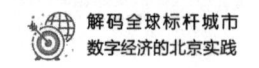

3）控制设备

根据具体的通信或控制应用要求，脑机接口技术将特征提取所获得的表征用户意图的逻辑控制信号转换为语义控制信号，并由语义控制信号转化为物理控制信号，实现对外部设备的控制。例如，将信号编码成机械臂的运动信号控制机械臂运动，让机器人根据用户的意愿"端茶送水"。

4）神经反馈

神经反馈是实现双向脑机交互的关键技术，也是难点技术。神经反馈使得大脑既是"发送器"，又是"接收器"，通过将脑活动特征、控制设备的结果等以视觉、听觉或触觉等方式可视化地反馈给用户，调节用户的脑电信号，提升脑机交互的性能。

脑机接口技术开启了"心灵感应"时代，在医疗健康、教育培训、消费娱乐、智能家居、军事国防等领域均有极高的应用价值。其中，医疗健康领域是脑机接口最初研究、最直接和最主要的应用领域，也是目前最接近商业化的应用领域。

脑机接口技术能够实现大脑与外部设备的交互，跨越常规的大脑信息输出通路，帮助患者建立与外界新的交流方式，可用于肢体运动障碍诊疗、意识与认知障碍诊疗、精神疾病诊疗、感觉缺陷诊疗、癫痫和神经发育障碍诊疗等。例如，对于因颅脑外伤等陷入昏迷的意识障碍者和新生儿中的脑损伤患者，传统治疗方式主要是医生根据患者临床表现进行主观评估与诊断；脑机接口技术能够基于患者的脑电信号，辅助医生更准确地评估患者的意识状态，并制定更有效的治疗方案。对于听力障碍患者，人工耳蜗能将声音处理转换成电脉冲信号，刺激大脑耳蜗，帮助患者重获听力，甚至修复听力。

二、计算更无限的空间

（一）类脑计算

类脑计算借鉴生物大脑的信息处理方式，是构建"人造超级大脑"的新型计算形态。狭义的类脑计算又称为神经形态计算，其以神经元与神经突触为基本单元，从结构和功能等方面模拟生物神经系统，主要通过研制神经形态芯片等支持脉冲神经网络（Spiking Neural Network，SNN）。广义的类脑计算是指部分借鉴大脑神经的工作原理的智能计算，包括人工神经网络（Artificial Neural Network，ANN）等。

类脑计算技术具有如下特点。

1）计算架构：存储计算一体化

现有计算机均是在"冯·诺依曼"体系架构下建立的，其存储单元和计算单元分离，具有结构简洁、易于实现高速数值计算的优点，但在处理包含非结构化、时空关联信息的感知、认知、决策等相关数据时，存在效率低、功耗高、实时性差等问题，甚至难以构造合适的算法。

生物大脑并不区分存储区和计算区，对信息的并行处理能力强，且功耗低，仅20瓦左右。类脑计算架构借鉴脑神经网络，存储计算一体化，节省了传统计算架构下计算单元和存储单元之间通信所消耗的大量时间和能量，能实现低功耗下多维非结构化数据在复杂网络空间的并行处理，具有高效、节能、高健壮性、自适应等特点。

2）计算器件：高算力类脑芯片

现代计算机使用的电子器件为集成电路，其晶体管集成度遵循摩尔定律，即"在价格不变的情况下，每18～24个月，集成电路可容纳的晶体管数翻1倍，性能提升1倍"。但是，目前计算芯片的电路线条宽度已达纳米量级，难以通过提高晶体管集成度来提升计算能力。因此，算力的发展也遇到较大的瓶颈。

类脑计算采用与大脑神经元相似的神经形态器件（类脑芯片）替代晶体管，大幅提升计算设备的算力。类脑芯片由大量大小仅几十纳米到几百纳米的电子器件组成，内置模拟神经元和模拟神经突触，可利用其进行高性能运算。器件纳米夹层中的离子运动能够改变器件的工作状态，容错性强。例如，清华大学研发的世界首款异构融合类脑计算芯片"天机芯"，不仅能实现脉冲神经网络类脑计算，还能为各种典型的人工神经网络运算提供峰值达1.3TOPS的算力。

3）智能层次：自主学习训练

类脑计算主要靠自主学习训练而非人工编程，采用的核心算法主要为弱监督机器学习和无监督机器学习，如脉冲神经网络、增强学习、对抗神经网络等。类脑计算推动"让机器人怎么做"向"教机器人自学"转变，实现

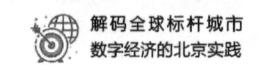

强人工智能和人工通用智能。

目前，国际上针对类脑计算的研究仍处于起步阶段。类脑计算突破了计算能力限制的战略支点，具有高算力、低功耗、高效率、自学习、高健壮性等特点，随着相关技术的进一步成熟，其未来应用前景非常广阔。一方面，类脑计算能让人工智能产品更加智能、更低功耗，对各行业领域产生深远影响；另一方面，类脑计算能填补海量数据计算需求面临的算力缺口，为数字经济发展提供更高算力支撑。

（二）泛在计算

泛在计算的理念最初由美国施乐公司 PARC 研究中心的 Mark Weiser 博士提出："泛在计算（又称普适计算）即建立一个充满计算和通信能力的环境，同时使这个环境与人们逐渐融合在一起。" 2003 年，清华大学的徐光祐教授提出："泛在计算是指信息空间与物理空间的融合，在这个融合的空间中人们可以随时随地、透明地获得数字化的服务。"

目前，业界关于泛在计算尚无明确定义，但基于上述定义的共性特征分析可知，泛在计算能够构建一张无处不在、万物互联的计算网络，使人们可以在任何时间、任何地点无感知地将计算需求与"云边端"多级计算服务能力无缝适配。

总体来看，泛在计算技术主要包括四大特征。

1）算网一体

泛在计算技术能够整合全社会泛在的、"云边端"多级的、无序的算力，包括："云"侧云数据中心、云中心机房等提供的云计算能力，"边"侧边缘海量的机房或云池提供的边缘计算能力，"端"侧海量个人计算机、家庭网关等物联网终端节点提供的算力等。泛在计算技术通过将海量泛在算力从各处接入互联网，形成算网融合的一体化算力服务产品。

2）算随人选

泛在计算环境中的算力资源具有分布式、无序化的特征。对于任意用户，泛在计算技术能够解析其算力需求，从算力资源、网络能力、算法依赖等维度进行详细的需求分析，并从海量算力池中自动选择与用户需求最匹配的算力节点，实现随时随地、透明无感地为用户提供算力资源，改变了传统的用户必须通过云服务商门户分区选择节点来承载业务的可感知云计算模式。

3）算随人动

泛在计算能够实时获取用户的位置、连接状态、移动信息等，并根据算法拉起或迁移服务应用，动态、智能地调整算力源，通过算力的移动性管理，实时为用户提供最佳算力资源方案，使算力、网络可随用户位置、需求的流动而动态调整，保证用户体验。

4）可信共享

泛在计算利用区块链技术，为运营商、云服务商、提供闲置算力的中小型企业、超级算力中心、提供算力的物联网终端设备所有者等多方算力资源提供者，以及各类算力服务消费方搭建了支撑算力资源可信共享交易的联盟链银账交易系统。该交易系统具有交易过程部分去中心化、公开透明、可靠可溯、便于审计、计费准确、数据不可篡改等特点，这使得购买算力服务能像线上购水、购电一样方便、快捷、安全。

目前，泛在计算相关研究正处于探索阶段。未来，泛在计算技术将催生平台型共享经济算力服务新模式，能够盘活新建和存量计算资源，实现算力供应与计算需求精准、高效对接，对于所有具有算力需求的领域将产生积极影响。例如，具有巨量数据处理任务的科研项目，需要大量的 CPU、内存和网络资源，目前主要采用租用公有云算力或自建高性能计算集群的方式，但存在计算成本高昂的不足；泛在计算技术能够充分利用社会闲置算力提供科研所需的算力资源，有效降低计算成本。在云游戏、自动驾驶等 2B/2C 类边缘计算业务领域，数据源可能不断移动，当前的模式难以有效满足用户业务的迁移、云边协同等需求，而泛在计算技术的"算随人动"特性能很好地解决这个问题，使算力智能化、触手可及。

（三）量子计算

1982 年，物理学家理查德·费曼（Richard Feynman）提出量子计算的早期概念构想，即用量子计算机来模拟传统经典计算机难以模拟的量子系统，以实现通用计算。随着针对量子计算的理论探索不断深入，业界对量子计算的概念达成共识：量子计算是一种遵循量子力学规律调控量子信息单元进行计算的新型计算模式，即以微观粒子构成的量子比特为基本单元，利用叠加和纠缠等量子现象，通过量子态的受控演化实现数据的存储计算。

其中，量子比特可以表示 0、1 或 0 和 1 的量子叠加，即 1 量子比特可以是任何可能的状态，因此其搭载的信息量远远超过只能表示 0 或 1 的经典比特（见图 7-4）。量子叠加是指一个量子系统可以处在一系列不同量子态的叠加态上，通过不同状态的叠加实现并行存储和计算。量子纠缠是指存在量子关联的多个微观粒子无论在空间上距离有多远，均能相互影响运动状态，即信息传递可以不受距离限制。

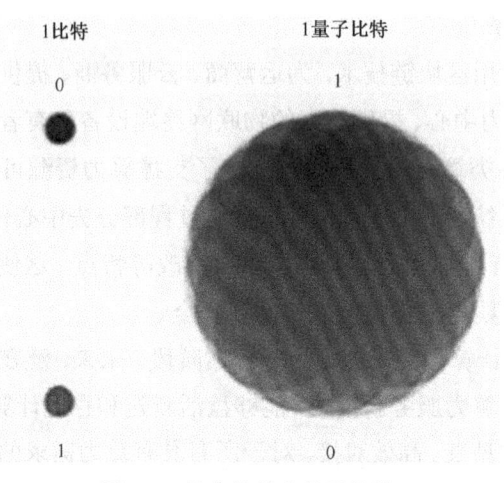

图 7-4 经典比特和量子比特

与经典计算相比，量子计算技术具有两大特征。

1）量子并行计算

经典计算机的运算模式通常为逐步进行逻辑门运算，即针对 N 比特数字进行运算时，需要消耗 N 个单位时间。量子计算技术基于量子叠加效应，在计算过程中的幺正变换可以对处于叠加态的所有量子进行并行运算，即同时对 2^N 个数字进行运算。因此，量子比特数量越大，量子计算的并行计算优势越明显，能够实现经典计算机无法企及的超强运算速度和信息处理能力。

2）低功耗

在经典计算机中，因计算过程中的不可逆操作，即处理器的计算过程会导致数据量减少，消失的数据信号将产生热量（功耗）。量子计算中的幺正变换属于可逆操作，计算过程不会改变数据量，即计算过程不会产生功耗，仅在最后的测量过程中产生功耗，因此整个信息处理过程的功耗较低。

基于上述技术特征，量子计算为提升算力和降低功耗提供了颠覆性的处理思路，将给现有计算能力带来质的飞跃。目前，量子计算正迈入技术验证和原理样机研制阶段。未来，量子计算将在算力需求极高的特定场景中发挥作用，有望对基础科研、化学反应计算、材料设计、药物研发、人工智能、信息安全、加密通信、太空探索等领域产生颠覆性影响。例如，药物研发的各阶段均涉及大量数据计算，分子性质模拟和药品功能设计等环节依赖极高的计算能力，量子计算能够很好地解决传统计算只能近似求解方程导致建模精度不高等问题。

三、传递更快速的变化

（一）5G 和 6G

5G 是在 4G 之后的第五代移动电话行动通信标准，也称第五代移动通信技术。6G 即第六代移动通信技术。

5G 作为 4G 的延伸，具有明显的技术优势。从网络关键性能指标来看，5G 在流量密度、连接数密度、端到端时延、移动性、网络能效、传输速率、频谱效率等方面，较 4G 均有明显的提升（见表 7-1）。具体而言，5G 技术主要具有四大特征。

（1）高速率。5G 的用户体验速率可达 1Gbps，是传统 4G 的 100 倍，其能够更快、更好地满足视频直播、超高清、VR/AR 等对网络速度要求较高业务的要求。因此，5G 将极大地拓展智能移动终端业务的空间。

（2）低时延。时延是指数据从网络一端传输到另一端所耗的时间。时延越低，代表通信实时性越高。5G 技术改变了 4G 技术 OFDM（Orthogonal Frequency Division Multiplexing，正交频分复用）固定时隙发送机制，使用灵活的空闲时隙发送机制，并利用 NFV（Network Functions Virtualization，网络功能虚拟化）、SDN（Software Defined Network，软件定义网络）技术等构建扁平化的网络架构，通过部署边缘计算缩短数据传输距离、减少网络节点等，实现有效降低时延，能将空中接口时延水平控制在 1ms 左右，其时延是 4G 的 1/10。因此，5G 技术非常适用于对实时性、稳定性要求高的应用场景。

（3）大连接。5G 基站连接数密度为每平方千米百万个连接，是 4G 基站连接数密度的10倍。另外，4G技术建立的是宏基站；5G技术采用"宏微协同"的方式，其中，微基站体积小、成本低，并能够覆盖宏基站无法触及的网络边缘，即能够有效填补传统宏基站信号无法到达的区域，大幅提升网络覆盖范围。

（4）定制化。5G网络切片是一个按需求灵活构建的端到端独立逻辑网络，能够满足各类设备的接入需求，可为用户提供不同带宽、不同时延等特性的定制化网络服务，改变了传统4G网络难以完全满足用户个性化资源需求的状况。基于这一技术特性，国际电信联盟（ITU）定义了5G的三大类应用场景：增强移动宽带（Enhanced Mobile Broad-Band，eMBB），适用于对网络带宽要求较高但对时延要求不高的场景，如视频直播等；超高可靠低时延通信（Untra-Reliable and Low Latency Communication，uRLLC），如自动驾驶、工业控制等领域；海量机器类通信（Massive Machine Type Communication，mMTC），如大规模物联网应用等。

表7-1 4G、5G和6G关键性能指标对比

指标名称	4G	5G	6G
流量密度	0.1Mbps/m^2	10Tbps/m^2	100~10000Tbps/m^2
连接数密度	10万个/km^2	100万个/km^2	最大可达1亿个/km^2
时延	空口10ms	空口1ms	空口0.1ms
移动性	350km/h	500km/h	大于1000km/h
网络能效	1bit/J	100bit/J	200bit/J
用户体验速率	10Mbps	0.1~1Gbps	1Gbps
峰值速率	1Gbps	10~20Gbps	100Gbps~1Tbps
频谱效率	20~30bps/Hz	100bps/Hz	200~300bps/Hz

6G在5G的基础上，进一步通过技术创新提升性能和优化体验（见表7-1）。例如，网速更快，提速可达100倍；通信时延更低，是5G的1/10；定位精度更高，室内定位精度达10cm，室外定位精度为1m，比5G提高10倍；拥有超高可靠性，网络中断概率小于1/1000000；等等。6G技术具有以下优势。

1）空天地海一体化通信网络

6G具有多样化的网络接入方式，包括移动蜂窝、卫星通信、无人机通信、水声通信、可见光通信等，更有利于雷达和通信实现一体化整合，即实

现地面无线与卫星通信集成，从 5G 陆地移动通信网络扩展至空天地海一体化通信网络，包括卫星通信网络、无人机通信网络、陆地超密集网络、地下通信网络、海洋通信网络等，进而实现真正意义上的全球无缝覆盖。这一优势使得 6G 信号能够抵达任何地方，包括偏远山区、荒芜的沙漠地区等，赋能远程教育、远程医疗。同时，6G 集合功能性卫星，还能实现天气精准预报、重大自然灾害快速监测等。

2）实现万物互联

6G 网络的超高可靠性、超低时延、超高连接数密度等技术优势，实现了通过发射一个波形同时完成通信和感知功能，这既能满足未来物联设备基本的通信需求，还能满足未来物联设备对本体环境感知的需求。因此，6G 网络服务对象将从物理世界的人、机、物拓展至虚拟世界的"境"，实现"人—机—物—环境"的协作，从而实现万物互联的"终极目标"。

此外，由于 AI 技术应用于 5G 的时机相对较晚，因此目前 5G 主要利用 AI 技术对传统网络架构进行优化改造。6G 网络有望与人工智能技术深度融合，真正构建以 AI 为基础的全新智能通信网络系统，以 AI 赋能深入挖掘用户的智能需求，进一步提升用户体验。

综上所述，随着数字经济的发展，数据流量将持续保持快速增长状态，急需更大的网络容量和传输速率用于存储、传递信息，对 5G、6G 的需求也更加迫切。5G、6G 网络应用空间广阔，将在扩展现实（XR）、全息通信、感官互联、远程医疗、数字孪生、自动驾驶、智慧生产、精准定位等领域产生变革性影响。

（二）卫星互联网

卫星互联网主要是指以卫星为接入手段的互联网宽带服务模式。卫星互联网将卫星作为移动的"空中基站"实现通信，具有以下特点。

（1）广覆盖。目前，卫星互联网与地面通信系统处于互补与融合发展阶段。对于高轨卫星，其卫星轨道周期和地球自转周期一致，因此即便卫星高速运动，其与地面却能始终保持相对"静止"的状态，实现覆盖固定的地区。对于低轨卫星，其通过一定数量的卫星形成规模组网（星座），构建了具备实时信息处理的大卫星系统，实现了全球宽带无缝通信，即不仅能够达到与地面移动通信类似的效果，向地面和空中终端提供通信服务，而且能够实现有线电话网和地面移动通信网均无法实现的广域无缝隙覆盖。

（2）低时延。低轨卫星位于近地轨道，其与地面终端之间的通信传输时延可低至毫秒，实现时延与 4G 网络等地面网络相当，能够满足智能终端等对数据信息传输的实时性要求。

（3）宽带化。卫星互联网使用高频段、多点波束和频率复用等技术，显著提升通信能力，适用于高信息速率业务场景。

（4）低成本。现代小卫星的研发制造成本相对较低，并且卫星互联网使用软件定义技术，能够延长在轨卫星的使用寿命。因此，建设卫星互联网的成本明显低于建设地面 5G 基站和海底光纤光缆等通信基础设施的成本。

目前，全球仍有 30 亿人未能实现互联网覆盖，卫星互联网能够有效解决地面通信基础设施匮乏地区的互联网接入问题，包括用于海洋作业、航空、沙漠、偏远地区、南北极科考、户外探险等极端环境。

例如，对于偏远地区，基于卫星互联网技术，能够提供卫星电话、互联网电视、卫星宽带等，为人们带来网络与通信服务，同时还能实现电力物联网对无人地区的电力基础设施及线路的实时布控。在海洋作业及南北极科考场景下，基于卫星互联网技术能够提供卫星定位、海事卫星电话等服务，满足船载设备、科考设备、船员等的数据交换、即时通信、邮件收发、网页搜索、网络语音等通信需求。在航空场景下，基于卫星互联网技术能够提供机载 Wi-Fi，打造特色航空互联网服务，进一步改善乘客的乘机体验。此外，卫星互联网技术还能应用于应急通信领域，包括构建异地灾备、数据保护与恢复系统等，将关键业务数据上星备份，避免在极端情况下网络中断导致关键业务系统或数据遭破坏而造成重大损失；提供应急预警功能，实现对洪涝、干旱、森林火灾、地震等极端灾害预警；提供应急呼叫功能，保障在强风、暴雨、暴雪等极端天气下的应急通信能力；等等。

第八章

开启元宇宙时代

元宇宙的概念从"出世"以来一直备受各界关注,无论是视之为未来之星的赞誉,还是认为为时过早的批评,其已经在各行各业掀起了一次争论的热潮。

本章以"变化"为牵引,讲述在快速发展过程中的各类变化,如场景和载体的变化、人和渠道的变化、内容和形态的变化,以及消费呈现的从单向到交互、从产品到服务、从有形到无形的发展趋势,而这些变化是催生一个虚拟世界的基础。

元宇宙不仅是现实世界的虚拟映射,还具备人们对其更加丰富的期望和想象。

虚拟现实、人工智能、区块链等新技术构建了元宇宙的技术支撑,正在让数字世界逐渐从简单变复杂,越来越接近现实世界。

虚拟形象、虚拟职业带来从未有过的体验和感官。各类虚拟载体的出现,让虚拟形象从纸面到屏幕再到三维空间,逐渐走进人们的视野。

我们看到,从真实世界走向虚拟世界仍然有很长一段路。尽管人们的憧憬无限,但是现实表明,在技术成本过高、技术水平不足等问题限制下,元宇宙大规模应用还需要经过很长时间的考验。

一、连接人类:消费互联网

消费互联网是为满足消费者在互联网中的消费需求而生的互联网类型。中国互联网络信息中心(CNNIC)发布的第 49 次《中国互联网络发展状况统计报告》显示,截至 2021 年 12 月,我国网民规模为 10.32 亿人,互联网普及率达 73.0%,庞大的网民规模为消费互联网的蓬勃发展打下了坚实的用户基础,各类个人互联网应用的用户规模普遍增长。网络支付、网络购物、网上外卖、在线旅行预订等商务交易类应用场景,网络直播、网络视频、网络游戏、网络音乐、网络文学等网络娱乐类应用场景,网络新闻、在线办公等基础应用类应用场景,以及网约车、在线医疗等公共服务类应用场景不断拓展,淘宝、京东、微信、抖音、美团、滴滴等巨头企业"拔地而起",消费互联网产业规模持续扩大,其中 2021 年仅网上零售额即高达 13.1 万亿元。消费互联网各类新业态、新模式潜力加速释放,大幅提升了个人用户生活消费体验。

(一)从关注产品到关注人:交互式消费

1. 场景变化:从单向到交互

在传统模式下,消费场景主要为通过二维平面单一展示商品服务的图片和信息,属于灌输式、填鸭式的单向营销,难以有效吸引消费者。近年来,消费场景正逐步由单向转为交互。在三维、四维立体场景下,消费者能够通过网络与商品服务产生互动。交互式消费场景的诞生得益于 VR(虚拟现实)、AR(增强现实)、人工智能等技术的成熟落地。

一方面,数字技术带来沉浸式购物体验。例如,众趣科技利用 VR 技术、空间扫描设备、数字孪生 AI 3D 视觉算法、互联网三维渲染等技术,实现复刻购物、酒店民宿、餐厅等线下实景空间,将线下店铺 1∶1 复刻到线上,完全还原产品细节,提供三维沉浸式场景漫游体验。消费者在线购衣、看房、订餐等,能够实现所见即所得,线上即可获得实体店的便捷消费体验,实现足不出户便可"云逛街"。

另一方面,数字体验能够辅助购物决策。基于 AR、VR 技术提供交互式场景,支持消费者虚拟尝试和体验彩妆、服饰、家居等产品,不仅可以吸引更多消费者,而且可以加快消费者购物决策。例如,丝芙兰推出 AR 试妆应用程序"Virtual Artist",消费者可以虚拟尝试数千款眼影、口红、假睫毛等,既节省了试妆时间,又节省了样品和化妆工具消耗的费用。宜家家居 VR 应用程序提供体验厨房设计的虚拟现实环境,支持随心所欲地调整橱柜、抽屉颜色等,满足消费者的个性化需求。欧莱雅推出 AR 虚拟试色魔镜,消费者单击智能货架便能体验不同色号染发膏的染色效果,解决了在传统模式下染发试色成本高、消费者难以决策的问题。

> **案例:供应链管理预测补货**
>
> **第四范式(北京)技术有限公司**
>
> 第四范式(北京)技术有限公司是人工智能平台与技术服务提供商,提供端到端的企业级人工智能解决方案,应用于精准营销、个性化推荐、搜索、供应链管理、差异化定价、风险管控、智能投资等多个业务领域。
>
> **⊃ 传统模式**
>
> 在传统模式下,供应链特征为:
>
> (1) 以销售额和毛利润为品类规划指标;
>
> (2) 库存、价盘等依靠人工计算;
>
> (3) 销售订单、需求订单、入库单、调拨单、采购订单等单据在各系统中独立。
>
> 这样导致了一系列问题,包括:单一线下销售渠道的供应链管理体系无法应对渠道客户特征各不相同、需求波动忽上忽下、营销策略千变万化的局面,供应链暴露出履约能力突降,以及高库存和呆滞、高物流成本等严重问题。
>
> **⊃ 数字化模式**
>
> 通过对多模式和深度重构零售全链路的结合,利用大数据和人工智能技术打造零售连锁行业开放、链接、协同、赋能的生态体系的零售能力。在目标管理、品类规划、智能选品、全网销售预测、计划和调拨、库存健康、订单履约管理、服务组网、智能库存方面取得了良好的试点效果,目前项目已经推广实现了 38 万长尾商品系统智能补货,1 个 CDC 仓、10 个 RDC 仓、超过 3000 个门店的系统自动补货和调拨;实现了插拔式的云仓云配的销售网络和供应网络体系,以及全渠道一盘货的管理。
>
> 取得成效包括:
>
> (1) 整体预测准确率提升 12%,SKU 单品绩效提升 15%,运营复杂度降低 10%,减少库存和报废损失数百万元。

（2）门店现货率达到 99%，全链路履约时效提升 30%，库存周转天数提升 50%。

（3）实现 38 万长尾商品的系统智能补货，1 个 CDC 仓、10 个 RDC 仓、超 3000 个门店的系统自动补货和调拨。

● **数字化在供应链领域怎样落地**

（1）品类规划。增加消费者、运营、物流等多维度品类指标评判商品生命周期，并指导对应的运营策略。

（2）销售预测。实现品类管理、门店运营、计划管理、库存管理等协同，提升全渠道销售预测准确性和履约能力。

（3）智能库存管控。通过数学建模与系统仿真相结合的解决方案，提高服务水平，10%长尾 SKU 通过智能补货系统提供的科学建议补货。

（4）价盘管理。通过大数据和机器学习的解决方案，运用价格敏感度分析、精准营销业务统计与学习、各渠道业务实际出货控制等具体业务场景的分析计算和机器学习，实现全渠道的价盘控制。

（5）云仓云配。构建开放式的运营管理体系，所有 CDC、RDC 均作为服务履约的节点，支持即插即用的仓网模型，实现全渠道库存商品的共享。基于算法模型计算商品服务的最佳履约路径。

（6）订单管理。通过交易链路、履约链路、仓网能力衔接与串联，实现供应链订单体系的全链路跟踪，根据客户需求智能决策履约货主库存、仓库、配送方等。

● **数字化变革之路**

随着近几年消费食品行业的竞争越来越激烈，越来越多的企业开始关注线下与线上的多渠道经营，但供应链的管理难度始终是行业的痛点。

例如，来伊份的经营战略从开始注重线下店铺销售，逐步走向线下和线上共同经营，再到 B2C 和 B2B 共同发展的多渠道经营模式，以及前台、中台、后台的管理格局。

第四范式（北京）技术有限公司 AI 技术算法融合机器学习、大规模运筹优化等多项人工智能技术，能够帮助行业在库存成本、发货效率、生产决策等关键方面进行更加精准、更加高效的决策，实现供应链体系的自动化智能决策，为行业创造更大的价值空间。

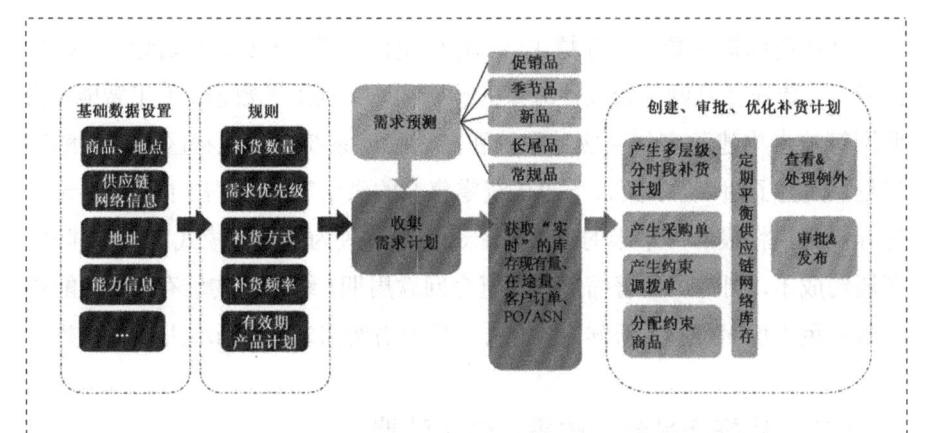

> **专家点评**
>
> 该案例研发供应链管理预测补货系统，利用 AI 技术算法融合机器学习、大规模运筹优化等技术，实现供应链体系的自动化智能决策，是服务业数字化的典型案例。

2. 新型载体：支撑交互的新模式

在传统模式下，消费者与供应商之间的交互主要依赖人工线下推介。在数字经济时代，直播带货、社区电商等支撑交互的新模式不断涌现。直播带货促进商品内容交流互动，重构消费者从"种草"到消费的体验。在新冠肺炎疫情催化下，消费者购买生鲜的渠道也从线下不断向线上迁移，社区电商渗透率明显提高，改变了消费者的采购习惯。直播带货模式依赖便携式智能终端，智能流技术、分流技术、缓存技术、内容分发网络技术等流媒体技术，VR、AR 等虚拟直播技术，以及 5G 网络等的逐步普及。社区电商模式也离不开大数据、人工智能、物联网等技术的蓬勃兴起。

直播带货实现从"人找货"转向"货找人"。直播带货是一种利用互联网平台对商品进行近距离展示、导购、咨询的新型服务方式，其通过尽可能复刻面对面交流场景，在空间维度上延展了交互环境。直播间中的虚拟化社交有利于提高消费者黏性，同时能够实现场景化的精准传播，改变了消费者在海量商品中搜索找货的传统模式，有效激发了消费需求和潜力。例如，基于 5G 智能直播终端和云平台、4K 实时缝合技术、VR 技术等提供录直播一体化、内容管理、社交互动、渠道分发等一站式云直播平台解决方案，帮助农村地区开展农特产品直播带货，实现小农户和大市场的精准对接，拓展销售渠道，以科技助力共同富裕。

社区电商提供数字化便捷生活。社区电商采用"预售、次日达、自提"的模式，依托互联网平台收集海量的预售需求，利用大数据、人工智能、物联网等技术构建数字化供应链系统和高效物流系统，实现社区配送生鲜次日达，拓宽了超市、农贸市场等传统零售业的供给渠道，解决了生鲜零售的库存问题，将最后一千米的"单单配送"环节改为"集配模式"，大幅降低了履约成本，同时可显著缩短商家资金回款周期、缓解货物堆存压仓，能够有效满足人们对便捷、新鲜、平价农产品的消费需求，不断增进民生福祉。

（二）从好产品到好故事：体验消费

1. 消费者变化：有温度的故事

在传统的"讲卖点"营销模式下，消费者"想听的"和导购"想说的"之间通常存在错位的问题。在消费互联网时代，营销策略从"讲卖点"升级到"讲故事"是大势所趋。消费者不想要冷冰冰的产品，而是想听一个以消费者需求场景为核心、融入产品卖点的有温度的故事。消费者期望购买好产品，但更期望购买独特的产品，对新颖、有趣营销内容的需求明显提升。正是由于数字化基础设施、数字视频技术、大数据、人工智能技术等的落地应用，使得消费升级成为可能。

内容营销传递产品的品质故事。通过打造产品溯源故事 IP，讲好消费者爱听的产品故事，能够满足用户对产品高品质、高体验的升级需求，在品牌和消费者之间建立有温度的关系。例如，良品铺子采取"匠人故事化+产品"的模式，以讲述故事的形式，用人带物、以情带品质，拍摄《中国好零食》溯源纪录片，演绎零食的差异化卖点，以短视频、GIF 动图、溯源图等进行站外内容深度渗透，既满足了消费者的好奇心，创造了身临其境的沉浸感，又激发了消费者的购物欲，实现了产品认知度提升 10%、产品销量提升 8%。

数据驱动高效匹配消费者需求。利用大数据、人工智能技术分析消费者数据，能够满足消费者日益增长的个性化需求，促进消费者参与品牌建设。例如，"我的天猫""我的京东"等相继诞生，由"千人一面"转变为"一人一面"，消费者主权得到尊重。通过分析消费者购物数据，以数据驱动、算法驱动指导产品的生产和设计，能够有效提高产品转化率。

案例：一站式出行生活服务平台

高德软件有限公司

2001年，高德软件有限公司成立，其先后推出车载GPS应用、手机地图服务。高德软件有限公司专注导航电子地图，拥有导航电子地图甲级测绘资质、测绘航空摄影甲级资质和互联网地图服务甲级测绘资质"三甲"资质。近年来，高德软件有限公司不断提升地图数据采集和应用层面的专业能力，一是服务交通综合治理；二是服务出行体验升级，将细分垂直导航或地图典型场景做深；三是完善交通相关服务连接，周边搜索、聚合打车等功能持续上线。高德地图的业务已从导航延伸至吃、住、游、购、娱等各个领域。

◎ 传统模式

在传统模式下，绿色低碳出行需求大，出行方式未整合。出行者对绿色出行舒适度、一体化程度及服务体验都提出了更高要求。交通出行领域需要进一步降低整体碳排放规模和水平。

◎ 数字化模式

北京市自2019年起启动了MaaS平台建设，并基于MaaS平台建立了绿色出行碳普惠激励机制，引导全社会积极践行绿色出行，持续提升绿色出行水平，降低交通出行碳排放。MaaS平台服务在高德地图已有功能基础之上，整合公交、地铁、步行、骑行、网约车、航空、铁路、长途大巴、自驾等各种交通出行服务，实现了行前规划、行中引导、行后绿色激励；实现了地铁拥挤度查询功能，并根据乘客定位提醒到站下车。

取得成效如下：

截至2022年3月，高德平台MaaS碳普惠注册用户已超过100万人，实现碳减排量近10万吨，月活跃用户达42万人，相当于10万辆燃油车停驶半年的碳减排量。

◎ 数字化在绿色出行碳交易闭环领域怎样落地

2020年9月8日，在"2020年中国国际服务贸易交易会交通领域分论坛——第6届世界大城市交通发展论坛"上，北京市交通委员会、北京市生态环境局联合高德地图、百度地图共同启动"MaaS出行绿动全城"行动，基于北京交通绿色出行一体化服务平台（MaaS平台）推出绿色出行碳普惠激励机制，在国内首次以碳普惠方式鼓励市民全方式参与绿色出行。市民在采用公交、地铁、自行车、步行等绿色出行方式出行时，行程结束后即可获得对应的碳能量，碳能量可转化为多样化的奖励，从而回馈了采用绿色出行方式的社会公众。通过市场化交易，个人绿色出行方式可以转化为物质奖励和精神激励。

2021年9月4日，高德地图和北京市政路桥建材集团有限公司达成碳普惠交易意向，这是北京市首笔碳普惠意向签约。该签约就"MaaS出行 绿动全城"碳普惠活动产生的1.5万吨碳减排量达成交易意向，也是全球首笔涵盖全部绿色出行方式的碳交易，标志着绿色出行碳交易闭环正式形成。

● 数字化变革之路

北京绿色出行碳普惠活动的实践经验在全国范围内具有很强的示范效应，目前已经在全国17个城市上线碳普惠平台。未来，随着城市低碳转型，以及数字经济与一体化出行的纵深发展，绿色出行碳普惠活动具备在全国范围内应用的可能性。

高德地图还将进一步扩大用户群体和覆盖范围，并扩展低碳出行的场景，针对合乘、停驶、小汽车"油改电"等其他具有碳减排潜力的低碳场景，持续开发新的方法学，并纳入碳普惠机制中，从而形成全社会践行绿色出行、低碳理念深入人心的良好风尚。

● 专家点评

该案例展示的绿色出行碳普惠活动实践经验在全国范围内具有很强的示范效应，落地应用效果较为显著。

2. 渠道变化：听谁说故事

随着互联网社交工具的普及，产品销售渠道也发生了变化，社交流量与电商交易不断深入融合，社交电商成为新的消费革命。例如，2021年，我国社交电商的交易规模高达23785.7亿元。网红产品营销也注重打造产品或品牌本身的社交属性，开启了数字化营销时代。

社交电商以"人"为纽带，通过提供 IT 基础设施支持、嵌入式营销工具和内容等功能，以人际关系网络为渠道进行商品交易或提供服务。社交电商主要包括直播模式、分销模式、拼团模式和内容模式四种商业模式。例如，通过短视频等社交网络开展直播推介产品；消费者成为电商平台会员，并推荐产品以获取佣金；基于拼多多、京东拼购等社交零售平台邀请他人加入团购；消费者分享、推荐、评论购物体验等内容以吸引他人浏览、购买；等等。社交电商是用户主导的平台，能够为消费者提供更准确的推荐和信息来源，从而更高效地讲好故事，通过社会关系提高品牌知名度，利用社区建设降低获客成本和消费者决策门槛，提升转化效率。

网红产品营销基于差异化产品定位，提供沉浸式体验触动消费者需求，并基于数字化营销策略让消费者成为品牌传播媒介，以低成本获得流量裂变。例如，网红美妆品牌借助短视频、直播等营销形态红利，快速吸引消费者流量，并根据业务属性、用户群体消费习惯等，通过构建微信好友流量池、吸引用户参与产品开发等，对用户进行精细化运营，沉淀超级用户。

（三）从物质产品到数字产品：虚拟消费

1. 消费内容变化：从有形到无形

在数字经济时代，消费者不再满足于基本物质需要，消费结构正在逐渐从物质消费、必需品消费、发展消费、功能满足向舒适消费、健康消费、快乐消费、情感满足等精神享受层面延伸和拓展，由有形的物质产品向无形的精神产品转变，即精神产品成为新"刚需"。消费内涵的改变源于互联网、人工智能、数据挖掘、数据可视化等数字技术的发展，以及数字信息产品和服务的涌现。

具体来看，消费内容主要呈现三大新特点。一是多元化。三次产业与数字化融合均能产生新的服务内容，极大地扩展了人们的消费选择范围，如形成了网上银行、数字保险产品、广告推送、大数据营销、数据定价和交易等多类消费内容。二是虚拟化。随着新一代信息技术的发展，大量消费内容均是在网络虚拟空间中完成的，消费者通过购买虚拟数字信息产品满足精神需求，如网上娱乐、通信视频、数字教育等。三是个性化。数字技术能够满足不同消费者对产品和服务在功能、设计、品牌、体验等方面的个性化需求。

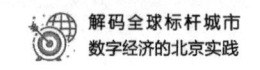

例如，基于大数据、人工智能等技术，新闻类应用软件能够结合消费者不同的关注领域，定向推送新闻资讯。

2. 产品形态变化：数字消费

随着互联网的普及，以及 5G、大数据、云计算、人工智能、区块链等数字技术的广泛应用，产品服务形态正在由传统的线下消费模式转变为数字消费模式，出现了在线读书、网络游戏、付费视频内容、电子音乐、线上教育、数字艺术、云演艺、云旅游等消费新业态和新模式，其已成为线下教育、文娱、生活等消费产品的有力补充甚至升级。

在阅读领域，近年来电子书、有声书、纸质书呈现并驾齐驱之势，数字阅读、有声阅读人群的比例显著提高。《2021 年度中国数字阅读报告》显示，随着人们对阅读内容的品质要求不断提升，用户对于网络文学和电子阅读付费的意愿更为强烈，2021 年 92.17%的用户曾为数字阅读付费。在游戏领域，随着大众健身需求更加强烈，战"疫"期间健身游戏等数字化健身工具逆势爆发，运动类电子游戏以趣味的剧情设计、沉浸式的游戏交互、及时反馈的短期激励激发用户的探索欲、缓解健身的枯燥感，玩家可以在现实生活中选择适合的健身运动，利用"健身技能"挑战游戏关卡。在文娱领域，云演艺利用 3D 全景、AR、VR、MR（Mixed Reality，混合现实）、直播等技术，为人们提供了更好的互动体验，弥补了新冠肺炎疫情期间无法参加线下演艺活动的缺口。

二、打开虚拟空间：元宇宙

元宇宙是数字虚拟世界与物理现实世界深度融合交互的重要平台。尽管当前元宇宙的应用主要集中在游戏、娱乐等领域，但业界认为元宇宙因其沉浸式体验、开放性、虚实互动等特性，未来将对教育、购物、医疗、远程办公、金融、制造业、城市治理、研发等领域产生深远影响。花旗银行预测，2030 年元宇宙经济的总市场规模可能增长到 8 万亿~13 万亿美元，元宇宙用户数量可能多达 50 亿人。

（一）虚拟技术的基础支撑

扩展现实（XR）、人工智能、区块链等技术的大幅进步，将带来无限可能，也让元宇宙从概念逐步走向现实。

1. 扩展现实：提供沉浸式体验

扩展现实（Extended Reality，XR）技术是 VR、AR 和 MR 技术及其他类似沉浸式技术的统称。XR 技术的研究起步较早，目前已出现多款消费级别 XR 设备（分辨率通常为 2K）。但是，由于 XR 设备为近眼显示设备，因此当屏幕和内容的分辨率不足时，人眼观看到的屏幕会出现分离式闪烁现象，即"纱窗效应"问题。在元宇宙中，为实现"视网膜"般的拟真效果，XR 设备的分辨率需要达到 8K～16K；为防止眩晕，XR 设备的刷新率需要达到 120Hz 以上。但当前 XR 设备的分辨率和刷新率仍较低，尚无法满足元宇宙对于交互设备的要求。

XR 技术是进入元宇宙的入口，其提供的沉浸式体验是元宇宙最核心的特征。基于 XR 设备能够展示绘制渲染的虚拟信息、融合显示虚实场景，为用户提供视、听、触、味、嗅全方位的感官沉浸式体验，并采集用户人体的活动信号，通过头显设备完成输出显示，可以实现人机感知交互。

在元宇宙背景下，XR 技术将从游戏、社交等泛娱乐体验逐步延伸到各种现实场景。例如，在文化艺术领域，基于 XR 技术可以打造 VR 博物馆，革新博物馆线上化展示与体验；在医疗培训领域，基于 XR 可穿戴设备可以提供患者疾病的全方位视图，并通过虚拟实景来培训医务人员，让学习者获得更直观的学习体验等。

> **案例：VR 博物馆沉浸式体验平台**
>
> **贝壳找房（北京）科技有限公司**
>
> 贝壳找房（北京）科技有限公司（以下简称"贝壳找房"）于 2018 年 4 月上线，定位为科技驱动的新居住服务商，由链家网升级而来，继承了链家的数据资源和科技优势，立足北京、辐射全国。目前，贝壳找房（北京）科技有限公司的 VR 技术已经在怀柔 APEC 会展中心和北京 2022 年冬奥会得到应用。

◉ 传统模式

在传统模式下，观众在文物展厅尤其是遗址类文物展示场所滞留时间较长，特别是在新冠肺炎疫情期间或者节假日高峰期间，这不利于博物馆的管理；博物馆每日开馆时间是固定的，而且每周都有一日闭馆，参观时间、地点受限。

（1）大量的线下参观活动对文物保护造成压力，博物馆开放与文物保护之间存在矛盾。

（2）难以保存文物原有的各项形式数据和空间关系等重要资源。

（3）观众参与展陈活动的互动感、实时性和深度性较低。

◉ 数字化模式

基于 VR、AR、AI 及三维重建等数字化技术建设博物馆沉浸式体验平台，能够实现场景展示、设施说明、线上 VR 自助导览、数字化存档、AI 讲解等功能，形成可视化呈现、互动性传播、沉浸式体验新场景。

据不完全统计，现阶段博物馆的年均维护费用动辄上百万元，通过建设 VR 博物馆沉浸式体验平台，可以为博物馆运营单位带来线上展示，使博物馆运营管理更便捷，进而为场馆方节省运营管理费用。VR 博物馆沉浸式体验平台通过线上 VR 及三维重建等数字化技术的赋能，革新博物馆线上展示与观众体验，能够吸引大量资金投入，带动文旅产业的发展，带动产业链上下游几十亿元的市场。

◉ 数字化在消费领域怎样落地

VR 博物馆沉浸式体验平台建设主要包含空间数据采集、空间数据处理、空间数据呈现和交互三个方面。

（1）空间数据采集：采用贝壳找房（北京）科技有限公司自主研发的激光雷达三维扫描相机，其探测距离达 100 米、抗阳光、精度高；具备 4K HDR 高清彩色相机，支持 8K 全景图合成；傻瓜式操作，一键启动，智能化自动扫描全景信息和空间结构；一体化机身，高效稳定，方便携带；快速采集数据，采集数据通过 5G 一键上传至云端。

第八章 开启元宇宙时代

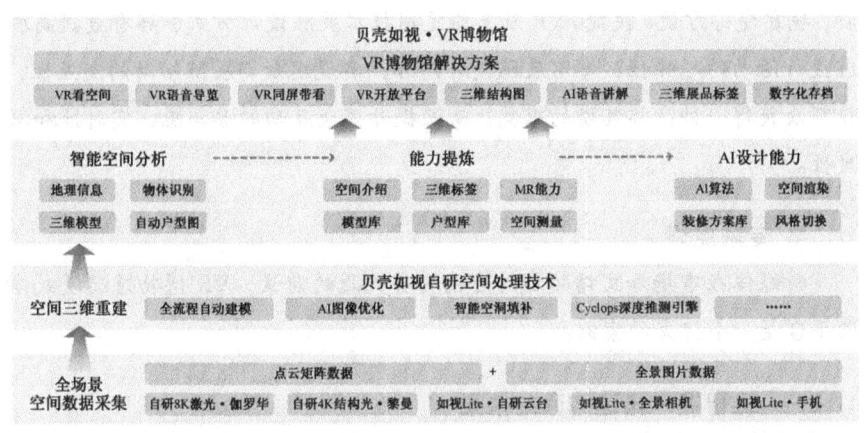

```
贝壳如视·VR博物馆
VR博物馆解决方案
[VR看空间] [VR语音导览] [VR同屏带看] [VR开放平台] [三维结构图] [AI语音讲解] [三维展品标签] [数字化存档]

智能空间分析 ————→  能力提炼 ————→  AI设计能力
[地理信息] [物体识别]   [空间介绍] [三维标签] [MR能力]   [AI算法] [空间渲染]
[三维模型] [自动户型图] [模型库] [户型库] [空间测量]     [装修方案库] [风格切换]

贝壳如视自研空间处理技术
空间三维重建 [全流程自动建模] [AI图像优化] [智能空洞填补] [Cyclops深度推测引擎] [……]

全场景           点云矩阵数据        +        全景图片数据
空间数据采集 [自研8K激光·伽罗华] [自研4K结构光·繁曼] [如视Lite·自研云台] [如视Lite·全景相机] [如视Lite·手机]
```

（2）空间数据处理：在空间数据处理层面，主要实现面向中轴线沿线博物馆的三维重建算法和部署。通过 AI 完成自动建模、智能空洞填补、全自动数据提取、HDR 优化、全景自动拼接、MD5 校验加密、自动优化压缩、建模参数调优、敏感信息识别等。

（3）空间数据呈现和交互：依托 H5 网页，交付 URL 链接。支持在 4G/5G 的终端（手机、平板电脑、PC）上供用户体验，也支持嵌入 App。在在线交互方面，用户访问一个 VR，可以用鼠标拖动或手指滑动来浏览当前点位的全景画面，单击全景画面中的其他点位，可以移动到对应点位并查看其全景。

⊃ 数字化变革之路

（1）有利于文化遗产的保护及传承。VR 及三维重建技术可以通过影像数据采集手段，为博物馆的文物实体建立实物三维或模型数据库，将国内的大量历史建筑及旧址博物馆更加高效、更加便捷地进行 VR 数字化存档，保存文物原有的各项形式数据和空间关系等重要资源，实现濒危文物资源的科学、高精度和永久保存。

（2）有利于博物馆的管理及文物的展陈和保护。线上 VR 展示减少了线下观众对实体博物馆的访问压力，尤其是在疫情期间或者节假日高峰期间，起到了较好的分流作用，有利于博物馆的管理。

（3）有助于打破时空限制及增强体验。只要有网络，观众就可以随时随地使用计算机或手机远程访问 VR 博物馆，这样就打破了博物馆服务的时间限制和空间局限，观众足不出户便可以游览和欣赏世界各地的博物馆和文

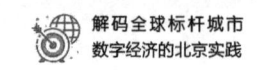

物，观赏变得方便、快捷。VR 及三维重建技术展陈设计方式能够有效提高展陈设计活动的趣味性、丰富展陈设计内容，实现观众与展陈活动的交互性，使观众获得一种身临其境的感觉，从而提升观众互动的参与感、实时性和深度性。

> **专家点评**
>
> 新媒体在市场和文博领域的应用具有广泛的前景，VR 博物馆沉浸式体验平台是一个优秀的案例。

2. 人工智能：搭建沟通的桥梁

人工智能技术经历了以模式识别和专家系统为代表、以框架知识表示和知识库为代表、以支持向量机和语义网络为代表，以及以深度学习和知识图谱为代表的技术浪潮。然而，深度学习的逻辑推理和知识表征能力研究目前尚未取得突破性进展，仍处于弱人工智能阶段，即机器学习模型算法以决策树、支持向量机等监督机器学习模型或半监督机器学习模型为主，通过对数据分布的拟合来实现对数据模式的分析，对数据进行抽象、归纳和推理的能力还需要继续提升。

人工智能在产业融合方面应用较多，尤其是在对传统制造业的优化升级方面，人工智能在失误率高、人工成本高的环节发挥了较大的作用，为企业带来降本提效的显著效果。一是在生产制造方面，质量检验正在从以人工为核心转变为以机器视觉为核心；二是在管理审核方面，合同等文稿的人工查验正在被机器审核取代；三是在医疗诊断方面，人工智能正在辅助医生进行精准诊断。

案例：工业视觉智能赋能化纤行业

北京百度网讯科技有限公司

北京百度网讯科技有限公司（以下简称"百度"）是拥有强大互联网基础的领先 AI 企业，是全球为数不多的提供 AI 芯片、软件架构和应用程序等全栈 AI 技术的企业之一，并被国际机构评为全球四大 AI 企业之一。自 2017 年起，百度将将人工智能、云计算、大数据、物联网等领域积累的优势产品技术，与制造、能源、公用事业等行业融通创新，建设运营了百度智能云开物工业互联网平台（以下简称"百度智能云开物"）。

⊃ 传统模式

在对质检环节进行智能化改造前，恒逸集团下属浙江双兔新材料有限公司的质检工人，每人每天至少人工检测 2500 锭丝锭，需要拿着强光手电筒用肉眼看至少 8 小时，时间一长，工作质量和效率明显下降。因此，质检的效率和准确度降低，直接导致企业的生产效益降低。

⊃ 数字化模式

针对化纤行业相机工位多、图片分辨率高、待检测缺陷纹理特征弱、缺陷类别间尺度差异大、预测速度要求高等特点进行深度优化。

通过百度智能云开物打造的化纤质检一体机，将机械、电气、软件三大系统有机整合，成功弥补了人工检测的弊端，可以更快发现异常产品。

新应用可以实现的效果包括：

（1）对于单个 20 千克丝饼，需要处理 20 亿像素以上的数据，对目标检测模型进行剪枝优化，可以保证丝饼各类外观缺陷在 2.5s 内完成检测，从而满足生产线生产节拍的要求；

（2）实现化纤行业丝绽 C 级产品零漏检；

（3）最小检测缺陷识别精度提高至 0.16mm；

（4）对接产品和包装线，实现无缝连接，以保证生产速度，并且产品的定级规则可以根据客户需求进行自定义。

⊃ 数字化在化纤领域怎样落地

首创全缺陷 AI 化纤质检一体机，克服缺陷目标小、形态多等问题，从终端客户需求痛点出发，将机械、电气、软件三大系统有机整合，赋能化纤行业，解决客户问题。

采用工业相机拍摄流水线上的丝锭，每个丝锭会生成 10 余张照片，将每张照片拆分成上百个部分，并传输至数据中心进行分析判断。

解决方案可以实现如下功能：

（1）图像识别、设备控制；

（2）工业 AI 视觉云平台和生产业务系统之间数据高效传递；

(3) 图像采集系统实现现场图像或视频采集及处理;

(4) 设备控制系统接收图像处理结果,进而完成设备动作控制;

(5) 图像识别管理系统根据确定的训练模型,对采集的图像进行推理预测,并反馈结果及实现相关设备控制的功能;

(6) 基于计算机视觉模型、算法库及样本图像,结合深度学习 AI 算法,完成数据预处理、数据标注及训练生成数据模型的功能;

(7) 集成企业的生产信息化管理系统（Manufacturing Execution Systems, MES）、仓库管理系统（Warehouse Management System, WMS）、企业资源计划（Enterprise Resource Planning, ERP）系统等。

◐ 数字化变革之路

工程技术人员可以在云端进行操作维护,无须到现场即可进行软件更新、设备调测、功能扩展等操作,能大幅降低系统维护成本、提升效率。

将需要强大软硬件算力支持的计算统一在云端平台实现,可以降低全系统部署成本。

通过多点样本的实时获取,在云端统一架构平台上实现推理训练,支持快速的新模型迭代更新,能使深度学习在工业视觉应用中被广泛推广,提升视觉检测成功率。

将复杂的样本标注、图像处理等统一在云端平台上实现,并通过 AI 算法实现智能标注、智能闭环,降低系统应用的复杂性,使工业视觉检测能被应用到更多的生产环节中。

◐ 专家点评

采用机器视觉技术替代人工,从而提高效率和精度的典型应用案例,具有很好的应用推广价值。工业视觉是工业智能化转型的关键技术之一。该项目针对化纤行业的共性问题提供整体解决方案,在提升生产效率、降低维护成本方面有显著效果。

案例：CUBE 基于人工智能技术的合同审查

北京慧点科技有限公司

北京慧点科技有限公司是中国管理软件与服务提供商，创立于 1998 年 8 月，是中国电子科技集团有限公司旗下太极股份的全资子公司。自 2005 年起，北京慧点科技有限公司连续多年被评定为"国家规划布局内的重点软件企业"，并获得了 CMMI-5 级能力认证。北京慧点科技有限公司掌握了大量核心专利技术，并拥有强大的自主研发能力，经过 20 余年的砥砺发展，已经成为管理软件行业的知名品牌。

北京慧点科技有限公司始终致力于为党政及大中型集团企业客户提供数字化产品和解决方案，聚焦数字化协同办公系统、数字化监督、智慧会务等软件产品，提供包括平台化、定制化应用开发、管理咨询和系统集成在内的专业服务，积累了中国移动、中国石化、中国海油、国家能源集团等众多央企客户，在国资委直属企业中的市场占有率超过 65%，在中国企业 100 强、500 强中的市场占有率也一直处于行业领先地位。

⊃ 传统模式

在企业传统的合同管理模式下，合同审核主要依托企业法务部门人员进行人工校对，存在以下难点：

(1) 合同审核是高强度工作，容易疲劳，错误在所难免；

(2) 合同审核标准难以固化，法务部门人员的合同审核经验无法有效传递；

(3) 大量重复、简单的合同审核工作占用了法务部门人员的大量精力，增加了合同管理成本。

(4) 合同审核的速度慢、效率低，当业务快速增长的时候，合同审核会成为瓶颈。

⊃ 数字化模式

CUBE 依托合同管理系统基础数据和文本数据，搭建智能应用服务，以服务形式接入合同管理系统，让用户既能享受智能技术带来的便捷，又不用改变自身的使用和操作习惯。

取得的成效包括：

（1）"机器审核、人工确认"的模式，可以有效提升合同审核效率，帮助企业降低合同管理成本，同时提升合同审查工作质量；

（2）可以吸收业务人员的经验对合同审核规则进行拓展，在固化合同审核标准的同时，支持合同智能审核能力随企业业务发展快速迭代升级；

（3）融合合同领域知识和深度学习技术，突破数据语料对人工智能技术的限制，实现在小语料场景下合同审查准确率能达到90%，支持应用的高效落地。

目前，CUBE智能应用支撑平台已在众多大型央企、国企和私企得到应用，其应用效果得到了客户高度认可。

● 数字化在石化领域怎样落地

基于超大规模合同管理领域预训练模型和灵活的合同智能审核规则拓展能力，可实现人工智能快速掌握合同审核的知识，同时系统能无缝嵌入到企业已有的合同管理系统、采购管理系统等业务系统，从而实现合同智能审查能力快速融合到企业管理中，帮助企业降低合同风险。

● 数字化变革之路

合同智能审核、智能校对、智能填报等智能化应用，除了提升合同审查工作效率，还基于人工智能的自动化审查能力，将合同审查拓展到合同的起草、审批、履行等阶段，可以实现合同全生命周期的风险管控，将有效提升企业的风险防控能力。

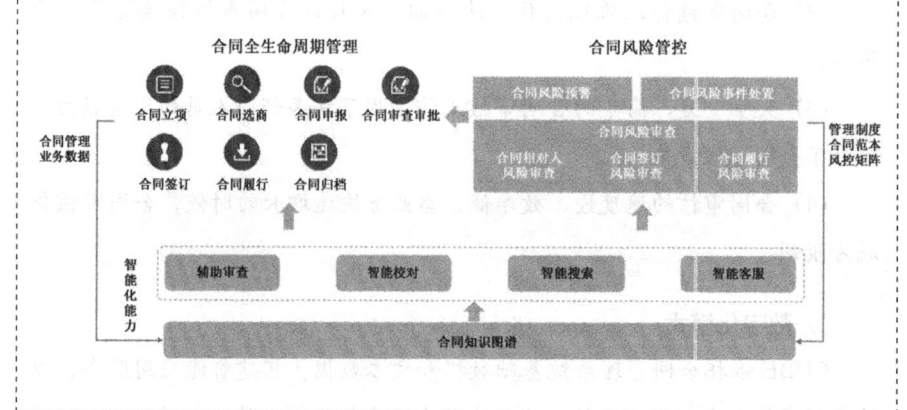

> ◐ 专家点评
>
> 该案例是提高企业运行效率、减少人员投入的一个文本、流程管理办公应用案例，具有比较广泛的应用前景。该案例在利用人工智能技术简化办公应用方面有示范意义，基于人工智能技术对相关数据进行归集与分析在合同审查等方面有实际应用价值。

基于人工智能技术，元宇宙中的不同用户及系统之间能够进行沟通和交流，实现高效的人机协同和管理。具体应用体现在：基于智能语音算法，能够实现不同语言用户之间的无障碍交流；基于自然语言处理算法，能够实现用户与系统（虚拟形象）之间的交流，提高实时沟通效率；基于机器学习算法，能够分析和处理元宇宙中虚拟世界与现实世界所产生的海量数据，训练人工智能进行内容创作等。

在元宇宙背景下，人工智能可应用于娱乐、医疗等领域。例如，人工智能支撑大型的人机交互在线游戏构建交流和娱乐的虚拟世界；人工智能支撑影视领域快速智能化生产人工智能数字化内容；人工智能支撑医疗领域开展人工智能诊疗、智能健康管理等。

案例：肺癌全周期人工智能数字化诊疗

推想医疗科技股份有限公司

推想医疗科技股份有限公司（以下简称"推想医疗"）是人工智能医疗高新科技企业，提供肺癌全周期人工智能数字化诊疗解决方案，并应用于数字筛查、数字诊断、数字治疗、数字管理、数字科研等业务领域。

◐ 传统模式

在传统模式下，肺癌筛查依赖人工阅片，病灶切除采用单孔胸腔镜手术，患者愈后随访信息依靠人工记录。

人工阅片识别病灶依赖医生资质，并且在高压环境下长时间阅片易造成视觉疲劳，导致出现漏诊或误诊。单孔胸腔镜手术受限于视野、视角的问题，难以准确定位肺内小结节，在手术中易出现"多切、少切、误切、漏切"等情况。患者数量大、优质医疗资源短缺给定期随访带来挑战。

◐ 数字化模式

案例为医院建设肺癌人工智能辅助筛查、诊断、诊疗、随访管理及科研转化一体化系统,提高了肺癌的生存率、治愈率。案例以高性能的并行运算能力,有效挖掘影像中的病灶核心特征点,高效判断不同序列影像是否存在疑似病灶的特征,实现人工智能病灶早诊、早治的技术性突破和落地应用。其中,案例构建的主要数字化系统包括肺结节 CT 影像 AI 辅助检测系统、肺结节 AI 靶重建系统、肺癌 AI 三维重建与手术规划系统、肺癌诊疗随访管理系统及 AI 技术转化平台,以促进肺结节/肺癌诊治、管理朝智慧化、智能化、精准化、规范化方向发展。

取得成效包括:

(1) 胸部影像智能筛查和手术规划系统在确保准确率的前提下,可以提升医生的检测效率;

(2) 助力医院降本增效。

○ 数字化在医疗领域怎样落地

(1) 数字筛查——肺结节 CT 影像 AI 辅助检测系统可高效阅片,敏感度高,可以帮助医生鉴别微小结节,极大地提升医生效率;具备智能随访及疗效评估功能,可以根据历史影像自动分析、对比结节变化及进行疗效评估;可以依照各种权威指南自动生成结构化报告,并支持个性化报告模板。

(2) 数字诊断——肺结节 AI 靶重建系统。进一步精准诊断结节的性质(良性或恶性),并采取恰当的治疗方案。推想医疗借助深度学习神经网络技术,更精细、更准确地对检出病灶进行组织分割、异常分类、靶点定量分析等。

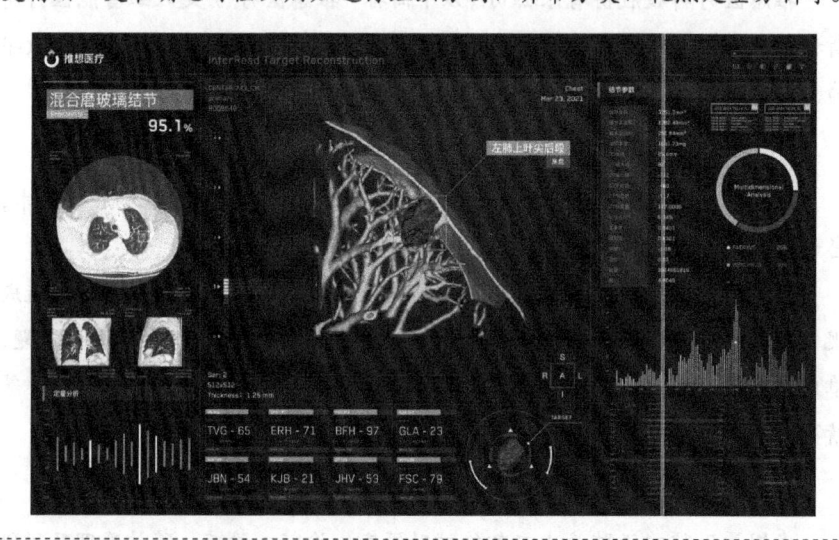

（3）数字治疗——肺癌AI三维重建与手术规划系统。通过胸部三维智能可视化系统直观显示结节位置，以及与肺动脉、静脉、气管的关系，帮助医生精准实现术前穿刺路径规划模拟及术中导航、术式交流，并模拟术中肿瘤最大切除范围，以便医生制定最佳手术方案，提升患者术后生活质量。

（4）数字管理——肺癌诊疗随访管理系统，是智能健康管理系统，可以全自动导入、整合患者检查、治疗、随访信息，追踪管理患者。

（5）数字科研——AI学者科研平台。该平台涵盖肺结节/肺癌专病数据库科研平台，可赋能肺癌大型队列研究及数据库建设，建立医疗数据从存储到挖掘的绿色通道，帮助医生实现模型建立优化及数据训练，加速智慧医院建设。

◆ 数字化变革之路

目前，我国仍存在优质医疗资源不足、分布不均，以及肺癌早筛需求巨大、肺癌早筛意识差、人工阅片效率低、存在漏诊等突出问题。

推想医疗利用人工智能算法，结合海量临床医疗数据训练和优化模型，建立多病种智能筛查模型，建立人工智能辅助质控云流程与数据交付模式，自动识别医疗影像上的病变。本案例，在政府侧，有助于提高公民早筛意识、减少医保总开支、改善民生；在医疗界，能促进提高诊断有效性与医疗服务质量；在产业端，可以助力更好地了解临床和患者需求，设计开发更精准、更成熟的医疗产品；在患者侧，AI医疗服务助力疾病早发现、早诊断、早治疗，为患者提供更精准、更高效的治疗服务，降低患者的治疗费用，具有较好的价值空间与行业前景。

◆ 专家点评

该案例研发肺癌人工智能数字化筛查、诊断、诊疗、随访管理及科研转化一体化系统，提高精准医疗水平，实现了人工智能技术突破和落地应用，是公共服务数字化的典型案例。

3. 区块链：搭建经济体系

区块链的本质是分布式账本，基于哈希算法和时间戳技术储存数字信息，并通过分布式存储和广播共识机制确保交易认证的正确性、不可篡改性。随着区块链技术的发展，链上交易数量成几何级增长，节点数据存储空间不足、数据确认时间变长影响交易效率等成为潜在问题。同时，目前尚无

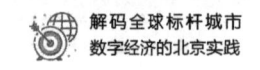

公认的跨链技术标准、跨链交易难、效率低、费用高等也制约着区块链技术的应用。

元宇宙中的虚拟形象、数字藏品、游戏道具等数字资产具有唯一性和不可复制性，其交易和流通比现实世界的货币交易更为复杂。基于区块链技术，可以有效地解决元宇宙中价值归属、流通、变现和虚拟身份认证等问题，搭建去中心化的数字交易体系。

案例：基于区块链的目录数据资源应用

首都信息发展股份有限公司

首都信息发展股份有限公司（以下简称"首都信息"）致力于打造领先的智慧城市和数据产业运营商，提供基于区块链技术的目录数据资源应用解决方案，面向政府单位内部横向层级与纵向层级，实现可信数据交换与共享。

● 传统模式

在传统模式下：

（1）数据分散保存在不同部门、不同系统，数据系统重复性建设，缺乏统一标准；

（2）在多方协作时，"人为驱动"业务协作；

（3）应用研发侧重于区块链底层技术。

传统模式存在的问题包括：

（1）难以实现数据的流通共享，在重大项目的资金使用过程中，难以监管违规操作、瞒报、篡改等；

（2）不确定因素多，造成协作效率低、服务成效差；

（3）研发投入与产出不成正比，前期过分投入底层研发，导致无法专注业务创新。

● 数字化模式

在城市基础设施资源、大数据平台的基础上，利用区块链分布式、不可篡改、可追溯等技术特性，建设基于区块链的目录数据资源应用，并与市级目录数据资源管理体系打通，实现数据的全量汇聚。利用区块链的共识机制、智能合约、存证的能力，构建"去中心化"的传输和验证方式，实现业务协同效率提升。通过将数据目录指纹上链，并结合数字签名技术，保证数据的真实性和完整性，解决端到端的可信价值传递的问题，以低成本、高效率、透明对等的方式提供数据可信共享服务。

⊃ 数字化在政务领域怎样落地

基于职责目录自顶向下建立对信息系统和数据的分级管控抓手和多维量化能力，形成定义数据和系统权属的系统职责目录、维护信息系统基本信息和资源使用情况的系统目录、维护系统对应数据和表结构信息的库表目录、维护数据全生命周期的数据目录，最终形成四位一体的管理体系，助力区块链目录数据资源体系的创新应用。目录数据资源重点对城市运行、政务服务、应急管理、生态环境等多类型的资源内容进行梳理、维护和建设，以保证系统对应用的服务。支持开展政府数据在物联网、交通、医疗等多个方向的试点工作，拓展公共数据资源开发利用场景，充分挖掘公共数据资源资产价值。

（1）数据汇聚。基于客户管理及数据现状，梳理职责目录、系统目录、数据目录、库表目录，并对四级目录逐条编码，实现数据从"割裂"转向"汇聚"。

（2）数据协同共享与联动。在数据汇聚基础上，建立数据和服务统一管控体系，实现多层级"横向"与"纵向"协同共享和联动。

（3）数据存证防抵赖。建立数据共享交换记录存证和服务调用记录存证等服务，实现数据的全生命周期管控。

（4）目录数据资源360度评估。对数据的质量、使用率、使用成效进行主观、客观双向评估，促进数据"新鲜"、可用，进而持续推进政务数据的管控能力和服务能力。

⊃ 数字化变革之路

在信息化社会，大数据革新了现代政府治理的思维方式，成为推进政府治理现代化不可或缺的重要力量。其中，负责数据目录和交换系统的基于区块链的目录数据资源体系是实现数据资源整合、共享的核心技术手段，是实施政务信息资源交换的主要设施，在政务管理领域具有应用推广价值。

利用区块链信息不可篡改的特性，建立不可篡改的数字化证明，能为政府有关部门基于区块链上可信数据进行未来信息化项目的总体规划、合理布局、结构调整提供更加可靠的参考依据。通过建立政务信息资源共享技术支撑体系，按照规范的信息资源开发利用机制，遵循统一的标准和规范，促进政府业务协同和工作创新。

◉ **专家点评**

基于区块链技术构建目录数据资源汇聚、目录数据资源共享、目录数据资源监控、目录数据资源评估等服务，解决政府数据分散保存在不同部门、不同系统，条块打通困难，重复性建设缺乏统一标准，难以实现数据的流通共享问题，是当前政务云和公共服务领域的基础技术之一。

在元宇宙背景下，区块链技术可应用于金融等领域。例如，基于区块链，可以完成自动化的智能合约审批流程，实现金融客户体验无感式的账户开立流程。

案例：基于区块链的供应链金融服务

京北方信息技术股份有限公司

京北方信息技术股份有限公司（以下简称"京北方"）为以金融机构为主的客户提供软件与信息技术服务。京北方可为客户提供智慧运营系统、供应链金融产品平台、资产管理系统、运营风险监控系统、全流程信贷系统、交易银行生态系统、测试管理平台、智能 OCR 平台、机器人流程自动化平台（RPA）等优势软件产品与解决方案。

◉ **传统模式**

在传统供应链金融业务模式下，信息不对称、贸易背景真实性难辨，业务操作存在风险。具体包括：

（1）金融机构只能覆盖到基于核心企业的一、二级上下游企业，无法覆盖到更多有真正融资需求的中小型企业；

（2）业务创新受限，改造周期长，改造成本高；

(3) 沟通成本高，效率低下；

(4) 信息在流程环节容易被修改，并且无法进行有效的留痕和追溯。

⊙ 数字化模式

京北方构建了基于区块链的供应链金融服务平台，通过不断的业务和技术创新，打造"金融+产业+生态"的新型模式一站式服务平台。

京北方运用人工智能、云计算、区块链及大数据技术解决了供应链金融中的"存证"难题，实现了信用传递的可信、可靠。

该平台已经在某银行落地，客户方反馈其带来的成效包括：

(1) 上线近半年时间，系统接入了食品、电网、汽车、基建等七个不同行业企业客户，累计放款额超过15亿元；

(2) 通过智能、自动化技术的引入，人均日受理量增加30%以上。

⊙ 区块链在金融领域怎样落地

1. 在项目管理方面

基于区块链的供应链金融服务平台遵循CMMI软件开发过程和规范，并融合了敏捷开发体系，可以更好地管理与监控项目计划的执行，并进行项目风险管理，提高了项目研发质量。

基于区块链的供应链金融服务平台基于自动容器化部署平台（GitLab+Jenkins+Harbor+K8S），让开发部署更便捷、更高效。

2. 系统业务流程设计

有融资需求的企业可以通过自主注册，或者以客户经理邀请方式入驻平台。核心企业注册成功后，添加链属上下游企业及企业的贸易背景（合同、票据等资产），进行账单的签发、确权，链属企业进行账单的签收，根据持有的账单办理综合业务（包括账单拆分流转、转让、保兑、承兑、融资申请等业务）。

企业端的业务办理与金融机构高效协同，机构客户经理邀请核心企业入驻，并进行审核；维护机构产品，设定企业的限额、预警规则、审批额度等参数信息；对企业客户融资申请进行审核；对应收账款进行评估，对押品信息进行管理与估值；查询企业客户资金、资产管理及综合报表等。

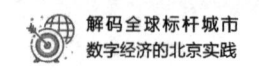

> ◐ **数字化变革之路**
>
> 金融机构建设一套有银行特色的供应链金融系统体系,不仅能够提高商业银行的产品服务和创新能力,为后续的开放银行奠定基础,而且能够对内整合行内各类基础系统资源,对外整合渠道,推动打造银行数字化智能供应链金融服务品牌。
>
> 中小型企业是中国经济的重要组成部分,对国内生产总值的贡献超过60%。中小型企业不断在寻找解决方案以更便捷、更高效地获得融资,而供应链金融就是中小型企业最佳的融资方式之一。中小型企业对流动资金的需求不断提高,进一步扩大了供应链金融的市场规模。
>
> ◐ **专家点评**
>
> 该案例融合多部门基础信息,能为金融单位提供判断精准、降低风险、快速服务的应用,具有重要的现实意义和广泛的应用前景。该案例在金融服务数字化转型方面有积极的示范引领作用,在满足不同行业的企业、不同阶段的融资需求方面有实际效果。

(二)虚拟形象的日益丰富

1. 虚拟形象的载体:从书本、绘画、影视走进现实

虚拟形象最初的载体主要为书本、绘画、影视等。例如,1992年出版的科幻小说《雪崩》描述了人们用虚拟形象在元宇宙中交互的场景;2007年诞生的虚拟偶像初音未来,是基于手工绘画形成的;《阿凡达》《魔戒》《泰迪熊》等影视作品也刻画了诸多经典的虚拟形象。

近年来,随着技术的发展,虚拟形象逐步走进真实世界,从"虚拟"走向"人",形象更加真实、立体、生动。例如,基于面部动作捕捉等技术,"虚拟YouTuber"绊爱于2016年诞生;基于自然语言处理、计算机视觉技术、XR技术,以及驱动建模等深度自动化学习模型,日本虚拟人Imma于2018年诞生,实现虚拟人与真人几乎完全相同;基于人工智能算法和真人动作捕捉技术,首位数字人脱口秀演员梅涩甜于2021年出现,并成为腾讯新闻首位虚拟人知识官。

案例：元宇宙智能化内容生产平台

北京天图万境科技有限公司

北京天图万境科技有限公司（以下简称"天图万境"）是一家集"感知虚拟制作内容生产平台""数字化资产平台"于一体的元宇宙优质内容生产平台。天图万境自主开发了"感知虚拟制作内容生产平台"，该平台借助天图万境的 AI 工具集，快速智能化生产 AI 数字化内容，包含图片、小说、模型、场景组合等，构建天图万境数字化资产平台。

➲ 传统模式

传统影视拍摄，还处于手工作坊阶段，几乎各个环节都是由人工实现的，存在如下问题：

（1）影视拍摄长期受制于从业人员的素质等因素，无法实现工业化，效率低下；

（2）部分影片创意无法实现，拍摄受天气等环境因素影响较大；

（3）演员吊威亚或者野外拍摄存在人身风险等诸多不可控风险；

（4）在流程控制、周期控制、预算控制、质量控制、风险控制等诸多环节无法实现可控操作。

➲ 数字化模式

天图万境自主开发的"感知虚拟制作内容生产平台"，以 AI 处理引擎，进行图形感知、光照融合、景深构建处理，让影视拍摄的所有镜头均可以在影棚拍摄，让真实摄影机在绿幕前拍摄的真实影像与三维虚拟场景和特效进行实时渲染、实时合成，实现所见即所得的效果。

"感知虚拟制作内容生产平台"相比传统方法降本增效成果显著，可以让拍摄周期缩短 30%～50%，使成本降低 30%～40%。

➲ 数字化在文娱教育领域怎样落地

天图万境自主开发的"感知虚拟制作内容生产平台"，实现了智能化、工业化、数字化发展，其拍摄流程采用后期前置的方式，所有镜头的场景通过数字采集或者数字置景技术提前完成，所有特效和光线、氛围、气候环境都通过数字技术在虚拟场景中完成。借助感知虚拟制作内容生产平台，所有镜头都在影棚拍摄，规避了实景拍摄天气因素等自然条件的不可控风险；对于更复杂的拍摄，如爆炸、飞行、水下拍摄等，借助先进的扫描技术和数字人技术，让所有危险镜头的表演都由数字替身完成，保障了人身安全，规避了意外风险（下图为优酷和三体宇宙联合出品的科幻漫谈节目《不要回答》的拍摄现场）。

⊃ 数字化变革之路

本案例借助"数字化资产平台"，使得未来导演和主创团队可以像玩联机游戏一样，在云端资产库进行勘景、创作故事版和动态预览，并为所有镜头生成可视化操作的标准文档，实现影视产业从"手工作坊"真正变成工业化规范生产。

在"感知虚拟制作内容生产平台"和"数字化资产平台"的基础上，结合数字人技术、数字化资产AI克隆技术和AI智造创建技术，打造元宇宙优质内容生产平台，可在云端搭建元宇宙博物馆、艺术馆、美术馆、汽车展等；除数字人外，还可以让导游、讲解员、网红等借助简单的摄像头或手机，进入元宇宙世界进行直播和交互。

⊃ 专家点评

该案例基于人工智能技术开发了"感知虚拟制作内容生产平台"和"数

字化资产平台",利用新一代信息技术,将人物和三维虚拟场景实时合成,让真实摄影机和虚拟摄影机组合联动,缩短拍摄周期,降低生产成本,具有广泛发展前景。

2. 虚拟形象的职业:从虚拟偶像到虚拟员工

早期的虚拟形象主要是以虚拟偶像为代表的身份型虚拟人物,主要依托虚拟形象背后的 IP 价值、影响力等创造虚拟内容,或者用于社交、娱乐等,如虚拟歌姬洛天依、虚拟偶像 AYAYI 等。

2020 年以来,虚拟形象的应用模式呈现精细化、智能化和多样化发展趋势,出现了"新工种"服务型虚拟人物,即虚拟员工。虚拟员工不仅用于展示形象,其主要作用在于代替真人提供功能服务,降低服务业成本,实现降本增效。因此,虚拟员工涉及更多的数字技术,包括:利用位姿计算技术渲染虚拟人的准确位置;基于语音识别、语音合成、人脸图片物体识别等技术,使虚拟人具备"能听""会说""可视"的智能感知能力;基于手势识别、姿态识别、情绪识别等技术,让虚拟人理解人类的行为和意图,驱动虚拟人做出相应的动作,并与环境进行精准交互;利用知识图谱、知识推理等技术,使虚拟人获得智能交互能力;等等。

虚拟员工可以从事虚拟客服、虚拟演员、虚拟导购、虚拟讲解员、虚拟带货主播、虚拟教师、虚拟理财顾问、虚拟陪玩、数字人陪护等职业,目前已经应用于娱乐、零售、教育、金融等领域,未来有望在文旅、医疗、工业等领域进一步落地。例如,虚拟主播一天可录制 500 万字的有声书;冬奥会 AI 虚拟播报员能帮助观众快速了解冬奥会的赛事盛况;等等。

案例:"冬奥会 AI 虚拟人小思播报"媒体大数据数字化应用

拓尔思信息技术股份有限公司

拓尔思信息技术股份有限公司(以下简称"拓尔思")成立于 1993 年,是国内领先的人工智能和大数据技术及数据服务提供商。拓尔思深耕自然语言处理领域近 30 年,拥有前沿的自然语言处理核心技术、海量数据积累,并具备行业 Know-How 的知识图谱技术等。拓尔思主营业务包括人工智能产品及服务、大数据产品及服务、数据安全产品及服务等。拓尔思的技术和产品所支持的业务落地应用场景包括政府、媒体、金融等多个行业领域，服务企业级客户超过10000家。

● 传统模式

传媒行业传统的内容生产流程是分散的、低效的，从热点发现、选题策划到内容采编发，均以人工手动获取为主，具有滞后性、局限性。

在大数据时代，如何在过载的信息资源和海量数据中，快速、精准地找到价值点，并完成具有广度和深度的内容创作，同时创新传播形式和手段以提升传播效果，是传统生产模式面临的挑战。

● 数字化模式

拓尔思基于自然语言处理、大数据、人工智能技术，集成开发了虚拟数字人 SaaS 平台。在 2022 年北京冬奥会相关数据分析和虚拟人传播上应用"小思播冬奥"，通过资讯内容的"自动分析+智能创作+虚拟播报"，以虚拟主播的创新形态帮助观众了解北京冬奥会的赛事盛况，助力社会公众快速把握北京冬奥会海量资讯中的焦点脉络。

目前，拓尔思已开发了基于算法驱动的虚拟数字人 SaaS 平台，"小思播冬奥"就是一次成功的展示。后续拓尔思将采用云服务方式逐步实现商业推广，投入速度快且在文娱行业可复制性强。

仅从虚拟人自动播报而言，拓尔思已推广至数百家文娱及传媒行业单位，实现了内容传播服务的创新与升级。拓尔思产生的新增附加值，如按每家单位 30 万/年服务费、覆盖 20%已有单位进行预估，每年可产生额外收益预计 1000 多万元。由此可见，拓尔思做到了一次投入、持续产出回报，创造了真正意义上的技术与业务新增长点。

● 数字化在消费领域怎样落地

1. 应用切入点

以 2022 年北京冬奥会整体报道情况与热点解析为应用切入点，通过媒体大数据采集与自然语言处理技术，建立数据之间的关联关系，形成知识图谱，快速、自动生成分析报道。

2. 主要应用场景

主要应用场景服务包括 2022 年北京冬奥会报道线索发现（实时聚焦、海内外爆料等)、热点挖掘(北京冬奥会全网热点、媒体头条等)、传播分析(关注北京冬奥会的用户画像等)、专题追踪等。

3. 数据开发利用

在数据采集与处理方面，拓尔思 AI 主播小思背后采用的是全新架构的大规模分布式调度采集系统，实现弹性采集与碎片化调度，以人工辅助和机器自动标引相结合的方式实现对数据的精加工。在数据建模分析方面，人工经验知识库+智能挖掘机理相结合，知识库由专家团队人工整理语料及规则，进行语料深度学习。在数据应用方面，通过冬奥会新闻舆情分析、传播效果分析及冬奥会观众画像分析等实现大数据应用的可视化。

4. 业务优化路径

虚拟主播小思围绕内容策划、生产、分发、评价四个环节进行业务优化，大数据+AI 智能策划提供线索发现与热点挖掘，人机协同编辑实现内容智能生产，用户画像实现渠道智能精准分发，传播分析实现智能评价。

5. 内外部协同情况

拓尔思聚焦虚拟主播小思"灵魂"的打造，在"形象"外观动作部分，与国内顶尖的数字人形象团队就虚拟主播的形象展示和语音识别开展了深度业务合作。

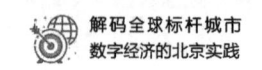

> ◆ **数字化变革之路**
>
> "小思播冬奥"是大数据、人工智能等技术在传媒行业播报端的一次有机结合与成功尝试。未来,虚拟人的投放与推广也会在文娱领域,特别是在传媒行业解放生产力,使用更多的虚拟人替代完成传媒流程中的采、编、发及分析等任务,优化升级现有传媒流程,推动其把人力安排到更有意义、更有价值的策划和内容创作中去,从而助力传媒行业的数字化转型与媒体行业的深度融合发展。相信技术应用的成功商业推广,会给行业带来持续引领,以及商业模式上的变革,由此可能催生更大的社会效应。
>
> ◆ **专家点评**
>
> 该案例研发虚拟数字人,基于自然语言处理、大数据、人工智能等技术,集成开发了虚拟数字人 SaaS 平台,以小思播冬奥为案例推广,优先向传媒行业提供自动播报服务,是服务数字化的典型案例。

(三)虚拟和真实的距离

1. 技术成本尚未规模化

为了提升观众的沉浸感,迪士尼投入大量资金制作高度仿真的虚拟形象和场景。迪士尼动画片每秒的成本可高达 30000 美元,包括:使用几何建模、渲染、计算机动画等计算机图形学技术设计动画形象;使用三维建模技术生成三维动画;在动画制作时通常使用超高帧数,如 24 帧的动画每秒可能使用 24 张原图;等等。

虚拟形象是元宇宙的重要组成部分,用户进入元宇宙首先需要拥有虚拟形象的化身。但目前现实中大部分虚拟形象都是低成本、粗线条的,远远达不到迪士尼动画虚拟形象的高仿真效果。因此,实现高仿真虚拟形象的低成本量产、个性化定制及全智能交互,是元宇宙推广应用需要解决的关键问题。

2. 技术水平不足以支撑大范围应用

算力是元宇宙发展的基石,人工智能训练、XR 设备交互、区块链运算等均依赖超强算力。据 IDC 预测,到 2030 年,人工智能、XR、区块链对算力的需求将分别为 16000EFLOPS、3900EFLOPS、5500EFLOPS。按照元宇宙的构想，总算力需求将呈现指数级提升，至少需要当前算力的 10^6 倍。然而，现有的以 CPU 为核心的计算架构无法满足元宇宙场景下的高速计算量需求，未来量子计算、硅光芯片和光子芯片等技术的突破有望实现算力从量变到质变。

　　元宇宙的完全沉浸感、高交互等特点，意味着其需要高分辨率、低时延的画面传输，因此对网络传输的带宽、时延、可靠性等提出了更高的要求。当前，我国 4G 移动网络无法达到元宇宙所需的传输速率，5G、6G 网络在理论上能满足需求，但在现阶段"基站覆盖+终端接收"的模式下，存在部分地域有信号盲区或信号差等问题，因此元宇宙的实现有赖于卫星互联网的普及。

　　总体来看，无论是算力还是网络，当前的技术水平均不足以支撑元宇宙建设。此外，元宇宙还需要考虑网络及算力资源的统筹难题，其距离大范围应用仍需要较长时间。

第九章

数据的星辰大海

　　数据成为一种新的生产要素,有学者称,数据已经变成数字经济时代的"原油"。从男耕女织到数字经济,要素的范畴和内涵一直在变化,作为社会生产最基本的因素和条件,其在一定程度上决定着生产力和生产关系,也成为政府治理的重点领域。

　　无论是土地、劳动力,还是资本、技术,都由相应的政府部门主管,而随着数据要素重要性的不断提升,数据市场巨大的潜力和未知的风险都将给政府、企业和个人带来更大的影响。

　　在数据驱动下,新模式、新业态不断涌现。网络化协同、个性化定制和服务化延伸等新模式促进了跨界的握手,宅和美食、反差萌、产消者成为时尚新词,智能网联车、智慧家居、自动驾驶不再是创意而成为现实。

　　数据的新价值仍然在探索。数据空间是目前发掘数据价值、促进数据共享的重要方式,正在各行业、各领域不断探索实践。数据市场发展仍然处于起步阶段,美国、欧盟和我国均关注相应规则和标准制定,以促进数据要素市场加速发展。

一、新要素:数字经济时代的"原油"

(一)什么是要素

1. 历史上要素范畴的发展

　　生产要素是指物质资料生产必须具备的基本因素或条件。随着人类社会生产力的发展和生产方式的演变,生产要素处于不断分离变化之中,其边界也在不断拓展。

在农业社会,农耕活动由农民紧紧围绕土地要素展开,土地和劳动力是最重要的生产要素。在工业社会,工业生产主要体现为资本积累和大规模标准化生产,生产活动紧紧围绕资本要素展开,资本要素将土地、劳动力、技术等其他生产要素结合在一起,促进了社会生产率的大幅度提升。20 世纪 60 年代末,数字革命从美国等发达国家发生,计算机、互联网技术发展引领数字经济逐渐兴起。2008 年全球经济危机后,以 5G、大数据、人工智能、云计算、物联网等为代表的新一代信息技术高速发展,人们通过收集、分析和应用数据来组织社会生产、交换、分配、消费等活动。

党的十九届四中全会指出,"健全劳动、资本、土地、知识、技术、管理、数据等生产要素由市场评价贡献、按贡献决定报酬的机制。"这一次,数据作为一种新型生产要素被写入政府文件中,与土地、劳动、资本、技术等传统要素并列。

2. 生产要素的特征

在各类生产要素中,土地是经济发展不可或缺的物质基础,劳动要素是最活跃、最能动的要素,土地、资本要素只有通过劳动才能激活与运转,技术、数据要素则是复杂劳动的派生产物。技术作为生产要素,在创新驱动发展中扮演着重要角色。进入新时代,要实现高质量发展,就要将发展动力由传统的劳动、资本、土地三大要素驱动,转换为创新驱动。五大生产要素特征对比如表 9-1 所示。

表 9-1 五大生产要素特征对比

生产要素	土地	劳动	资本	技术	数据
要素主体特征	主体单一	主体单一	主体多样	主体多样	主体复杂
要素权属界定	权属清晰	权属清晰	权属清晰	权属清晰	权属复杂
外部性	不明显	不明显	显著	显著	显著
交叉关联性	相对独立	存在交叉	存在交叉	存在交叉	紧密交叉
资源稀缺性	稀缺	稀缺	较为稀缺	较为稀缺	非稀缺
资源均质性	以区域划分	以类别、区域划分	均质性	差异性	差异性
资源排他性	排他性	排他性	排他性	非排他性	非排他性

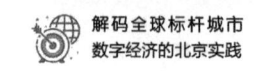

这些特征决定了生产要素是政府治理的重点，政府按照生产要素划分设置机构。例如，各国的政府机构均包括国土资源部、人力资源部、科学技术部、资产监督管理部等。

（二）政府与要素的关系

1. 政府促进要素流通激发市场活力

数据要素只有通过共享、流通才能发挥出更大的社会和经济价值，关键在于处理好政府与要素的关系。生产要素与商品属性不同，比如劳动要素附着在劳动者个体身上，土地要素天然带有一定公共性，因此要素流通机制不能完全等同于商品流通机制，要充分发挥市场决定性作用，更好发挥政府作用。

政府是市场规则的制定者，也是市场秩序的维护者。更好发挥政府作用，健全要素市场运行机制，完善政府调节与监管，做到放活与管好有机结合，提升监管和服务能力，引导各类要素协同向先进生产力集聚。市场充分发挥配置资源的决定性作用，畅通要素流动渠道，保障不同市场主体平等获取生产要素，能由市场形成价格的都要交给市场，政府不进行不当干预，通过市场竞争形成价格，进而调节供求关系，优化资源配置。推动要素配置依据市场规则、市场价格、市场竞争实现效益最大化和效率最优化，实现要素价格市场决定、流动自主有序、配置高效公平。

2. 政府制定要素规范防范无序发展

现代市场经济高效运行，需要有序竞争、公平竞争，方可实现健康可持续发展。处理好要素竞争与垄断的关系，推动生产要素自由流动、有效竞争、高效配置，特别是防止生产要素出现无序扩张、无效流动，阻碍技术进步和创新发展，导致经济效率降低。

（三）数据要素的危与机

1. 数据要素的市场潜力巨大

数据作为新型生产要素，对其他生产要素具有扩大、叠加、倍增作用，正在推动我们的生产方式、生活方式和治理方式发生深刻变革。释放数据要素价值，有助于提升全要素生产率，赋能现代化经济体系高质量发展；有助于提升政府治理效能，推动国家治理体系和治理能力现代化。

数据要素贯穿生产、分配、流通、消费等各环节，对经济社会变革产生深远影响。数据要素存在非竞争性，同一组数据可以复制给多个主体同时使用，一个额外的使用者不会减少其他现存数据使用者的效用，这就决定了数据的高使用效率和巨大的潜在经济价值。数据要素存在规模报酬递增效应，尽管数据资源初始阶段软硬件投入较高，但数据资源一旦形成，其边际使用成本几乎为零，这决定了数字经济众多行业具有自然垄断的属性，能够为拥有数据要素资源的企业带来丰厚超额利润。与传统生产要素不同，数据要素具有可再生性，不仅不会随着使用次数增多而减少，反而可以多次循环使用，数据要素价值可以不断提升。

数据要素的高效利用与合理开发，有助于提升供需匹配效率，实现生产率跃升、产业链优化，正在成为驱动经济发展的动力引擎。数据要素的使用打通了各环节的信息壁垒，通过人物场融合、全链路数字化来降低信息不对称性、提高供需配置效率及促成交易。需求侧的效率优化能够进一步传导至生产环节，数据将劳动、资本、技术等生产要素结合起来，重构产业流程，推动各行各业加速向网络化、数字化、智能化方向演进革新，推动生产要素配置方式发生本质性改变，从而形成需求牵引供给、供给创造需求的更高水平动态平衡，提升整个经济社会的资源配置效率。

数据要素价值释放将助力数字政府、数字社会建设，推动治理体系和治理能力现代化。政务数据与经济社会各领域数据融合，充分发挥多方数据资源的专业化、全覆盖、公信力强的显著优势，助力城市管理、公共服务和经营决策实现全局优化，对政务、交通、教育、医疗卫生、城市管理等领域形成倍增作用，提升政府组织运行效率，推动社会治理模式创新，丰富数字化便捷服务场景，全面提高治理和服务效能。

> **案例：基于数据合规和隐私计算的精准画像**
>
> ### 北京瑞莱智慧科技有限公司
>
> 北京瑞莱智慧科技有限公司（以下简称"瑞莱智慧"）是人工智能基础设施和解决方案提供商，致力于打造以贝叶斯深度学习、可解释机器学习、AI安全对抗攻防、新一代知识图谱、隐私保护机器学习等技术为支撑的第三代人

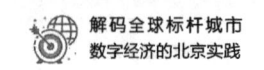

工智能基础设施，提供隐私保护计算平台，应用于金融领域的精准投资场景。

⊃ 传统模式

在传统数据应用模式下，金融机构因担心数据资产流失、数据安全防护不足、数据尚未实现互通互联等，"不愿、不敢、不能"共享数据。

"数据烟囱"问题普遍存在，金融机构数据价值无法得到充分发挥。同时，金融数据往往普遍高度绑定用户隐私，在整合、使用过程中存在被窃取、被泄露的可能。

⊃ 数字化模式

基于安全多方计算、联邦学习、匿踪查询等技术打造隐私保护计算平台 RealSecure，通过将计算移动到数据端，打通"数据孤岛"，实现数据可用不可见，解决跨机构数据在合作过程中的数据安全和隐私保护问题，促进数据安全共享。RealSecure 平台搭载了瑞莱智慧自主研发的联邦 AI 编译器，通过对人工智能和密码学底层原理的融合突破，首创"底层数据流图"实现自动编译，极大地提高了易用性、可扩展性，同时支持完整证明联邦算法协议的安全性。此外，RealSecure 平台实现了全同态加密技术，通过编译器驱动高效加密算法的优化，实现性能和安全性的双重提升。

基于"数据可用不可见"的隐私计算技术实现了数据要素价值的进一步释放，将赋能普惠金融、绿色金融、科技金融、产业金融的发展，助力金融资源配置到经济发展关键领域，从而更好地服务实体经济。

⊃ 数字化在金融领域怎样落地

1. 应用场景

金融机构基于瑞莱智慧开发的隐私保护计算平台 RealSecure 开展精准画像项目，达到在不转移、不泄露原始数据的前提下，实现数据融合的"可用不可见"效果，以安全的方式打通金融集团数据孤岛，实现有价值信息的安全互通。

2. 数据技术

通过 RealSecure 平台的隐私计算技术框架，融合金融机构已有的对公企业资产、负债数据、风险评价等信息，以及金融机构相关子公司的投融资数据、企业投后数据及纳税评级、涉诉事项、科创资质等外部数据，充分发挥国有金融机构的全牌照、多业务优势，构建更加精准、更加全面的企业画像，为目标客户筛选、联合尽调、投资决策智慧赋能。

3. 法务合规

瑞莱智慧联合中伦律师事务所打造合规体系建设咨询服务，根据现有法律法规框架，明确隐私计算参与方之间的法律关系，同时帮助金融机构明确隐私计算技术合规要点和适用范围，针对数据分级、最小化原则、匿名化处理等具体要求，保障技术方案满足监管要求，实现业务价值与合规价值的双重释放。

◉ 数字化变革之路

随着金融行业的数字化转型进入快车道，数据成为金融机构的重要战略资源，数据经营能力也成为金融机构的关键能力，但如何实现数据安全流通共享始终是行业面临的难点。

瑞莱智慧的隐私保护计算平台 RealSecure，能够在保障数据安全的同时，打通"数据孤岛"，将产业链上下游的不同数据进行交叉分析，加强跨行业、跨企业、跨部门数据的有效整合和利用，推动金融行业的数智化升级，帮助金融机构塑造数据要素时代的全新竞争力。

案例可为信贷风控、反欺诈、营销等金融场景下跨域数据的安全共享和联合建模提供应用参考。

◉ 专家点评

该案例聚焦金融领域的精准投资场景，基于隐私保护计算平台帮助金融机构打通"数据孤岛"，实现内外部数据信息的安全融合，赋能精准投资，同时引入合规咨询服务，具有较强的技术引领作用。

2. 数据要素的未知风险巨大

数据要素已快速融入生产、分配、流通、消费和社会服务管理等各个环节，而相应的风险也在不断累积和放大，数据采集加工、数据产权、数据交易流通、数据收益分配、数据安全治理等环节均存在诸多待解决的问题，面临众多挑战。

数据要素在创造价值的同时，也面临被泄露、被篡改和被滥用等风险，这将给个人、组织、社会甚至国家利益带来严重威胁。例如，利用数据管理的漏洞，获取并交易个人信息和隐私信息，泄露或变相泄露国家安全信息和

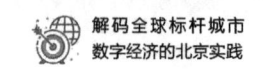

商业安全信息，等等。根据安全风险的基础数据，2020年全球数据泄露360亿余条，数据安全威胁更加多样化，数据安全事件的影响范围不断扩大，从最初的企业或组织或个人逐步延伸到各个行业乃至整个社会。

案例：360企业安全云

北京奇虎科技有限公司

北京奇虎科技有限公司（以下简称"360"），为广大个人和企业用户提供以安全为核心的产品和服务。360企业安全云借助云原生SaaS架构，为企业打造智能、灵活、高效的企业级数字化安全与管理平台。

◎ 传统模式

某企业门店多、设备分布广，拥有1200余台设备，但只有一名全职的IT运维管理人员。仅仅是设备登记，该运维管理人员就需要耗时半个月。在传统模式下，运维管理人员使用加密文件管理平台，加密文件存在加密过度问题，连运维管理人员自己使用都需要先解密。该企业曾使用过本地部署的安全产品，遇到过台式服务器宕机、被迫迁移，以及病毒库无法及时更新、病毒查杀策略无法下发等问题，但关键时刻往往找不到维护人员。

基于此，在传统模式下，企业设备安全运维存在如下问题：

（1）人工线下运维，成本高、效率低、风险大；

（2）数据缺乏保护容易泄露和数据过度保护影响办公效率现象并存；

（3）本地部署的安全产品成本高、抗风险能力弱，难以维护。

◎ 数字化模式

360企业安全云借助云原生SaaS架构，为企业打造智能、灵活、高效的企业级数字化安全与管理平台。这种轻量化SaaS解决方案，打破了行业内传统本地部署模式的局限，企业无须具备专业IT运维管理人员，也不用一次性支付高昂的软件使用费，产品体验大幅提升，部署成本大幅降低。

取得成效如下：

（1）在新的SaaS部署模式下，IT运维管理人员可以在线对所有终端进行管控，终端变更情况可以自动上报，设备出现问题也可以通过远程的方式解决。这样不仅极大地节省了线下出差的开支，而且提高了解决问题的效率；

（2）在传统的本地部署模式下，企业需要一次性支付高昂的软件使用费，而 360 企业安全云提供了全面免费的安全功能，在帮助企业节省软件使用成本的同时，能够减少人力成本。

⊃ 数字化在消费电子领域怎样落地

1. 数字化应用切入点

通过 SaaS 部署模式，在线完成终端的接入及管理，云端查杀引擎同时提供实时全防护，打造自动化智能网管，减少人力工作。

2. 关键实施步骤

（1）案例企业首先在长春一家新开门店的 30 台计算机上统一部署了 360 企业安全云产品。试用一段时间后，案例企业觉得在终端管理、数据安全防护和降本增效几个方面效果都不错，决定推广至企业所有终端计算机。

（2）360 企业安全云是一款即用即懂的 SaaS 产品。管理员可以一键下发至所有终端，员工本人即可完成部署。后续，企业也不再需要与厂家沟通维护产品，系统在云端就能自动更新和升级。

3. 业务优化路径

（1）资产管理：从传统的线下设备登记，到设备远程一键接入，后续每次硬件资产的变动都能实时进入系统。

（2）数据保护：从传统的缺乏保护，或者保护模式不够人性化，转变为全流程数据安全防护，并且不会影响员工的正常办公。

（3）终端安全：从传统的本地部署模式转变为云端 SaaS 模式，在云端实时扫描风险项、查杀病毒，并且产品功能实时在线升级。

4. 内部协同

当所有员工终端都部署了 360 企业安全云后，管理员可以一键分发文件或应用，避免员工在自行下载时遇到木马病毒、钓鱼网站等安全风险。

⊃ 数字化变革之路

360 企业安全云保护了家电企业的数据，也保护了上游供应商和下游客户的信息，同时避免了由于数据窃取导致的行业不正当竞争扰乱市场。

对于零售行业的其他企业而言，通过部署 360 企业安全云这种即用即懂的 SaaS 产品，能够有效地达到安全与管理的目的，实现 IT 运维降本增效。对于 IT 运维人员（专职或兼职）而言，部署 360 企业安全云后，IT 运维人

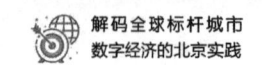

员的工作能够通过后台数据进行量化，极大地体现了工作价值。对于没有IT团队或者缺少IT人力的同类型企业而言，360企业安全云提供了全面免费的安全与管理功能，能为该类型企业的数字化转型保驾护航。

➲ 专家点评

该案例研发360企业安全云，利用SaaS架构为企业打造智能、灵活、高效的企业级数字化安全与管理平台，打破了行业里传统本地部署模式的局限，产品体验大幅提升，部署成本大幅降低，是服务业数字化的典型案例，具有推广应用价值。

算法应用的日益普及深化，在给经济和社会发展等方面注入新动能的同时，算法歧视、"大数据杀熟"、诱导沉迷等算法不合理应用导致的问题也深刻影响着正常的传播秩序、市场秩序和社会秩序，给维护意识形态安全、社会公平公正和网民合法权益带来挑战。企业通过收集用户点击流数据、GPS定位数据等敏感数据可以快速、精准地判断市场商业需求，提高供需匹配效率，但这同时损害了消费者的隐私和安全利益。

数据作为一种虚拟物品，其权利体系构成与实物有所差别，数据权属和交易生成过程多元、多变、复杂，数据确权问题在全球范围内都是巨大挑战。在数据全生命周期过程中，数据所有权与管理权分离，数据真假难辨，多系统、多环节的信息隐性留存已导致数据跨境、跨系统流转追踪难、控制难，数据确权和可信销毁更加困难。以医院网上挂号为例，用户原始数被平台收集后，通过通信运营商网络传输，数据可能同时与就医者个体、平台、通信运营商和监管部门有关联，其权属界定存在国家数据主权、数据产权和数据人格权三种视角，标准难以统一。

二、新模式：数据驱动的范式变革

（一）网络化协同：跨界的握手

1. 餐饮革命：宅与美食

随着生活服务业加速迈向数字化，外卖成为餐饮变革的新模式。"宅"

餐饮依托互联网、大数据、人工智能等技术，将美食消费场景转移至家中，给居家办公人群、新冠肺炎疫情期间隔离人群、不愿出门的"宅一族"等消费者提供了巨大便利。

一方面，大数据支撑提升消费者用餐体验。网络平台基于大数据分析技术，能够从多维度精准刻画商家，同时支持聚合大量消费者的用餐点评内容，降低餐饮信息的不对称性，帮助消费者选择更符合需求的美食，提高外卖用餐满意度。

另一方面，数据驱动外卖配送更加安全、高效。由于城市交通管制严格，因此外卖送餐人员为抢时间、出效率，对禁行、限行等复杂交通情况相当敏感。实时地图具有智能规划路线的功能，因而成为外卖行业必不可少的工具。具体而言，实时地图基于海量精准的地图数据、交通动态信息等，利用大数据、人工智能等技术，支持多个途经点的智能顺路规划，自动推荐最佳送餐路线，智能规避禁行、限行、拥堵、过街天桥和地下通道等路况，帮助送餐人员以最快、最安全的方式抵达目的地。

案例：美团大脑数据平台

北京三快在线科技有限公司

北京三快在线科技有限公司是美团的综合技术服务提供商，美团的使命是"帮大家吃得更好，生活更好"，美团聚焦"零售+科技"战略，与广大商户和各类合作伙伴一起，努力为消费者提供品质生活，推动商品零售和服务零售在需求侧和供给侧的数字化转型。

⊃ **传统模式**

(1) 商品、商户的大量知识数据没有加以利用。

(2) 在问答、搜索等场景用户个性化需求得不到满足。

传统模式存在如下问题：

(1) 数据标准化程度低，关于商品、商户的大量知识数据存在于文本数据中，无法产生结构化数据的价值；

(2) 模型可解释性差，传统的深度学习解决方案对于用户来说往往是黑盒状态，可控性和可解释性都比较差；

(3) 在问答、搜索等场景智能化程度低，用户体验性差。

◉ 数字化模式

美团大脑数据平台围绕异构数据存储、知识挖掘、知识表示、知识应用、知识可视化等能力构建了核心技术壁垒，目前已经在美团内众多业务场景中广泛使用，在用户端、商家端都为客户创造了显著的收益。

美团大脑数据平台的知识挖掘可以大幅提升数字化覆盖率；美团大脑数据平台通过知识图谱的组织方式，给出更符合用户理解的可解释性结果；通过美团大脑数据平台，问答、搜索等场景可以大幅提升业务智能化效果。

（1）美团大脑数据平台在查询理解、召回、排序、可解释性等维度上全面优化搜索结果，大幅提升搜索 QVCTR 指标及用户体验。

（2）美团大脑数据平台为商家提供店铺经营状况、市场情况、用户喜好、店铺竞争力、综合建议等数据支持和经营策略建议，可以提升商家精细化运营能力。

（3）智能问答方面，基于知识图谱的问答技术通过智能助理的方式帮助商家智能解答用户问题，提升商家人效。

◉ 数字化在生活服务领域怎样落地

（1）智能搜索：帮助用户进行决策。从多维度精准刻画商家，基于知识图谱的搜索结果，为用户搜索出更适合他的店。通过合理地在商品侧展示知识图谱结构化数据，用户的决策效率得到大幅提升。

（2）点评 App 精选评价。用户表达情感和观点的方式多种多样，针对细粒度的情感分析，对 UGC 文本和用户习惯进行更加深入的语义理解，在美食场景拆分出众多维度的细粒度情感标签。

（3）美团大脑数据平台赋能商户。在商户服务方面，开发商家智能助手，快速解答消费者问题。在消费者服务方面，在美团和大众点评 App 上线智能助理；在景点、酒店、商场多个场景中，美团大脑数据平台快速、精准理解用户需求，并进行精准匹配。

◉ 数字化变革之路

近些年，各行业都在产生大量的数据资产，如何更好地管理、挖掘数据中的价值，并助力业务提升是各行业面临的通用问题。美团大脑数据平台对商户、商品数据的知识化、标准化，对整个服务行业的数字化都有很好的试点示范效应。

基于对商户、商品、用户的理解能力，建立标准化商户、商品知识库，以更好地关联商户与用户、商品与用户的供需关系。一方面，提升用户找店、购物的体验，帮助用户更快捷地满足需求；另一方面，帮助商家提高数字化水平，提升商家的经营效率，促进供需关系匹配，达到用户、商户、平台三方共赢的目的。

○ 专家点评

该案例研发美团大脑数据平台，通过异构数据挖掘、存储、学习及可视化，为业务提供毫秒级的图检索能力及千亿级的图谱存储能力，在搜索、推荐、智能客服、商家智能运营、金融等场景广泛应用，是服务业数字化的典型案例。

2. 品牌叠加：反差的艺术

数字经济不仅具有明显的技术支撑特征，还因数据传播存在广延性、及时性、跨界性，具有融合、跨界、共享、生态等运行特征，助力行业打造跨界融合的新品牌范式，从多维角度塑造品牌价值并促进品牌营销。

在数字经济环境下，各类数据要素加速流动，良好的品牌声誉能够在更大范围内、以更快速度传播和推广。因此，越来越多的品牌积极把握数字经济机遇，推动产品跨界融合传播，以反差的艺术拥抱消费者多元化、高品质的新需求，拓宽品牌营销场景，提升品牌竞争力。

2018年9月，美加净联合大白兔奶糖推出奶糖味润唇膏，产品一经面市便成为社交网络上的爆款，首批920套润唇膏上线1秒全部售罄。美加净深耕手部护理品类市场，通过联合大白兔奶糖推出跨界产品的方式，以电商作为传播和销售渠道，在信息爆炸和碎片化的媒介环境中迅速吸引消费者眼球，实现了奶糖味润唇膏这一新品类的成功营销。

2019年9月，老干妈联合潮牌Opening Ceremony推出印有老干妈创始人头像的卫衣，并亮相2019春夏纽约时装周，随即瞬间爆红。食品领域与服饰领域的跨界品牌叠加，打造了消费新场景；下单价值1288元的99瓶老干妈组合装即送定制老干妈卫衣的营销策略，创造了更具新鲜感的消费体验。

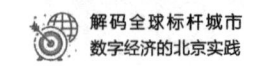

3. 文创周边：厚重与轻薄

文创周边产品是以轻松方式传递厚重历史文化的当代载体。随着大数据技术的发展，国潮文创周边产品进入更多消费者的视野，并备受喜爱，进一步推动文化创意产业转型升级。

一方面，大数据技术能够延长文创周边产品的产业链。收集潜在用户的消费体验大数据并进行分析，能够提炼出主流消费群体的品位和审美变化，并应用于文创周边设计，提高文创产品销量，延长文创产品产业链。博物馆联合艺术品开发企业等共同设计吸引消费者的文创周边产品，并通过入驻淘宝店铺扩展产品销售渠道，其中，故宫博物院打造了以售卖门票、创意生活用品、书籍字画、软萌文创周边等为主题的多个故宫博物院淘宝店铺。北京冬奥组委会批准、授权运营的奥林匹克官方旗舰店，推出了以吉祥物冰墩墩、雪容融为主题的钥匙扣、摆件、抱枕等系列文创周边产品，引燃文创经济。中国邮政等抓住消费风口，开设奶茶店"邮氧的茶"，在保留邮政普遍服务的基础上，叠加奶茶饮品和邮政文化创意服务，通过跨界转型打造了既可以社交又能够体验邮政文化的全新消费场景。

另一方面，文化大数据可以撬动文化创意产业发展。例如，故宫博物院官方基于清宫膳食底档资料，发现历代帝后们虽然食谱均有不同，但都喜欢火锅。因此，故宫博物院在角楼餐厅推出火锅，并为消费者提供宫廷文化体验，例如，展示皇家礼乐、宴会、家具器皿，赠送角楼专属明信片，提供多样化文创周边产品，等等。

（二）个性化定制：产消者

1. 消费者与生产者融合

大数据连接了生产者和消费者，推动用户由单纯的"消费者"转变为"产消者"，支持用户参与产品设计、研发、制造等全流程，为用户提供难忘的消费体验，实现了用户及生态各方共赢共生，为社会创造了价值循环的新模式。

宜家十分注重将消费者融入家居产品的生产过程。宜家门店为消费者配发尺子、铅笔、纸张等物品，鼓励消费者参与个人家居的设计和规划过程，并强化研发人员与消费者的互动，以更加准确地把握目标消费群体的需求。

为了尽可能地满足消费者，宜家并不提供固化且定型的家居产品，而是通过标准化的构件和"搭积木"的组合产品模式，将产品的最后一个组装环节交给消费者来完成。消费者能够基于自身喜好，对不同部件进行创意性的DIY，亲自参与最终成品的设计。宜家还推出"家具组装挑战赛"，扩大DIY游戏规模，支持消费者观看全球参与者的组装"秘籍"并进行沟通交流。此外，宜家通过发放购物优惠券的方式鼓励消费者主动发起挑战，分享产品组装过程。这种模式既降低了宜家的生产成本和管理成本，还极大地满足了消费者的个性化需求。

2. "一人一款"的探索

传统的个性化定制依赖熟练技工设计与制作，因此定制价格偏高且难以量产。在大数据技术的助力下，人们实现了由客户需求数据驱动的大规模个性化定制生产模式。

具体而言，消费者能够基于大数据平台提交个性化需求数据，在线下单并同步至工厂。相关个性化需求数据将统一传输至工厂的后台数据库，形成数字模型，并支撑智能化的研发设计、计划排产等工作。"按需生产"的模式，不仅能够达到"一人一款"的效果，还能够实现工厂零库存、省去中间商环节，大大降低了工厂生产经营成本，而且消费者也不再需要分摊在传统零售模式下的流通、库存等成本。目前，该模式已经应用于服装定制、茶杯、钥匙扣等生活用品定制领域。

酷特智能聚焦于服装智造，整个生产流程以数据为驱动，通过汇聚海量个性化订单数据，以及搭建版型数据库、款式数据库、工艺数据库、服装物料清单数据库，形成了上百万万亿个版型、大量服装款式组合，并支持计算机自动制版、实时款式匹配及消费者定制研发，实现了"一人一版，一衣一款"。在生产环节，每件定制服装均有专属芯片，其储存服装各个部位的尺码、选择的材料、缝制时需要的工艺等订单数据信息，并支撑多个生产单位和上下游企业共享数据、协同生产。因此，所有服装细节都可以实现高度个性化定制，完成流水线大规模生产，解决大规模、工业化与个性化的矛盾。

3. 人工智能与消费习惯

消息推送是品牌向用户传递信息的重要渠道，但传统的营销模式无法

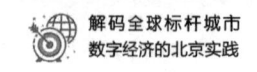

准确把握用户的兴趣与需求，往往采取面向所有用户统一推送相同信息的模式，容易给用户造成困扰、带来不愉快的体验。随着大数据和人工智能技术的发展与应用，个性化信息推送成为营销新模式，正在潜移默化地改变用户的消费习惯，显著提升了品牌的业务收益。

基于海量站内用户行为、历史消费记录、消息推送等相关数据，利用人工智能技术分析用户行为偏好、预测用户可能感兴趣的内容、计算可以最大化吸引用户的推送时间、监测信息推动效果等，支撑主动推送个性化、具有相关性和及时性的内容，让用户获得更好的服务体验，并对系统产生依赖，进而提高用户忠诚度。目前，人工智能技术已经广泛应用于社交网络、视频网站、新闻网站、电商平台、音乐歌单等领域。

今日头条、快手等平台汇总用户信息浏览记录、信息偏好、社交网络等消费习惯数据，基于对数据的智能算法分析，主动推送个性化的新闻信息、视频内容等，实现定制服务。"什么值得买"消费内容平台收集用户的电商大数据信息，并利用人工智能完善用户画像，筛选出最优商品信息分发至用户，实现了营销精准化、智能化。

案例："什么值得买"消费内容平台货

北京值得买科技股份有限公司

北京值得买科技股份有限公司，于2011年在北京成立，是一家专注于消费产业的科技集团。其深入布局消费内容、营销服务与消费数据三大业务版块。通过协同效应，北京值得买科技股份有限公司不断提高电商、品牌商与用户之间的连接效率，现已构建覆盖站内外优质内容的全域流量体系，其合作客户超1600家，2021年整体收入超14亿元。未来，北京值得买科技股份有限公司将加大研发投入，让数智化成为企业发展新引擎，打造新场景，为新消费需求提供解决方案。

● 传统模式

随着互联网行业尤其电商行业的飞速发展，电商行业参与者在不断增多，电商提供的商品种类更全、用户的选择更多，并且各类促销、宣传活动也更加频繁，导致各类电商均堆积了海量信息。

上述趋势导致用户从各类电商筛选甄别出适合自身购物需求的信息难度增大，用户的网络购物时间成本增加，用户体验下降。

从电商企业和品牌商的角度而言，随着行业竞争的加剧，各项营销活动的有效性降低，促销信息传递到末端用户的难度不断增加。

◉ 数字化模式

"什么值得买"消费内容平台，构建了用户、创作者与电商、品牌商共赢的良性生态服务体系。"什么值得买"消费内容平台实时汇聚用户提报的来自全球电商平台的电商大数据信息，并通过人工智能技术对收集的大数据信息进行处理，完善用户画像，筛选出最优的信息再分发给用户，实现营销精准化、智能化。"什么值得买"消费内容平台既帮助企业充分利用智能化数据信息分析市场和用户行为，为企业经营策略调整提供真实反馈和参考；又帮众用户快速选到最满意的商品，极大地提高了商品的购买转化率，实现了消费者、电商与平台的共赢。

2021年，北京值得买科技股份有限公司消费内容社区"什么值得买"稳健增长。"什么值得买"消费内容平台确认GMV为218.36亿元，同比增长7.76%；产生收入10.45亿元，同比增长25.72%。北京值得买科技股份有限公司2021年实现营业收入14.03亿元，同比增长54.26%；实现归属于上市公司股东的净利润1.68亿元，同比增长16.67%。

◉ 数字化在消费领域怎样落地

"什么值得买"消费内容平台基于对消费领域的深刻理解，创新性确立"人、货、场、媒"四大核心，并据此展开数据库规划与建设。

人：有消费能力和消费意愿的用户，围绕用户特征和用户行为构建两大数据库体系，包括但不限于性别/年龄、学历/收入/职业/城市、行为偏好、浏览/点击/搜索、关注/喜欢/评论、购买/复购等。

货：消费类商品。通过对全域商品的深度理解，构建聚合商品物理属性、销售属性、SKU/SPU关系等信息的商品数据库，以及汇集商品重要关联信息的品牌数据库等。

场：售卖商品的场所，包括线上销售平台、实体销售场所两大类。根据卖场特征，数据库结构设计包括多级店铺维度、地址/经营资质/成立时间等基本信息、评分/"粉丝"/评价等店铺质量信息、销售量/库存/上下架等店

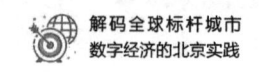

铺商品信息。

　　媒：与消费相关的媒介信息，包括：媒体平台数据库，如媒体名/平台/受众/属性、"粉丝"活跃度、销量、销售额、主要客户等；媒体信息数据库，如好评、消费资讯、商品晒单、商品评测、消费评论、长/短视频、商品问答等。

人	货	场	媒
用户特征数据库 用户行为数据库 ……	商品数据库　品牌数据库 品类数据库　名词数据库 ……	商城基本信息库 店铺商品信息库 ……	媒体平台数据库 媒体信息数据库 ……

　　以消费领域的四大核心为指导思想，有次序、有主次、有节奏地扩展、丰富消费数据的底层数据库结构，确保数据库结构的逻辑严密性、可扩展性。依据不同逻辑关系和调用频次设计关系模型，保障应用层调用数据的可读性、响应速度等。

◆ 数字化变革之路

　　目前，"什么值得买"消费内容平台已经形成了用户驱动的消费内容创作生态，积累了一批高黏性、高质量、高活跃度的用户群体，以及有价值、有温度的消费内容。北京值得买科技股份有限公司依托"什么值得买"消费内容平台为汽车、家用电器、5G智能终端、智能家居等高科技制造业提供数字化营销服务，推动传统企业数字化转型；通过消费大数据挖掘分析、用户画像，为制造业品牌商提供可信赖的、精准的市场分析反馈，助其立品牌、提品质、增效益。

◆ 专家点评

　　通过消费大数据分析和精准画像技术，帮助用户节省了交易决策时间，为品牌商提供了更精准的推广营销服务，降低了品牌商的营销成本，提高了商品的购买转化率，实现了消费者、电商与平台的共赢。

（三）服务化延伸：改变利润结构

1. 智能网联车

　　过去，汽车行业的重心是发展汽车制造。随着以车载信息娱乐系统、传感器为代表的汽车电子技术的快速发展，智能网联车已经成为汽车技术发展的大势。智能网联车催生了"制造+服务"的新型商业模式，车厂从出售产品为主延伸到出售产品和服务，并以智能网联数据、软件和增值服务等为纽带，通过OTA（Over the Air，空中下载技术）升级、按需付费等方式实现服务价值变现。因此，汽车行业利润结构也发生了变化，盈利点逐渐由汽车销售转移到汽车售后服务（汽车后市场）。相关数据显示，在汽车行业利润中，服务领域利润占比约为60%，汽车后市场利润远超过汽车交易市场利润。

智能网联的本质是服务化，其中，智能网联数据能够应用于整车营销、销售、售后、OTA规划、车险服务及出行周边服务等，因而创造了新的利润空间。例如，智能网联车提供丰富的智能座舱/车载信息娱乐产品，基于OTA规划，消费者可以在线升级相关产品，无须前往4S店进行升级，不仅极大地提升了用户体验、提高了升级率，而且能够帮助厂家进一步判断符合用户需求的OTA发展方向，实现数据和内容变现。智能网联车还可以通过提供高精度的地图数据、特定地区的交通场景数据等支持自动驾驶功能，推进数据增值服务。在售后环节，传统模式主要通过机械地计算车龄、估算里程数或依赖客户到店车检等提供售后服务，而基于智能网联数据，车企可以及时提醒客户维修保养的时间和项目等。

2. 智能家居

大数据时代的到来为智能家居提供了新的技术支撑和发展方向，传统家居正在积极拥抱智能。通过在家居产品中加入智能模块，智能家居实现了以机器和大数据为支撑，并结合用户的生活习惯、个人偏好和消费需求等，提供更加人性化的服务，给人们的居家生活带来了极大的舒适和便捷，开拓了家居产品领域的新市场，正逐步走进普通人的家庭中。IDC（国际数据公司）数据显示，2021年我国智能家居设备市场出货量超过2.2亿台，同比增长9.2%。

智能家居具有强连接和交互能力，用户可以通过手机控制、远程控制、自动控制、语音控制等多种方式，与家里所有的智能设备进行交互，并实现设备操控。

智能冰箱支持通过语音调控设置冰箱温度；能够储存海量在线菜谱，在

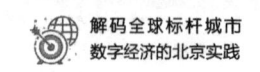

接收到用户发出的菜谱询问指令后,能够在冰箱大屏上迅速展示菜肴制作教程;能够基于对冰箱内部食材和用户当天体重的监测,推荐全天的健康菜谱;冰箱大屏还支持用户利用碎片时间在线追剧、听音乐等。

智能洗衣机支持无线 App 远程智能操作,随时随地操控洗衣机程序;能够根据衣物质量,自动投放适量的洗衣液,并自动设置注水量、洗涤时间、洗涤强度等参数;洗烘联动式智能洗衣机通过共享衣服的面料、质量等数据,可以在洗衣结束前提前自动开启烘干机预热,提高"洗衣+烘干"速度等。

智能场景面板和无主灯智能灯具能够实现全屋智能调光,不仅能满足用户"一键控制多种灯光场景"的需求,而且能通过销售开关面板和智能灯具成套产品,大幅增加厂商利润。

扫地机器人支持 App 远程操控、语音交互、定时预约、位置记忆、远程查看清扫记录等;基于人工智能算法、导航系统、防撞传感器,构建智能清洁地图,提供家具识别、障碍物识别、颗粒物识别、路径规划、扫吸拖一体等功能,真正解放双手,因而其成为无数家庭的"新成员"。

三、新价值:数据空间和数据市场

(一)数据空间

1. 数据空间的发展历程

为适应"工业 4.0"的发展,解决数据互联和流通难题,德国联邦教研部于 2014 年年底正式提出了"工业数据空间行动",旨在构建一个安全可信的工业数据交换空间,以排除企业对数据交换不安全性的种种担忧。弗劳恩霍夫协会(Fraunhofer Gesellschaft)于 2016 年发起"国际数据空间计划"(International Data Space,IDS),以"使来自不同行业、各种规模的企业能够自主管理其数据资产"为目标创建一个安全的数据空间。2016 年,弗芬恩霍夫协会、安联集团、拜耳医药等 18 家成队企业成立了"工业数据空间联盟",共同助力构建"工业数据空间"。随着"工业 4.0"理念的渗透,各国家和地区对工业信息化的需求远远超出了人们的预期,德国很快意识到,应当将这个空间延伸至整个欧盟甚至全世界。数据共享也不应局限在工业领域，而应辐射到整个产业链。2018年11月，"工业数据空间联盟"正式更名为"国际数据空间联盟"（International Data Space Association，IDSA），目前已有超过20个国家的130多家企业和机构加入。

2020年2月，欧盟委员会发布《欧洲数据战略》。为加强欧洲在托管、处理和使用数据的能力，欧盟制定了系列投资计划。欧盟委员会计划在2021—2027年投资一个有关欧洲数据空间和联合云基础设施的高影响力项目，投资总资金将达40亿～60亿欧元，用于基础设施的建设、数据共享工具的研发、数据体系和治理机制的建立等方面，以及在一些战略领域投资构建可互操作的泛欧盟共同数据空间。这些数据空间将整合必要的数据共享工具和基础设施，并解决信任问题，从而消除不同组织之间共享数据过程中存在的法律和技术障碍。

2022年5月，欧盟出版局发布了《欧洲共同数据空间》。其中，数据空间被定义为互相信任的合作伙伴之间的数据关系，每一方都对其数据的存储和共享适用相同的高标准和规则。在数据空间中，数据不是集中存储的，而是存储在源位置，因此仅在必要时才会（通过语义互操作）共享数据。

2. 数据空间的应用领域

《欧洲数据战略》提出，计划在工业/制造业、绿色协议、交通、医疗卫生、金融、能源、农业、公共管理、技能九大领域建立欧洲共同数据空间，并循序渐进地推出其他欧盟共同数据空间，以提升行业和领域中大规模数据集的可获得性。

1）工业/制造业数据空间

工业/制造业数据空间旨在提升工业的竞争力和绩效，从而获取制造业领域非个人数据的潜在使用价值。

2018年德勤的一项研究显示，到2027年，在欧盟制造业部门中使用非个人数据的潜在经济价值估计将达到1.5万亿欧元。为释放这一潜能，欧盟将解决与工业数据的使用权有关的问题。围绕共享数据的条件及促进数据生成（特别是通过智能连接产品）等问题，在遵守竞争规则、遵循公平合同原则的前提下，推动制造业部门主要参与者达成共识。

2）绿色协议数据空间

绿色协议数据空间将利用数据的主要潜力，以便在气候变化、循环经济、

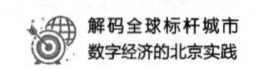

零污染、生物多样性、森林砍伐和合规保证等方面支持《欧盟绿色协议》行动。

欧盟计划推出可重复使用的大规模数据服务，收集、共享、处理和分析海量数据，建立欧盟智能循环利用共同数据空间，促使相关数据在整个供应链中实现循环价值。聚焦重点行业，开发数字化"产品护照"，在"零污染愿景"框架下启动《欧洲数据战略》的实施试点，以充分利用数据密集型政策领域的潜力。

3）交通数据空间

交通数据空间将使欧洲跻身智能交通系统发展的前沿，包括车联网及其他交通模式，有助于访问、共享现有、未来运输和出行数据库中的数据。

目前，现代化汽车每小时产生约 25GB 数据，无人驾驶汽车每小时产生数 TB 数据。这些数据可用于创新性出行服务，以及汽车维修和保养服务，为了在这个领域开展创新，必须以安全、可靠的方式共享数据，并遵守不同经济参与主体之间的竞争规则。

欧盟委员会发布的报告分析，2015—2050 年客运总量将增长 35%，在促进交通运输可持续发展方面，数字化技术和数据正发挥着日益重要的作用。一些立法框架已经将数据共享义务纳入其中，确定了一系列共享数据集。广泛共享和使用公共交通系统数据有助于提供更加高效、环保和亲民的服务。

4）医疗卫生数据空间

医疗卫生数据空间用以确保在预防、检测和治疗疾病方面取得重要进展，做出知情的、基于证据的判断，以提高医疗保健系统的可及性、有效性和可持续性。

目前的监管和研究模型主要依赖医疗卫生数据，其中包括患者的个人医疗数据，因此加强和扩大医疗卫生数据的使用对医疗卫生部门的创新至关重要。提升医疗卫生数据的可用性将显著提升医疗卫生系统中监管机构的工作效率、对医疗产品的评估能力，以及对医疗产品安全性和有效性的证明能力。

5）金融数据空间

金融数据空间通过加强和完善数据分享，推动创新、提升市场透明度、促进可持续融资的发展，扩大欧盟企业和一体化市场的融资渠道。

欧盟立法要求金融机构必须披露大量数据产品、交易和财务结果，这将有助于更有效地处理此类可公开获取的数据，从而为其他公共利益政策作出贡献。此外，根据新修订的《支付服务指令》，金融机构可以通过访问消费者和企业的银行账户数据，向他们提供创新的支付服务。

6）能源数据空间

能源数据空间以客户为中心，并以安全、可靠的方式提升数据的可用性，促进跨部门的数据共享，以助力创新解决方案，进而支持能源系统的低碳化。

能源部门的一些法令规定，在遵守数据保护法的前提下，客户有权在透明和非歧视的基础上，访问和使用其仪表和能源消耗数据。欧盟将研究制定相关措施，以提升智能建筑和智能产品的互操作性，从而提高能效、降低能源消耗，并加强可再生能源的整合。

7）农业数据空间

农业数据空间通过对生产和其他数据的处理和分析，提高农业部门的可持续性绩效和竞争力，从而在农业生产方面得到精确和定制化的应用。

处理和分析生产数据，特别是与供应链中的其他数据及其他种类数据（如地球观测数据、气象数据）结合使用，有助于在农场准确、有针对性地应用生产方法。基于现有数据共享方法建立的农业数据空间，有助于构建独立的农业数据共享和收集平台，推动构建基于公平合同关系的创新性数字化生态系统，提升公共政策的监督和执行能力，减轻政府和受益主体的管理负担。

8）公共管理数据空间

公共管理数据空间旨在为欧盟及其成员国层面提升公共支出的透明度、加强问责制，打击腐败，满足执法需求，支持欧盟法律的有效应用。

公共行政部门既是重要的数据生产者，也是不同领域数据的重要使用者，因此公共行政部门数据空间也体现了这一特征。公共行政部门的相关措施将重点聚焦法律数据、公共采购数据及其他公共利益领域数据；制定涵盖欧盟及其成员国层面的"公共采购数据"计划；与成员国合作，以确保与欧盟预算有关数据的可查找性、可访问性、可互操作性和可重用性。

9）技能数据空间

技能数据空间旨在减少教育培训系统与劳动力市场之间需求不匹配的情况。

公民拥有的技能是最重要的资产。在全球人才争夺战中，教育和培训制

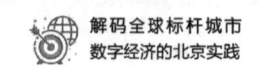

度,以及劳动力市场必须迅速满足新出现的技能需求,为此,需要学习机会、工作和人员技能等方面的高质量数据。在过去几年中,欧盟委员会制定了一系列开放标准、参考框架和语义资产,提升了技能数据质量和互操作性。

3. 数据空间的实践案例——医疗卫生数据空间

1) 美国

美国目前已建成覆盖本土的 12 个区域电子病历数据中心、9 个医疗知识中心、8 个医学影像与生物信息数据中心,数据内容包括临床服务质量信息、全国卫生服务提供者目录、最新医疗和科学知识数据库、消费产品数据、社区卫生绩效信息、政府支出数据等。

2) 英国

英国政府已斥资 55 亿英镑建设全国一体化医疗照护信息储存服务系统,收集和储存了超过 23000 个医疗信息系统的数据,覆盖超过 5000 万名居民的医疗信息,并已为 130 万名医务人员提供服务。

3) 欧盟

欧盟将欧洲健康数据空间建设作为《欧洲数据战略》的重要一环。欧盟希望,在健康数据空间中,健康数据能以标准化的方式在可互操作的系统之间流动,并遵循明确的数据共享规则框架,充分发挥数字健康和健康数据的潜力,加速数据共享与利用的步伐。

2020 年 12 月,欧盟委员会发布了《欧洲健康数据空间监管框架的部门立法提案的初始影响评估》,细化了健康数据空间立法的主要内容,具体包括三个方面:一是确保以保护隐私、安全、及时、透明和可信的方式,在适当的管理制度下,增强用于诊疗服务的健康数据的获取、共享和使用,以及用于研究创新、决策和监管活动的数据二次利用;二是建立真正的数字健康单一市场,涵盖远程医疗、远程监测和移动医疗在内的各类医疗健康服务和产品;三是加强可信赖的数字医疗健康产品和服务的开发、部署和应用。

2022 年 5 月,欧盟健康和食品安全总局启动欧洲健康数据空间计划,向欧盟居民提供更加创新、更加先进的医疗支持体系,打破医疗行业的数据壁垒,促进数据的有效利用。

为打破数据壁垒,欧盟健康数据空间计划要求欧盟成员国以统一的欧洲通用格式发布和接受患者摘要、电子处方、图像和图像报告、实验室结果、出院报告。通过建立统一的数据标准,方便患者接受跨医院甚至跨境治疗。

为保障数据安全,欧盟健康数据空间计划引入了电子健康记录系统互操作性和安全性方面的标准,并要求研究人员、公司或公共机构只能访问处理后不可识别的数据。欧盟健康数据空间计划以《通用数据保护条例》(*General Data Protection Regulation*,GDPR)为基础,提出一项欧盟法律,支持将健康数据用于诊断和治疗,以及研究、统计或公共利益。

由此可见,欧盟一方面严格执行被称为"史上最严"保护个人数据的法案,另一方面在促进数据交流共享上不遗余力,以真正实现安全、可信、透明的健康数据共享。

(二)数据市场

1. 数据市场的内涵

世界各国都把推进经济数字化作为实现创新发展的重要动能,在前沿技术研发、数据开放共享、隐私安全保护、人才培养等方面进行前瞻性布局。

作为劳动对象,通过加工、存储、流动、分析等环节,数据具备了使用价值;作为劳动工具,数据通过融合应用可以提升生产效率,促进生产力发展。数据市场就是将尚未完全市场配置的数据要素动态化,形成以市场为根本的调配机制,实现数据的流动,并在数据流动过程中产生价值。数据市场主要涉及数据要素市场定价、数据要素市场交易规则、数据要素市场交易平台或交易渠道、数据要素市场交易监管等。

2. 数据市场发展的现状和趋势

在美国,发达的信息产业提供了强大的数据供给和需求驱动力,政务数据开放机制、多元化交易模式、数据安全和产业利益有机结合,为数据流动市场的发展提供了相对宽松的土壤。欧盟实施了《通用数据保护条例》等多项法规,旨在通过约束企业信息处理行为,赋予公民对其个人数据更大的控制权。日本采取了数据银行的模式,将数据提供给第三方开发和利用。

1)欧盟建立单一数据市场的探索

欧盟作为数据规范方面的领先者,其制定的数据规范不仅为欧盟单一数据市场构建提供了全面的法律制度体系,甚至走出欧盟,在世界范围内产

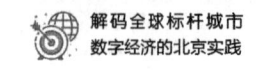

生了一定的影响。

2020年2月，欧盟委员会发布《欧洲数据战略》，为数据权利、数据共享、数据保护等领域的发展制定了框架性战略规划，开启了构建欧盟单一数据市场的进程。此后，欧盟先后发布了《数字市场法案》《数字服务法案》《人工智能法案》《数据治理法案》等多部法案。2022年5月，欧盟理事会正式批准了《数据治理法》，其所涵盖的"数据利他主义""数据中介"等概念也将在法律规章层面付诸实践，推动其建立"单一数据市场"的构想。

从以上立法进程可以看出，欧盟试图构建一个统一的、完善的数据法律框架体系，将数据治理各方面囊括其中，以统一顶层立法的方式增强欧盟成员国之间的联合性，推动欧洲数据共同空间的建设。欧盟坚持将社会个体利益放在首位，确保在基本人权与个人数据权利得到尊重的前提下，最大限度地实现数据的共享和流动。

因此，欧盟的单一数据市场构建步伐稍显缓慢，尽管在数据立法方面已做了诸多准备，但由于欧盟对个人数据的高保护要求，各互联网企业在欧盟市场上普遍较为谨慎。

在构建单一数据市场进程中，欧盟仍然面临许多挑战。《欧盟数据战略》指出，欧盟将通过四项核心举措推动单一数据市场的建立。一是构建欧盟统一的数据获取和利用的治理规则框架，克服欧盟长期存在的内部市场分散化的问题。二是加大数据领域的投资，增强欧洲在数据存储、处理、利用和兼容方面的技术能力和设施建设。三是尊重公民数据权利，加强数据专业人才建设，扶持中小型企业数据创新能力。四是构建欧盟核心行业和公共利益领域的统一数据空间。

2）中国数据市场在顶层设计下蓬勃发展

我国拥有的数据体量庞大，数据市场的发展潜力巨大。根据国家工业信息安全发展研究中心的测算，2020年我国数据要素市场规模达到545亿元，"十三五"期间市场规模复合增速超过30%，"十四五"期间数据要素市场规模将突破1749亿元，进入高速发展阶段。我国数据市场相关政策如表9-2所示。

数据要素市场培育是涉及整个经济社会运转的系统性工程。近年来，我国发布一系列政策促进数据市场健康发展，标志着我国数据要素市场化工作正在加速推进。

表 9-2　我国数据市场相关政策

发布日期	发布机构	政策文件	相关内容
2020年4月	中共中央、国务院	《关于构建更加完善的要素市场化配置体制机制的意见》	加快培育数据要素市场
2020年5月	中共中央、国务院	《关于新时代加快完善社会主义市场经济体制的意见》	加快培育发展数据要素市场，建立数据资源清单管理机制，完善数据权属界定、开放共享、交易流通等标准和措施，发挥社会数据资源价值
2021年1月	中共中央办公厅、国务院办公厅	《建设高标准市场体系行动方案》	加快培育发展数据要素市场
2021年3月		《中华人民共和国国民经济和社会发展第十四个五年规划和2035年远景目标纲要》	建立健全数据要素市场规则，发展技术和数据要素市场
2021年11月	工业和信息化部	《"十四五"大数据产业发展规划》	健全要素市场规则，发展数据资产评估、交易撮合等市场运营体系
2022年1月	国务院	《"十四五"数字经济发展规划》	提出了数据要素市场的构建具体目标与措施
2022年4月	中共中央、国务院	《关于加快建设全国统一大市场的意见》	加快培育数据要素市场，建立健全数据安全、权利保护、跨境传输管理、交易流通、开放共享、安全认证等基础制度和标准规范，深入开展数据资源调查，推动数据资源开发利用
2022年6月	中央全面深化改革委员会	《关于构建数据基础制度更好发挥数据要素作用的意见》	积极探索推进数据要素市场化，建设规范的数据交易市场，完善数据要素市场化配置机制

就发展条件而言，我国数据要素市场构建有自己的优势：信息基础设施全球领先，我国的 4G 网络覆盖面全球最广，5G 网络建设和应用居世界领先地位；部分领域数字化程度较高，我国在移动支付、电子商务等方面已取得先发优势，积累了较多成功经验，产业生态优势为数据要素市场注入创新活力；我国作为世界第二大经济体，在数据需求方面存在巨大的潜在市场。

数据作为一种独特的新型生产要素，具有不同于劳动、土地、资本等传统生产要素的特点，其主体复杂性、外部性、非排他性等特征决定了传统的市场规则难以直接适用于数据要素市场。我国发展数据要素市场应关注以下重点。

（1）清晰界定数据权属。产权清晰是数据市场经济活动有序进行的基础，以法律形式确定不同来源数据的产权归属，为规范数据要素市场行为提供实践标准，是加快数据要素市场培育的制度保障。加快建立数据确权机制，建立数据确权基本框架，明确数据权利类型，确定数据权利主体。

（2）统一数据定价规则。价格是数据要素市场正常运转的重要条件，只有确定了价格，交易才有了明确的衡量基准。建立数据定价规则，研究开发数据资产价值评估模型，探索建立成本定价与收益定价、一次定价与长期定价相结合的数据资源流通定价机制。建立包括数据交易撮合、交易监管、资产定价、争议仲裁在内的全流程数据要素流动平台，营造便于数据要素流通的市场环境。

（3）统一标准和平台。实现数据共享，建立统一的标准体系是关键。为此，应加强数据标准化的顶层设计，逐步统一数字化基础设施、底层技术、平台工具、行业应用、管理和安全的数据标准体系。加快建设政府数据统一开放平台，确立政府数据开放的基本原则和框架性规则，包括明确数据开放的范围、程序和标准等。推动数据高质量汇聚，建设国家数据采集标注平台和数据资源平台，实现多源异构数据的融合和存储，提升基础设施的互操作性，提升数据采集的效率和质量。

（4）建立开放市场体系。有序流动是生产要素的本质要求。提升数据开放共享水平，推动数据要素自由流动，对于提高经济运行效率具有重要意义。但是，我国"数据孤岛"现象较为普遍，数据主权与割据、开放与保护之间的矛盾依然存在，政企、行业及民众之间的数据信息公开仍有诸多壁垒。打破"数据孤岛"困境，推进数据要素自由流动，要加快设立数据要素共享管理的组织机构，协调推进数据共享；着力推进政府数据开放，加快建设政府数据开放网站，出台数据要素共享责任清单；在保证个人数据信息隐私权得到有效保护的前提下，推动个人数据要素开放及自由流动。

（5）完善数据市场监管规则。数据要素市场化发展，使平台方不断汇聚累积数据，增强了行业性或区域性平台的数据优势和影响力，给政府运用传统反垄断手段对其监管带来了挑战。通过制定国家层面数据开放及共享的法律制度，明确数据开放及共享的范围、标准、条件、方式、责任等，明确数据权属的主体资格，明确规定数据的收集、使用、管理权限，明确各类经营者收集数据的合法途径，平衡数据利用与数据保护，保障数据安全。

04 第四篇
产业数字化

数字经济正在促进产业向数字化、网络化、智能化升级，各行各业的差异性让产业数字化呈现出千姿百态的发展现象。

本篇主要基于北京软件和信息服务业协会面向北京市征集的百家数字经济典型案例，介绍农业、工业、服务业三次产业数字化进程中的优秀案例，并从数字化带来的变化出发，以行业转型需求的问题为出发点，通过对传统模式和数字化模式进行对比分析，研判企业数字化转型的变革之路，以鲜活实际案例展示产业数字化发展现状。

相关数据显示，2022年，在北京市开展数字化服务的企业中，民营企业占了近8成，其主要提供数据采集和数据智能分析服务。在应用方面，数字技术应用逐渐多样化，其中，大数据、人工智能是数字经济领域应用范围最广的技术，虚拟现实和区块链的应用也从单点应用向多元应用转变。另外，数据应用深度正在逐渐加深，尽管数据的感知和可视化仍然是需求最迫切的应用领域，但基于数据模型的机理分析和动态优化的占比已经逐步提升到第二位和第三位。

第十章

从采棉花到猪联网

农业是人类社会的衣食之源、生存之本。

农业数字化聚焦农、林、牧、渔等行业及衍生服务业数字化转型需求，利用5G、物联网、大数据、人工智能等技术变革生产方式，推动农产品向高端化、品牌化发展。

在农业数字化进程中，我们发现以下结论。

（1）数字化解决农业分散化、碎片化问题。通过建立农业数字化平台，直连农村家家户户，解决了在传统模式下信息传递慢、交互不通畅等问题；通过信息上云、上平台能够构建大市场，促进行业整体水平提升。

（2）数字化带来农业新模式、新市场空间。在数字技术的辅助下，农场从原有的"靠天吃饭"，转为"靠数据耕种"，测温、测湿的传感器，把控空气和水分成分的辅助设备，帮助运输的AGV小车，打造出"无人农场"。

（3）数字化促进农机精细化、高效化运行。农业机械是数字化应用的前沿，在广袤的土地上，农业机械的定位、运行状态和精准动作成为数字化发挥作用的主要场景。

（4）数字化推动供应链一体化、全流程管控。数字技术的引入，降低了地域广、物流链条长的业务在执行过程中质量、权属管理、实物控制权等问题的出错率，并在线形成交易大数据，为供应链金融提供数据支撑。

一、种植的数字化

在数字化进程中，种植的科技含量正在逐步提高，从种子培育到土肥测配，从环境监控到保障特殊需求供给，数字化的算法和模型正在帮助种植业向更精细化发展，数字化的仪器仪表正在成为种植领域不可或缺的"零部件"。

案例：蔬菜无人农场

农芯科技（北京）有限责任公司

农芯科技（北京）有限责任公司于2015年成立，是国家农业信息化工程技术研究中心的成果转化公司，专门从事农业农村信息化工程技术产品开发和推广应用，尤其是在农业智能系统、精准农业、农业定量遥感和数字农业测控技术研究应用方面具有显著优势，在现代农业产业园智慧农业及数字农业整体解决方案设计、配套软硬件产品研发推广、系统集成项目工程实施等方面也具有坚实的基础和丰富的经验。

○ 传统模式

传统的农场由于本地劳动力老龄化严重，在农忙时用工极度困难。劳动力长时间作业效率低、事故率高；劳动力技术水平差异大，导致安全隐患极高；人工作业质量参差不齐；劳动力管理难度大。

蔬菜产业领域人力投入和农资投入较高，蔬菜品质和产量低，现代农业发展过程中存在水资源利用率低、施肥施药过量、作业质量和作业效率低等问题。

○ 数字化模式

目前，农芯科技（北京）有限责任公司相关团队已经突破了多项关键技术，研发了无人拖拉机驾驶系统、挂接式自动移栽机、牵引式植保喷雾机、挂接式自动收获机等无人化作业机具，开发了蔬菜无人化作业系统，实现了深松、旋耕、底肥撒施等无人化作业，实现了起垄的无人化作业、移栽的人机智能协作作业，以及收获、转运双机无人化协作作业，逐步形成了覆盖露地蔬菜生产全流程的无人化作业技术体系。

取得成效包括：

可实现水资源、肥料和农药的精准利用，提质增效效果明显，可平均减

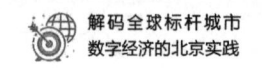

少人工投入成本55%，平均减少水资源、肥料、农药施用量25.4%、31.2%、70.5%。

目前，在北京市小汤山和河北省石家庄市赵县等地建设的甘蓝、辣椒无人农场已经完成了无人化作业技术中试熟化。

⊙ 数字化在农业领域怎样落地

技术研究、产品开发、技术集成示范工作落地步骤如下。

1. 天空地一体化高通量网络监测技术

构建以卫星、雷达、无人机、传感器等为载体的天空地一体化监测传感网络，形成蔬菜规模化生产无人化作业感知中枢，实现水分、土壤、气温、作物长势、虫情、干旱、洪涝、作物产量等农情的高带宽、低时延、广接入的感知传输。

2. 大数据驱动的智慧大脑决策技术

构建以蔬菜智慧无人农场一体化监测、大数据智能决策、人机智能协作集群敏捷控制等为基础的蔬菜规模化生产人机智能协作智慧大脑。通过农机农艺融合、人类经验与机器智能协作实现蔬菜生产全流程智能化预警、分析、决策，以及智能装备自动配置与精细化参数调优作业。

3. 人机智能协作集群敏捷控制

蔬菜智慧无人农场人机智能协作集群敏捷控制根据云端决策管控平台生成的决策结果，向智能作业集群下达自主作业指令。

⊙ 数字化变革之路

地区性资源约束性和生态环境承载力是现代农业可持续发展的主要障碍。在现代农业发展过程中，水资源利用率低、施肥施药过量等问题突出。蔬菜规模化生产人机智能协作技术的推广应用，以及合理使用农资、科学管理农事，可有效降低农业资源消耗，较大限度节约水资源、肥料、农药投入，有效改良土壤，提高农产品质量，形成了良性循环系统，从源头减少了农业生产过程中水资源、肥料的过量施用及废弃物的排放，有效改善了基地因过量施肥而造成的土壤板结，以及地下水体污染等环境面源污染问题，有效地推动了生态农业快速、健康发展，减少了农业污染，有效地保持和改善了周边生态环境。

> **专家点评**
>
> 农业机械的导航与精准作业监控具有重要意义，该案例叙述清楚、图文并茂，是一个前瞻的农业数字化转型案例。

案例：食用菌种植数字化工厂

北京众驰自动化设备有限公司

北京众驰自动化设备有限公司致力于企业数字化方案提供与实施，赋能行业新制造蓝图。其是具备 MED、EPC 项目总包资质的科技公司，有多个 MED 标杆项目案例。本案例通过在客户食用菌工厂化生产基地中采用智慧农业管理系统、生产执行系统（MES）、过程控制系统（DCS）、智能 AGV 机器人，实现生产全过程数字化和智能化。

> **传统模式**

传统食用菌农业种植模式已经实现了工厂化种植，其特点是生产稳定、规模大、效率高。但是，其缺点是无法监测影响食用菌生长的因素，如温度、湿度、光照、营养物质等的具体情况。

传统的食用菌工厂化种植还存在耗能过大、质量不够稳定、生产经营不够规范、基础性工作不够扎实等突出问题，需要通过数字化工厂系统帮助企业实现食用菌种植的智慧化。

> **数字化模式**

该项目方案以蘑菇种植的生产过程数字化管控为切入点，帮助客户构建 MES 系统，使客户的生产管理体系、质量管理体系、物流管理体系有较大的提升。项目规划并构建生产信息管控体系，建立较为完备的数字化种植运行模式，将生产计划、质量追溯、物流配送、智能 AGV 巡检纳入系统建设，达到通过数字化系统协助生产过程、提高产品质量控制水平、降低生产成本、提高生产效率的目标。

取得成效包括：

实现食用菌种植全过程的生产、质量、工艺、设备、车间物流配送透明化管理，提高生产效率，提高质量，降低成本。实时记录种植信息，及时监控和发现种植、检验、外协、仓储等问题；通过数据分析，不断挖掘优化种植运营空间，降低运营成本，缩短种植周期，提高工作效率。通过食用菌种植数字化工厂系统建设，帮助企业达成种植效率提升10%、产品不合格率降低15%、运营成本降低10%的目标。

◉ 数字化在农业领域怎样落地

（1）蘑菇种植基础数据：构建蘑菇种植工厂化管控基础数据。

（2）工艺管理：构建蘑菇种植工艺流程，对种植工艺路线进行图形化定义和编辑，满足蘑菇种植工艺流程定义方面的核心需求。

（3）工单管理：构建工单贯穿整个蘑菇种植的生产流程，实现蘑菇种植的计划管理、过程跟踪与异常控制；通过流转记录也可以实现生产追溯。

（4）生产计划执行监控：通过下达种植调度指令，使蘑菇种植活动稳定、持续进行；调度指令下发、接收、执行情况反馈实现调度管理系统闭环控制。

（5）WMS仓库信息：在MES系统创建仓储模型，通过与WMS系统集成，实现库区、库位、物料等数据在地图上实时展示。

（6）物料转移：在生产执行过程中，手动在MES系统创建移库指令；移库指令经人工确认后，向WMS系统发送物料转移指令。

（7）巡检机器人管理：通过巡检机器人下达指令，可以实时监控巡检机器人状态，而无须人员到生产现场查看。

（8）质量管理：实现蘑菇种植过程质量基础数据的管理、检验计划的编制及维护、种植检验管理、产品质量追溯数据链的贯通。

（9）能耗分析：通过与蘑菇种植自动化控制OneNET系统集成，实现能源管理和用能异常的追根溯源。

（10）报表、看板管理：实现蘑菇种植全过程的可视化管理。

◉ 数字化变革之路

信息化企业和农业种植的跨行业深度合作，通过建设数字食用菌工厂化管理系统，积极响应中央提出的"实施数字乡村战略"，深入推进"互联网+食用菌"工作。不断推动农业+AI、大数据、物联网等新技术在农业领域的落地应用，使农业发展、食用菌工厂化生产进入更智能的新时代。

目前，农业高产增收的潜力已经很有限，未来我国现代农业发展的主要潜力和方向是构建转型的智慧农业体系和模式，大力发展现代农业及实现农业信息与生产安全现代化。美国、日本等发达国家的农业实践表明，智慧农业是农业发展进程中的必然趋势。中国智慧农业还处于初步发展阶段，市场容量及商业机会潜力巨大。

◆ 专家点评

该案例通过为食用菌工厂化的种植过程提供基于智能硬件、物联网技术、大数据分析等先进技术及 MES 管理系统的应用，帮助农业工厂化种植领域的客户实现生产全过程数字化和智能化管理，效果较为明显。

案例：金种子育种云平台

农芯科技（北京）有限责任公司

农芯科技（北京）有限责任公司于2015年成立，是国家农业信息化工程技术研究中心的成果转化公司，专门从事农业农村信息化工程技术产品开发和推广应用，尤其是在农业智能系统、精准农业、农业定量遥感和数字农业测控技术研究应用方面具有显著优势；在现代农业产业园智慧农业及数字农业整体解决方案设计、配套软硬件产品研发推广、系统集成项目工程实施等方面具有坚实的基础，积累了丰富的经验。

◆ 传统模式

我国种子市场潜力大，但总体来看，产业聚集度低，核心竞争力弱，创新主体不到位，品种选育科技含量较低；种子经营机构规模大小不一，科研投入不足，缺乏自主研发的积极性；科研资源分散，科研成果转化效率低，育种项目多在低水平重复。

在传统模式下，种子购买和试验主要依赖线下渠道和固定代理商；田间数据记录主要依靠人工手段，成本高、失误很难避免。

◆ 数字化模式

金种子育种云平台是国内首个投入商业化运营的育种云平台，面向市场发布了三个软件产品，即面向大型商业化育种企业的"金种子企业平台"、面向中小型育种单位的"金种子云平台"、面向品种试验单位的"金种子品种试验平台";形成了满足玉米、水稻、大豆、棉花、小麦、蔬菜等多种作物的综合技术解决方案。

取得成效包括:

目前,金种子育种云平台已服务育种团队500多个。金种子育种云平台在育种企业(袁隆平农业高科技股份有限公司、北大荒垦丰种业股份有限公司等)、科研机构(中国农业科学院、中国农业大学、南京农业大学、天津市农业科学院等)、政府部门(农业农村部种业管理司、全国农业技术推广服务中心、北京市种子管理站等)等在30个省(直辖市、自治区)的1000多个育种站和试验点全面应用,北京市及国家审定农作物品种试验使用率100%,取得了显著的经济效益和社会效益。

● 数字化在农业领域怎样落地

金种子育种云平台的核心功能包括种质资源管理、亲本组配、组合性状预测、品种评比鉴定、系谱档案管理、试验数据分析、研发进度管控、种子库管理等,配套系统包括基于RFID的育种电子标签制作系统、基于RFID的性状数据采集与系谱追溯系统。基于RFID的分体式育种小区标识标签设备,实现了育种小区的准确、高效标识;配套的育种电子标签制作系统,为用户提供了简单、便捷的一站式制卡打标环境,支持批量育种电子标签的快速制卡操作,大幅提高了工作效率,降低了劳动强度。

金种子育种云平台实现了田间性状数据的快速采集、实时查询和全程追溯,能够协助育种家开展高效育种选择。基于RFID的性状数据采集与无线网络的实时数据共享相结合,提高了性状数据采集质量和采集效率,大大缩短了数据整理周期。

● 数字化变革之路

金种子育种云平台在全国范围内的大型育繁推一体化企业、育种科研院校、品种试验站、省级种子站等大规模应用,改变了品种选育的粗放管理方式,实现了品种选育全过程的精细化管理,提升了品种选育效率和智能化决策水平。

金种子育种云平台对行业发展、产业链上下游的作用和影响主要有以下几个方面。

（1）企业级的育种资源数据库、标准化的试验设计与数据分析方法、便捷高效的田间布局统计系统，提高了杂交稻育种工作效率和品种试验精度。

（2）基于育种电子标签的田间数据移动采集和实时传输，提高了数据采集的规范性和精准性，为育种家田间决策选择提供了便捷的数字化工具。

（3）金种子育种云平台实现了与水稻测产测水、考种仪器等设备的集成应用，提高了杂交稻育种工作的自动化程度，降低了育种的工作强度。

（4）金种子育种云平台长期积累的海量数据，为企业开展杂交稻品种创新和高效育种提供了有力保障，为企业构建现代育种技术体系提供了重要支撑。

⊃ 专家点评

该案例将新一代信息技术与商业化育种关键环节深度融合，解决了种质资源高度共享、田间性状快速采集、试验规划快速实施等商业化育种领域的关键问题，是农业数字化的典型案例。

二、农业机械的数字化

农业机械是农业数字化的重要组成，其使用能够大幅度降低人工成本，提升产量和效率。当前，数字技术与农业机械融合发展，在北斗的指引下，农业机械实现了厘米级的耕整、起垄、播种、中耕、喷洒、收获等田间精准作业，帮助农产品实现了更高产能和更少成本。

案例：基于北斗的农机自动导航与精准作业

农芯科技（北京）有限责任公司

农芯科技（北京）有限责任公司于2015年成立，是国家农业信息化工程技术研究中心的成果转化公司，专门从事农业农村信息化工程技术产品开发和推广应用，尤其是在农业智能系统、精准农业、农业定量遥感和数字农业测控技术研究应用方面具有显著优势；在现代农业产业园智慧农业及数字农业整体解决方案设计、配套软硬件产品研发推广、系统集成项目工程实施等方面具有坚实的基础，积累了丰富的经验。

传统模式

相关技术研发前,导航信息来源单一、可靠性差;系统对不同作业环节的适用性差;系统对复杂作业工况的适应性差;系统不具备多机协同作业功能;系统缺少互联网+管控平台。

与我国对农业机械化快速发展的需求相比,我国智能农机装备技术相对落后,农机作业质量和效率低下,系统成本高,与发达国家有较大差距。我国农机导航、智能测控、精准作业等高端技术装备受制于人,制约了我国农机高质高效发展。

数字化模式

基于北斗的农机自动导航与精准作业测控关键技术是应用于大田农机领域的新成果。其主要为农机管理部门和农机手提供农机作业监管与计量功能。针对大田粮食生产耕、种、管、收及秸秆打捆五大环节,基于北斗的农机自动导航与精准作业可实现厘米级耕整、起垄、播种、中耕、喷洒、收获等田间精准作业,可远程实现"定位+工况+作业"三位一体、全面精准的农机综合监测,为农机作业补贴提供量化依据,极大降低管理强度,显著提升农机作业管理信息化水平。

与传统驾驶作业相比,基于北斗的农机自动导航与精准作业可节约人工成本30%以上,提高农机作业效率20%以上,提高土地利用率1%左右,社会效益和经济效益显著。项目成果的研发应用提升了农业标准化生产,提高了农业生产率、土地产出率、资源利用率和农业综合生产能力,实现了农业增产、增效、增收统一,对发展我国现代农业生产技术体系具有重要意义。

数字化在农业领域怎样落地

本案例创制了13种智能监测终端,构建了全程机械化作业智能监测技术体系;攻克了广域集群农机作业多元异构数据高并发接入、大数据分析处理技术,构建了基于大数据的全程机械化作业云服务平台,可提供自动导航AB线收发、作业质量分析、作业量统计、作业重漏区域检测、跨区作业检测等15项云服务,并在国内率先实现了业务化运行。

其中,电动方向盘自动导航系统基于高精度北斗卫星导航定位技术、先进的导航和转向控制算法,可实现厘米级耕整、起垄、播种、中耕、喷洒、收获等田间精准作业。导航作业精度高、入行快、跟踪稳;在国内首创双天线定位技术，长时间停车重启作业不打弯；电机控制转向安全、环保；适应高速、复杂地况等多种作业工况。

农机工况远程监测系统依托物联网、移动互联网、传感器、大数据、云计算等技术体系，可令农机企业在"千里之外"实现对农机定位与工况数据的采集，实现远程精准监管与服务及作业面积统计，即可以实现"定位+工况+作业"三位一体、全面的农机综合监测。

农机作业远程监测系统集成传感器技术、计算机测控技术、卫星定位技术和无线通信技术，实现对农机作业面积、作业质量的准确监测，涵盖耕、种、管、收各环节，监管范围广，为农机作业补贴提供了量化依据，可极大地降低管理强度，显著地提升农机作业管理信息化水平。

⊃ 数字化变革之路

农机自动导航作业技术是智能农机装备的重要支撑技术，是精准农业的核心关键基础技术，在土地耕整、作物种植、田间管理、作物收获等农业生产环节中应用前景广阔，对提高农机作业效率和作业质量具有重大意义；解决了目前我国农机导航产品精度不高、系统稳定性差、集成应用水平低等问题。

未来，我国农业生产要求农机装备向更加智能化的方向发展。打牢农机导航及自动作业技术的研究基础，进一步推进农机装备向更高层次、更加智能的精准作业、多机协同作业、无人农场自主作业等方向发展。相信在本案例相关技术的加持下，无人农场将成为现实。

⊃ 专家点评

农作物生长状态与环境监测具有重要意义，该案例研发基于北斗的农机自动导航与精准作业测控关键技术，提供了农机作业监管与计量功能，解决了我国农机导航产品精度不高、系统稳定性差、集成应用水平低等问题，是农业数字化的典型案例。

三、农业供应链的数字化

农业供应链具有上下游链条长、从业人员分散化、市场需求碎片化等特征。农业供应链数字化能够建立跨越物理距离的虚拟平台，通过大数据挖掘

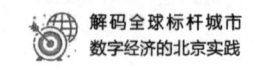

发散式信息中隐藏的数据价值，在稳定供应链方面起到重要作用。

案例：粮食行业供应链数字化运营

东华软件股份公司

东华软件股份公司成立于 2001 年 1 月，是我国最早从事应用软件开发、信息技术服务及计算机信息系统集成的国家级高新技术企业，是国内领先的 IT 服务运营商。东华软件股份公司现有职工 10202 人，其中技术人员超过 8388 人，拥有近 2000 项具有自主知识产权的软件产品，在全国设有 90 余家分支机构，为医疗、金融、智慧城市、能源等 20 多个行业提供定制化应用软件、整体解决方案和信息化服务。

⇨ **传统模式**

目前，国内粮食行业大部分仍然采用线下手工在 Excel 中记录台账，信息数据通过打电话给运输司机或者仓库管理员获取，结算信息通过定时到 SAP 系统中查看客户是否付款，这极大地限制了业务的发展和数据的研判。存在的问题具体包括：

（1）订单分散、单笔订单量小，客户拓展和订单执行的工作量较大；

（2）地域广阔、物流链条长，在业务执行过程中质量、权属管理、实物控制权等出现问题的概率大；

（3）缺少商情、行情、采销数据趋势分析与研判；

（4）客户管理不系统，商情信息不能指导实际业务。

⇨ **数字化模式**

粮食行业供应链数字化运营该系统基于微服务 Spring Boot 技术架构提供了商情服务、粮食商城零售、大宗商品线上销售，具有粮食线上销售、在线签订合同、物流规划跟踪、资金闪收结算、交易数据统计分析等功能；解决了粮食行业从产到销过程中粮食发运量、到达量、结算量数据回传慢、数据丢失，以及物流跟踪难、结算资金不及时、损耗无法计算等问题。

取得成效如下：

目前，该系统已在中粮贸易有限公司西南公司、华东公司、华中公司、沿海大区使用，完成采购合同 289 个、销售合同 1007 个；完成采购运单 1589675.504 吨、销售运单 1218674.522 吨，销售结算量达 33 亿元以上；企业运营成本降低了 10%左右，企业效率提升了 20%左右。

○ 数字化在农业领域怎样落地

根据粮食行业数字化转型升级的总体要求和思路，结合粮食行业现有销售区业务场景，东华软件股份公司为粮食行业量身定制三大销售业务模式：零售模式、一体化运营模式、本地化运营模式，全面提升粮食行业销售端业务办理效率和业务拓展能力，提高销售数据准确性、及时性，形成采购、运输、销售一体化线上业务办理体系。

（1）管理提升：实现前—中—后业务体系的有机衔接，提升客户开拓、掌控和服务支撑能力。

（2）效率提升：通过中台大脑和中枢作用，实现资源协调、内部统筹，以及现场与远程结合，有效提升人员效率和现场管控效果。

（3）效益提升：通过数字化运营，不仅满足传统大宗业务需要，而且新开辟零售、订单农业等多业务支撑功能，多渠道、多模式提升业务规模。

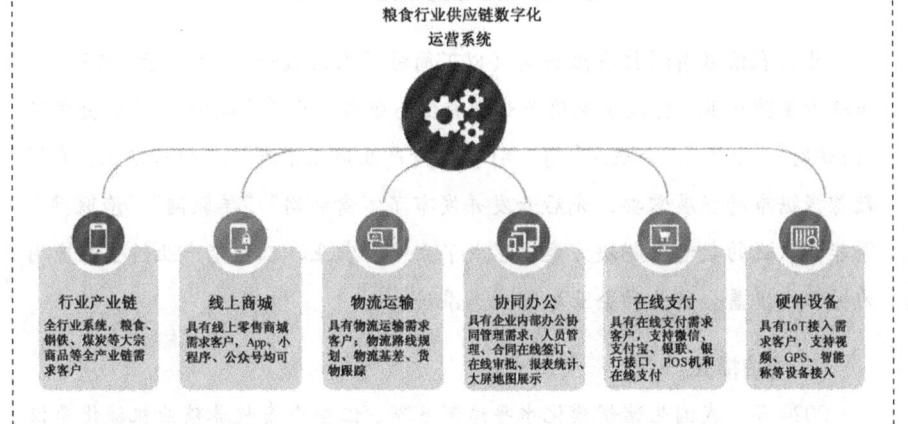

粮食行业供应链数字化运营系统

- **行业产业链**：全行业系统，粮食、钢铁、煤炭等大宗商品等全产业链需求客户
- **线上商城**：具有线上零售商城需求客户，App、小程序、公众号均可使用
- **物流运输**：具有物流运输需求客户；物流路线规划、物流基差、货物跟踪
- **协同办公**：具有企业内部办公协同管理需求、人员管理，合同在线签订、在线审批、报表统计、大屏地图展示
- **在线支付**：具有在线支付需求客户，支持微信、支付宝、银联、银行接口、POS机和在线支付
- **硬件设备**：具有IoT接入需求客户，支持视频、GPS、智能称等设备接入

○ 数字化变革之路

粮食行业供应链数字化运营系统解决粮食行业从生产区到销售区数据线下手工记录台账的历史问题，保证了数据的及时性、准确性和高效性；为粮食行业的整体决策和运营提供有力的数据支撑，形成采购、运输、销售一体化线上业务办理体系。

粮食行业供应链数字化运营系统主要分为前、中、后三个部分。

前：基于商情中心、客户中心、移动小程序功能运营，实时掌控市场变动和趋势，为前端销售人员拓展客户提供有力的信息技术支撑。

中：商城中心、资源中心、计划中心、作业中心功能运营，实现粮食线上销售购买、物流配送调度、资金闪收；实现采、销、运、收一体化线上数字化运营，全链条数据记录，增强"腰"细的短板。

后：数据中心、数据归集、商城制式合同电子化，实现业务流程和合同流程并行执行，提升业务效率，加快业务发展。

⊃ 专家点评

粮食行业供应链数字化运营有重要意义，东华软件股份公司运用先进的信息化建设能力，支撑粮食供应链的数字化运营，解决了粮食行业从产到销全过程中物流跟踪难、结算资金不及时、损耗无法计算等问题，是农业数字化的典型案例。

案例：生猪产业互联网平台

北京农信数智科技有限公司

北京农信数智科技有限公司（以下简称"农信数智"）成立于2015年，深耕于生猪产业，打造了生猪产业数智生态服务平台"猪联网"，同时提供了"饲联网""企店""食联网"等，打通生猪产业链上下游。在此基础上，农信数智根据市场发展需要，先后开发并发布了"禽联网""羊联网""渔联网"等非猪农业的数智化解决方案，形成了立足于农业、以生猪产业链企业应用为核心、覆盖全行业的企业数智生态系统。

⊃ 传统模式

2020年，我国生猪规模化水平达到57%，但整个畜牧养殖业机械化率仅为35.8%。生猪养殖存在环境条件差、监控设施缺乏、养殖过程数据不清晰和缺失、人猪接触频率高、人工饲喂工作繁冗和浪费严重等问题。

我国生猪养殖行业市场广阔，但是普遍面临生产效率低下、交易链条长、金融资源短缺等问题。生猪企业是大进大出的资金密集型企业，却长期处于信用基础差、贷款难、信贷成本高、金融网点有限、结算支付难、缺乏猪价对冲和避险工具的尴尬处境。

⊃ 数字化模式

"猪联网"围绕管理、交易、财务数智化能力提升,为中小型规模养殖场及农牧服务企业提供SaaS、AIoT、农业交易服务三大业务平台。基于"管理",实现人、畜、事、物、车及设备的全面、实时在线连接,尤其是实现与终端用户的自然连接,打造猪场生产管理数智化。基于"交易",实现猪场采销的线上化、透明化、数智化,为猪企提供"买料、卖猪"的全产业链在线交易平台。基于"财务",打通生猪企业与资金方通道,利用数据价值管控猪企风险,并将资产资本化,实现财务数智化。

取得成效如下:

生猪产业数智生态服务平台通过SaaS+AIoT实现猪场管理远程化、精准化、可视化,实现生猪养殖降本增效。全程使用"猪联网"的生猪养殖企业,人工成本降低30%～40%,饲料节约8%～10%,生猪成活率提高3%～5%,生猪提前出栏10～15天;每头母猪的效益每年提高2000～5000元。因此,生猪产业数智生态服务平台整体为生猪养殖企业直接、间接带来约5%的效益提升。

⊃ 数字化在畜牧领域怎样落地

"猪联网"由猪企网、猪小智、猪交易、猪金融、猪服务五大核心体系构成,为生猪养殖产业提供全方位、一站式的数智化服务。

首先,通过猪企网和猪小智实现猪场经营在线化和生产智能化。猪企网通过数字化,消除了时间与空间的边界,实现猪场员工在线、协同在线、设备在线、业务在线、产品在线、客户在线等。猪小智通过物联网和人工智能技术,实现生产管理、巡检预警、自动盘估、精准饲喂、智能环控、远程卖猪等,实现养殖过程可视化,并且养殖数据可自动获取。

其次,通过"农信商城"和"国家生猪市场"形成生猪全产业交易综合服务平台,从料、药、苗、设备耗材等投入品采购,到生猪销售,全程在线形成交易大数据。通过"养猪大脑"获取猪企网、猪小智的终端数据,以及全产业的交易数据,形成"猪联网实时运行"大数据平台。另外,通过运算模型及各种数据赋能产品,实现智慧管理、智慧交易。

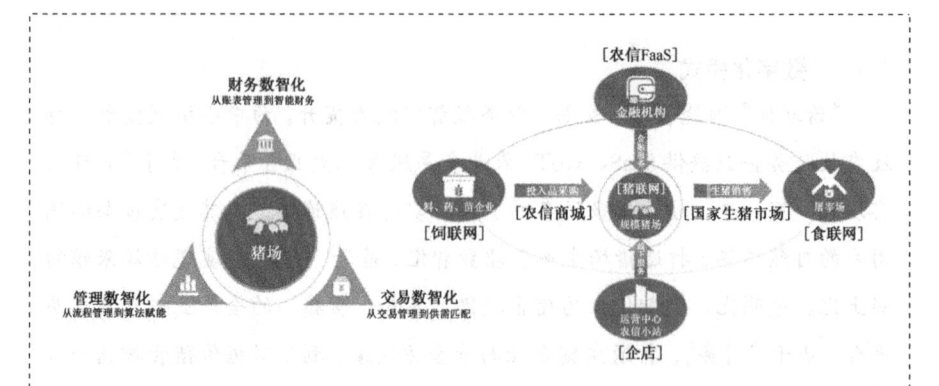

数字化变革之路

生猪产业互联网平台深入生猪产业的垂直领域，打通生猪全产业链，在产业实际应用场景中落地，使产业主体用得起、用得上；使家庭农场、小散生猪养殖户方便快捷、低成本地掌握市场行情和走势，获得产业社会化服务；使中等规模产业主体能够轻松实现数据管理、智慧决策，降低成本，提升效率。

另外，生猪产业互联网平台可以助力生猪产业兴农，发挥数据价值，实时获取产业动态，帮助政府决策，创新政府治理模式；监测行业动态，指导生猪养殖户合理布局生产，保障生猪养殖户收益；监督生猪规范化养殖，保证食品安全，帮助生猪养殖户实现数据化养殖，并进一步推动"互联网+"、自动化、信息化、智能化养殖进程。

专家点评

生猪产业数智生态服务平台基于互联网、物联网、云计算、大数据，打造具有现代先进生产管理理念的"猪联网"平台，为生猪产业提供全方位、一站式的数智化服务，是农业数字化的典型案例。

第十一章

人与机器

制造业是国民经济的支柱，也是科技创新的前沿阵地。当前，消费领域新技术应用如火如荼，制造业成为互联网的下半场，正在催生新一代信息技术最丰富的应用市场。

制造业数字化聚焦原材料、装备、消费品、电子行业数字化基础薄弱、生产效率低、管控能力弱等痛点，推动研发设计、生产制造、运营管理、营销服务等全过程数字化，实现数字化管理、智能化制造、网络化协同、个性化定制和服务化延伸。

在制造业数字化进程中，我们发现如下结论。

(1) 设备运维是数字化需求最迫切的主要场景。工业设备和生产紧密相连，企业生产数据主要来源于工业设备，围绕工业设备的远程运维、预测性维护、能耗优化和安全管理等应用场景，通过数字化手段可以降低设备停机带来的资金损失和人员损失，提高能源利用效率，还可以基于设备数据开展共享制造、产能交易等新模式。

(2) 数字工厂是新建项目的主要选择。随着制造业需求不断变化，电子、消费品等行业快速迭代，新建项目不断上线，数字工厂成为解决传统模式存在系列问题的一体化解决方案。在建设阶段将数字化融入生产全流程中，有助于实现"黑灯工厂"。

(3) 供应链数字化是制造业应用最广泛的场景。进销存是企业最重要的"动脉"。数字时代的最大特点是节奏快、变化大，市场瞬息万变。在此背景下，采购、销售、物流、仓储数字化能够为企业带来"真金白银"的收益，而电子商务成为制造业数字化转型最先应用的切入点。

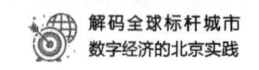

一、设备的数字化运维

无论是生产制造，还是运维管理，工业企业在降低设备运维成本方面的需求高涨。一方面，生产设备本身就是工业企业的重资产，设备健康寿命能够直接影响企业效益，同时设备运维成本居高不下，设备故障维护、零配件更换等对工业企业而言都是一笔巨大的支出；另一方面，设备故障的损失难以衡量，设备稳定运行是生产制造的前提，停机不仅直接影响交付周期，对一些高温、高压、高危险性设备来说，设备故障可能还会带来人员伤亡，以及对周围环境造成次生灾害，例如，在矿山、化工等行业，一旦出现设备事故，对企业来说有可能就是覆灭之灾。

案例：压力容器仿真 App

安世亚太科技股份有限公司

安世亚太科技股份有限公司具有 26 年信息化工业软件开发和服务经验、8 年工业品先进设计和增材制造经验，是我国数字化研发的创新驱动者与践行者，是企业仿真体系和精益研发体系的创立者，在我国 PLM、虚拟仿真领域处于领先地位。

- **传统模式**

在传统模式下，压力容器（承压设备）普遍存在设计建造水平不高、计算分析工具运用不多、安全风险考虑不当等问题，设计建造和维护技术运用不规范、不系统、不充分等问题也较为突出。另外，压力容器使用企业通常不具备压力容器监测运维平台建设和运用能力，大量在役运行设备处于监测和检验不足状态，安全隐患突出。

- **数字化模式**

压力容器仿真 App 平台基于云化的仿真 App、弹性云资源、行业标准自动验核等技术，为能源、化工、电力、核能、交通等领域的压力容器（承压设备）设计建造，以及在役使用维护业务相关的几千家大型、中小型企业用户和高校科研单位提供全生命周期的安全风险评估、设计制造、监督检验和运营维护等大部分业务场景的安全计算和风险评估服务。

压力容器仿真 App 解决了中小型企业设计建造和安全风险分析工业技术和工具运用不规范、不系统、不充分等问题，推动企业的技术手段升级，提高压力容器设计建造水平。压力容器仿真 App 还可为多个压力容器设备工业聚集区和产业园区、500 家以上中小型企业提供公共云服务和专有云定制服务。压力容器仿真 App 预计在 2025 年可实现年收入 5000 万元，为用户每年带来经济效益 1 亿元以上。

⊙ 数字化在特种设备领域怎样落地

压力容器仿真 App 提供的四大类云服务已覆盖压力容器（承压设备）全生命周期的安全风险评估、设计制造、监督检验和运营维护等大部分业务场景的安全计算和风险评估应用需求。

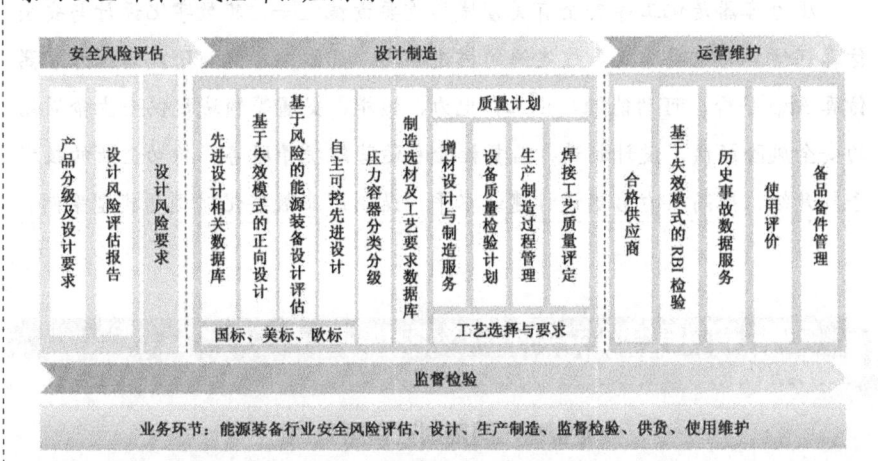

以 LNG 储罐项目结构安全计算分析 App 为例，大型 LNG 储罐结构计算软件包括基础数据设置、总体设计、初步设计、有限元分析、结果校核、配筋计算等完整的 LNG 储罐设计流程。

基础数据基于规范编写，包含土层勘探报告中的土层信息、响应谱分析中的响应谱管理；总体设计模块包括结构总体尺寸的设计、计算；初步设计模块包括桩基、承台、外罐、穹顶等结构的初步设计、计算；有限元分析模块支持各个阶段不同模型的有限元计算；结果校核模块根据设计规范提取有限元分析结果，并结合理论分析校核 LNG 储罐各个结构的设计合理性。另

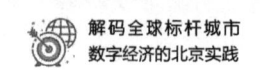

外，App 还能根据计算结果，自动将计算结果进行汇总，方便在 LNG 储罐设计的不同阶段对结果进行查看和总结。

⊃ 数字化变革之路

压力容器仿真 App 为行业带来的技术升级、产业更新具体如下。

通过压力容器仿真 App 提供的弹性可扩展云服务开展压力容器正向设计、计算工作，有效地解决了中小型企业设计建造和安全风险分析的工业技术和工具运用不规范、不系统、不充分等问题，推动企业的技术手段升级，提高压力容器的设计建造水平。

建立了具有国际先进水平的设计制造与运行监测公共云服务体系，构建了基于确定性工业机理与大数据建模分析结合的设备安全保障体系，实现了基于失效模式及风险的正向设计制造和预测性维护的技术升级与产业革新。

⊃ 专家点评

压力容器是化工等安全有关领域的重要设施之一，其数字化设计与安全仿真评估具有重要意义。该案例的描述翔实、具体，本案例研发的压力容器仿真 App 平台，可为能源、化工、电力、核能、交通等领域提供全生命周期的安全风险评估、设计制造、监督检验和运营维护等服务，推动企业的技术手段升级，提高压力容器设计建造水平，是制造业数字化转型的典型案例。

案例：压裂机组运行状态监测及预测维护

北京寄云鼎城科技有限公司

北京寄云鼎城科技有限公司是一家专注于工业互联网的高科技企业，凭借多年积累打造了行业领先的以数据智能为核心的 NeuSeer 工业互联网平台；重点打造了以工业物联网平台、工业大数据平台、工业智能应用为主的产品线，提供包括数据采集、数据治理和存储、数据分析、人工智能建模及应用开发在内的完整的、标准化的工业互联网平台产品，全面助力工业企业数字化转型升级。

传统模式

我国油气开采过程中较为复杂的地质地层环境、配套设备设施的缺陷失效、人为操作和管理失误等问题，导致压裂设备非预期停机时间过长、施工作业成本高昂。

受页岩气规模开发影响，我国压裂作业需求较高，而压裂设备运维保障能力不足。在传统设备维护模式下，压裂设备运维保障主要以资深工程师为主，依赖工程师个人能力进行诊断分析，缺乏数据依据。

数字化模式

（1）基于物联网技术、大数据技术实现设备运行状态的实施监测，以及设备故障的预测性维护诊断。

（2）大数据技术的相关诊断分析结果，可以实时推送至作业现场边缘端，提升油气压裂设备的利用率，缩短非计划停机时间。

取得成效如下：

本案例实现了压裂机组运行状态监测预警系统在石油钻采等压裂设备上的工程应用，技术成果填补了中油国家油气钻井装备工程技术研究中心有限公司嵌入式控制系统产品空白，达到国内先进水平。

"十四五"期间，中国石油天然气集团有限公司有超过10万水马力或16台电驱压裂设备投资计划，本案例相关技术成果未来将带来更大的经济效益。

数字化在装备领域怎样落地

1. 技术架构

压裂机组运行状态监测预警系统自上而下分为系统展示层、系统应用层、工业互联网平台层、边缘采集计算一体化平台层、数据采集层。

2. 实施路线

压裂机组运行状态监测预警系统采用工业互联网云平台技术，支持集中开发与运维管理、分级部署，可将现场的各种设备数据、作业数据和工艺数据逐级采集传输至指定的私有云。压裂机组运行状态监测预警系统设计具备良好的兼容性，能与不同厂家的控制系统对接，可实现集中监控；具备良好的可扩展性，支持多种子系统的接入。

3. 实施方法

（1）基于工业互联网架构实现，融合工业互联网架构的优点。在兼容性设计方面以 REST API 作为核心技术，实现横向兼容；与不同厂家的控制系统对接，实现集中监控。

（2）采用高性能时序数据库，对所有接入的工业数据、振动数据及其他数据做到应收尽收。

（3）在传统模式下，数据插入无法满足几十万点/秒的数据插入需求，本案例采用消息中间件 Kafka 技术，实现数据的缓存落地。

（4）数据接入微服务支持集群化能力，根据当前 Broker 接入的性能进行负载分担，确保接入性能达标。

● 数字化变革之路

压裂机组运行状态在线监测预警系统对机组设备运行状态数据进行采集，利用大数据分析平台将机械设备机理知识、工艺知识与大数据、机器学习等先进技术结合，建立了相关诊断模型，实现机组设备的运行参数阈值告警、规则性维修告警、故障诊断、视频监控等功能，提高机组设备的利用率，缩短非计划停机时间，降低施工成本费用，对国内各油气田、压裂设备制造商、压裂作业工程服务商等具有较高的实用价值。另外，压裂机组运行状态在线监测预警系统的应用有效提升了国产压裂装备软件系统的整体水平，增强了我国相关产品在国际上的竞争力，为我国石油压裂设备产品持续发展奠定了技术基础，为即将到来的装备智能化做好技术铺垫，最终助推国家油气开采行业发展。

● 专家点评

北京寄云鼎城科技有限公司的压裂机组运行状态监测及预测维护解决方案是油气行业设备维护的智能化优秀案例。

二、业务的数字化集成

数字技术在产业领域的应用不断深入，促使世界出现了覆盖研发设计、生产制造、计划排程、物流管理、供应链管理等环节的各类业务系统。各类业务系统的厂家各具优势、各自发展。工业企业应用的业务系统不断增加，多源异构数据之间的互联互认就成为企业的大难题，带来管理成本的指数级攀升。业务系统的集成不是简单的、一对一的互联，而是要实现端到端的集成，既需要对企业业务有较深的理解，也需要精通数字技术，因此一体化的集成解决方案成为业界的重点关注对象。

案例：无代码 RPA 业务流程自动化机器人

德讯创新（北京）科技有限公司

德讯创新（北京）科技有限公司，是一家以智能化、数字化为核心的数据应用服务与方案提供商。其核心产品为无代码工具化 RPA（软件机器人流程自动化）产品，凭借 RPA 无代码易学好用的优势，成为行业内领先的厂家。目前，德讯创新（北京）科技有限公司已构建德讯 RPA Suite 平台、Datcent 智能运维大数据平台、Datcent 大数据基础技术平台、Datcent 物联网平台四大核心技术平台，助力政企实现数字化转型，全面提升业务效率。

◉ **传统模式**

在传统模式下，许多制造业虽然在生产线上逐步由人力资源转变为工业机器人，但是在运营管理和后台流程方面仍然采用大量人工手动操作，同时面临着信息系统类型多、跨部门协作频繁、上下游协同效率要求高等难题。具体问题如下：

（1）在生产线上采用大量人工手动操作劳动成本较高；

（2）基层系统操作人员每天处理成千上万条生产订单数据和交易数据，错误率极高；

（3）操作人员操作不熟练或操作疲劳容易产生意外，无法应对过时的供应链管理系统和经常变化的监管要求。

◉ **数字化模式**

本方案基于 IDE 无代码技术开发架构，采取"软件界面形态识别与界面元素识别绑定拾取技术""无代码组件模块化拼装技术""图像与语音智能识别技术""流程自动化挖掘与效能分析技术""智能机器学习与智能信息处理技术"等先进技术，替代企业业务人员进行重复、烦琐、低价值劳动力付出，集成 OCR/NLP/ASR 等 AI 智能化组件，融合人的思维和行为，提供智能识别、分析与决策能力，构建无代码、模块化、智能化的 RPA 流程自动化业务平台，可以自动解决生成制造业需要快速完成的重复性工作场景。

取得成效如下：

有效简化和优化复杂后台运营流程，24 小时不间断运行，减少错误，降本增效。多家单位部署应用计算反馈，业务处理效率大约提升 70%，业务流程周期缩短 90%，合规检查速度提升 2 倍以上，帮助企业减少 50% 的人工投入，整体运营成本可节省 30%～60%。

数字化在离散制造业领域怎样落地

本方案以业务流程自动化为切入点，优先在生产制造部门等业务环节实现应用场景落地，如实现物料清单自动生成与自动化跟踪、采购订单创建与管理、工厂记录管理及报告、报关自动填报等制造业典型场景；之后进一步扩展应用到制造企业财会领域，如 AP 自动化、供应商财税发票处理、应付账款对账与审计等；应用于运营环节，如库存、SKU 更新、销售、定价报告创建、MES 集成等；应用于客服环节，如订单更正、与供应商沟通、向客户发送更新等；应用于合规方面，如 GDPR 要求客户记录更新。

同时，本方案继续进行业务重构，多维度大数据分析发掘、数据整合等服务，可简化和优化复杂的后台运营，如供应商通信、库存管理、采购、支付处理、报告生成等，从而增强核心业务流程的及时、高质量输出。

为了业务场景自动化能成功落地，本方案遵循业务项目开发实施流程：

（1）业务需求咨询与规划分析，对接各部门业务人员进行需求调研；

（2）对现有流程进行评估分析，重点从流程适用性、流程规模、实施难度等多角度进行考虑与评估分析；

（3）编制初步方案；

（4）进行流程定义与方案设计；

（5）业务流程开发、测试与部署，涉及流程数据收集和验证、环境部署与流程开发、流程运行和功能测试、上线试运行及流程运行优化。

例如，制造事业部的业务场景为：生产规划方案确定自动化，通过调研了解采用 Excel 规划求解方式，根据当前企业的物料情况，计算得出最优的生产方案。

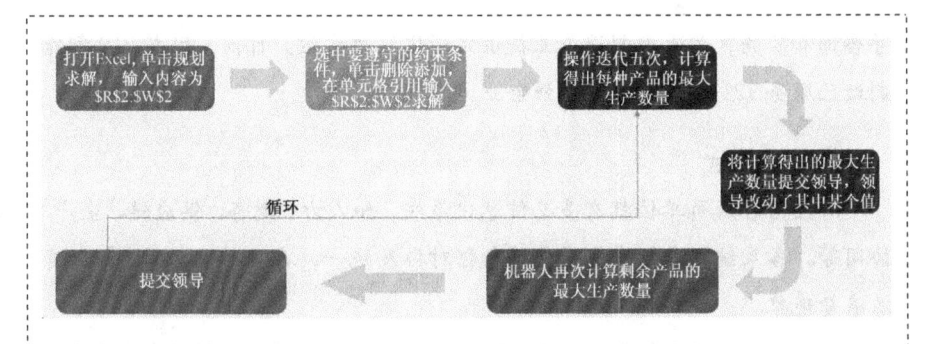

```
打开Excel,单击规划          选中要遵守的约束条           操作迭代五次,计算
求解,输入内容为      →    件,单击删除添加,    →    得出每种产品的最大
  $R$2:$W$2                在单元格引用输入              生产数量
                            $R$2:$W$2求解
                                                              ↓
                                                      将计算得出的最大生
                                                      产数量提交领导,领
                                                      导改动了其中某个值
          ↑ 循环                                              ↓
      提交领导          ←    机器人再次计算剩余产品的
                              最大生产数量
```

◉ 数字化变革之路

在数字化转型大背景下,RPA 的案例落地契合制造业的战略发展规划,可以协助制造业挖掘下一代数字化技术的价值,推动制造业的良性发展,对于产业链上下游企业的运作和竞争力有重要的促进与推动作用。

RPA 的案例落地可以极大地释放制造业的创新能力,可以让员工从烦琐、重复的工作中解放出来,专注投入更富有创造性和高价值的任务;随着时间推移,企业人员流失问题也将得到改善;基于RPA案例落地,可快速推进信息化与工业化的深度融合,深入推进制造业结构调整。

◉ 专家点评

基于工业互联网的制造业数字化具有非常重要的意义,该项目作为制造业数字化转型的关键推动因素,以业务流程自动化为切入点,可有效简化和优化复杂后台运营流程,在企业运营数字化领域给出了可行性很高的解决方案,应用前景广阔。

案例:用友助力海兰信建设高度共享的数字化平台

用友网络科技股份有限公司

用友网络科技股份有限公司(以下简称"用友")是全球领先的企业云服务与软件提供商。用友BIP全领域适配华为、中国电子信息产业集团有限公司、中国电子科技集团有限公司、中国科学院等几大信创体系,从芯片、存储、操作系统、数据库、中间件、服务器、企业云服务到上层应用实现信创产业全栈覆盖。用友BIP智能制造基于工业和信息化部智能制造标准体系指导咨询和实施，为大型制造企业提供定制化解决方案。目前，用友BIP智能制造已服务72%的制造业500强企业。

传统模式

海兰信各成员单位拥有多套信息化系统，如人力、财务、供应链、生产、协同等。各系统之间没有完全实现数据对接及统一，存在"信息孤岛"和资源浪费现象。

在海兰信旗下业务多元化发展推动下，多套信息化系统之间没有完全实现数据对接及统一的局限性随之凸显，制约了企业业务发展和管理效率提升。

数字化模式

以用友NCC为依托，海兰信从人力资源、财务核算、业务管理和企业绩效等方面着手，建设多端应用的数字化平台。该数字化平台以统一数据为基础，围绕协同办公、组织管理、人力管理、销售管理、采购管理、生产管理、库存管理、成本管理等方面，提升了管理水平和生产效率。

取得成效如下：

（1）为了满足多组织协同和矩阵化管理需求，海兰信建立了数字化工作平台，跨部门协同效率提升了50%；在组织管理方面，海兰信建立了岗位职务体系模型。

（2）为了支撑集团多级业财管控、满足业财一体化的需求，海兰信建立了总账系统，月度结账由原来的1周变为2天，提升了300%以上。

（3）在生产制造方面，通过系统的生产制造模块，可以在线上管理生产业务，现场实时采集数据，可视化率提升了50%，仓储、生产全过程追溯效率提升了45%。

数字化在通信电子领域怎样落地

海兰信携手用友建设高度共享的数字化平台，旨在增强多组织协同与矩阵化管理，支撑集团多级业财管控，实现管理创新和商业模式创新。具体来说，该数字化平台要打破"信息孤岛"，提供一套支持组织变革、流程优化、集团管控优化、资源权限动态管理的协同办公解决方案，以便满足不断增加的协同应用需求，并随时将管理创新的需求落实到系统流程中，从而支撑适合海兰信的商业模式创新。

根据上述总目标，具体落地从业务、技术等方面来实施。从业务目标来说，以项目化管理为核心，支持产业链的协同发展，实现业财一体化、设计制造一体化、质量追溯全程化、业务审批移动化、资金管理集中化，从而提升精细化管理水平和运营效率。从技术目标来说，要求系统建设具有全局性，在技术方面做到成熟性与先进性相结合，并做到可靠、兼容、安全等。

现代企业的信息化建设必须具备先进的数字化特征，如连接、协同、共享等，用友BIP采用全新的混合云架构，连接内部员工与组织、外部客户与供应商，实现开放互联、全面融合，满足各种需求。例如，公有云模式的财务报销，连接商旅信息等社会资源；公有云模式的友空间连接员工与组织（含体制外公司），做到高效协同；采用NC Cloud的私有云模式作为稳态的发展底座，支撑多组织管理、产供销协同、业财一体化等事件驱动的敏捷业务。

⊃ 数字化变革之路

海兰信项目是用友BIP在电子行业的典型应用之一，符合电子行业的生产经营特点。电子行业全球化趋势使行业竞争日趋激烈，产品同质化更使竞争白热化。电子行业企业仅靠低价格竞争和管理的局部调整已经无法获得有利的竞争优势，只有在成本、供应链、制造、物流和营销等企业管理各领域实现精细化管理，才能形成竞争优势。

用友BIP电子行业解决方案可以帮助电子行业企业的采购原材料、生产产品、产品出厂等过程实现低库存、无积压，真正实现多组织间物流、资金流、信息流的实时、集成、同步控制，大大提高电子行业企业自身及多组织企业间的资金、设备及设施等资源的利用率。

⊃ 专家点评

该案例研发多端应用的数字化平台，围绕协同办公、组织管理、人力管理、销售管理、采购管理、生产管理、库存管理、成本管理等方面，提升了管理水平和生产效率，是制造业数字化的典型案例。

案例：施工项目标后目标责任成本测算

广联达科技股份有限公司

广联达科技股份有限公司（以下简称"广联达"）作为数字建筑平台服务商，围绕工程项目的全生命周期，为客户提供数字化软硬件产品、解决方案及相关服务。其数字新成本解决方案面向施工方成本精细化管理，应用于业务数据自动化归集、标前成本测算、投标报价业务、目标责任成本测算及专业分包招标成本编制等业务。

➲ 传统模式

当前，建筑行业增速放缓，建设方不得不向优化建造成本要效益，这就导致施工企业面临的竞争压力与日俱增，订单越来越难拿，施工企业的战略不得不由规模化驱动调整为向创新、向精细化成本管控要利润。

在粗放式的管控模式下，施工企业缺乏成本作业标准，导致历史工程数据结构化水平很低，数据清洗成本较高。部分施工企业成本管控意识薄弱，尤其是在项目招投标及委托项目经理过程中对成本精益管控意识薄弱，这方面有待进一步提升。

➲ 数字化模式

面对施工企业精细化管理的诉求，数字新成本解决方案以企业成本数据积累与应用的闭环打通为核心，赋能企业实现数据资产化、作业高效化、决策智能化，方案以成本数据中心、成本作业中心、用户管理中心为整体架构，实现数据资产方面的权责清晰、业务方面的测投一体、管理方面的数据动态统计，解决了企业成本管理基线不清晰、成本测算效率低、动态成本数据统计难等业务问题，助力施工企业达到精细化成本管理的目标。

取得成效如下：

（1）借助广联达数字新成本解决方案进行施工成本测算工作，整体作业效率提升5~7倍；

（2）借助广联达数字新成本解决方案自动积累施工企业成本作业数据，将管理思路、管理方法、管理经验和教训，通过信息化系统以数据的形式沉淀下来，变为企业人员能力成长的基石、项目盈利的保障、企业发展的核心。

◉ 数字化在建筑领域怎样落地

（1）按照施工企业成本管理需求，梳理企业成本科目：依据当前项目成本核算所需费用类型，事先体系化梳理成本科目。

（2）劳务分包成本成库：通过 Excel 导入功能快速建库，方便在后续编制成本时高效调用。

（3）中标收入拆分：在软件内置智能匹配规则基础上，逐条判断当前项目清单及定额子项应该归属的成本科目，方便总收入按照科目精准拆分，指明收入去向。

（4）目标成本编制：根据实际劳务与专业分包合同签订情况编制目标成本，厘清成本来源。

（5）材料价格查询：主材实际成本可在工料汇总页面中查询企业材料库，智能匹配已入库的企业材料价格，双击载价，快速编制材料成本；也可将当前工程材料价格一键入库，双向应用。

（6）成本核算表生成：按照设定的成本科目及拆解的预算收入、编制的计划成本，自动计算盈亏情况，生成收支对比表，以指导后续成本管理。

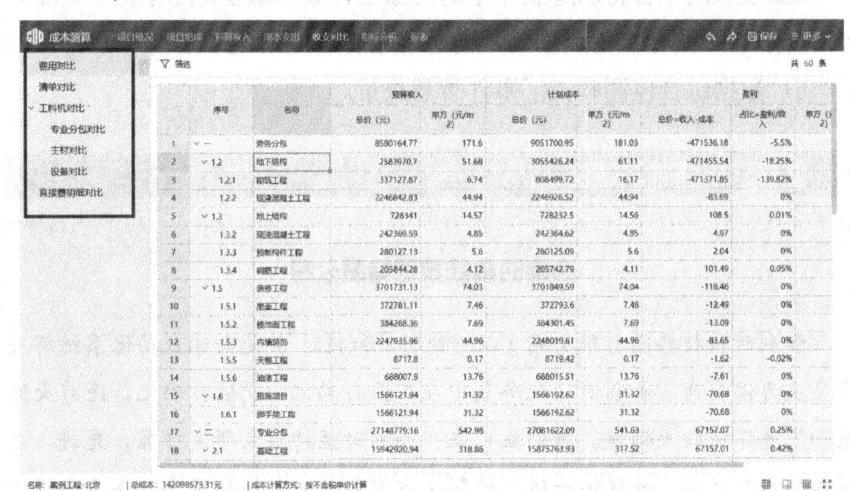

◉ 数字化变革之路

建筑业的发展，逐步从传统的项目各参建方"利益割裂"，转变为产业协同及功能、绿色、智慧、低碳。传统项目链升级需要关键价值链的价值点梳理、价值量化、价值重组，这使得建筑业的数字化建设成为数字化转型的基础。

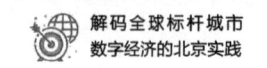

广联达数字新成本解决方案基于结构化数据，横向拉通各项目成本，使数据自动沉淀，助力项目精益管理，提升项目管理水平，加速企业数字化建设。

广联达数字新成本解决方案助力行业打造建造成本更低、投资价值更优、社会效益更好、综合价值更优的行业环境，助力建筑企业数字化转型升级！

➔ 专家点评

该案例面向施工企业精细化管理的诉求，赋能企业实现数据资产化、作业高效化、决策智能化，实现数据资产方面的权责清晰、业务方面的测投一体、管理方面的数据动态统计，解决企业成本管理基线不清晰、成本测算效率低、动态成本数据统计难等业务问题，是服务业数字化转型的典型案例。

三、工厂的数字化建设

根据调研，工业企业普遍认为效率提升仍有较大空间，基于平台的智能算法和全流程管理能够实现效率提升，进而拓展优化空间。

工业互联网平台将制造企业中的对象进行数字孪生，利用统一平台、统一门户集成企业研发、生产、运维等各环节管理应用，实现工厂业务高效协同、工厂数据综合监测和工厂事件智慧决策。

案例：平煤神马智能工厂

和利时科技集团有限公司

和利时科技集团有限公司（以下简称"和利时"）是全球自动化系统解决方案主力供应商。和利时的业务集中在工业自动化、交通自动化、医疗大健康和能源环保四大领域。自创立以来，和利时坚持自主研发可靠、先进、易用的技术和产品，并提供一体化的解决方案和全生命周期服务，在各个领域和行业积累了超过20000家客户，累计成功实施了35000多个控制系统项目。在研发自主技术的过程中，和利时创造了多个国内第一，成功替代进口垄断，确保了国家产业安全。

⊃ 传统模式

在传统的化工业务模式下，在控制层，控制回路自控率较低，控制僵化、多变量耦合严重；在生产管理层，电话上报、报表手工录入、人工分析、部门"信息孤岛"等传统形式普遍存在，纸张丢失、保存困难、协同效率不高、指令下达误解及追溯困难等一系列问题均存在；在能源方面，存在能源低效运行、统计人员忙碌、企业成本增加等问题；在安全方面，传统的安全模式采用现场巡查、纸质学习、现场手把手培训等方式开展；存在效率低、覆盖面窄、有安全盲点、信息化手段弱等问题。

⊃ 数字化模式

针对平煤神马化工企业的生产过程，和利时组织实施了一系列涉及智能控制、智慧管理、智慧能源、智能安全管理等全系列智能工厂举措，构建了智能工厂业务生态。

在控制层，采用 PID 自整定、多变量模型预测控制、软测量等智能控制策略，大大提高工业生产过程中操作和控制的稳定性，大幅降低人员操作强度，提升产品质量，年经济效益达 300 万元。

在生产管理层，采用标准化的工厂模型、工作流模式，通过 HOLLiAS Bridge 进行实时数采，构建了全流程的生产管理信息化系统，解决了企业原有的粗放式生产管理、"信息孤岛"等弊端。

在能源方面，建立能源管控中心，实现全厂级的蒸汽动力系统优化和大型机组优化运行等，仅产品能耗就下降了 4%左右，直接降低成本 440 万元/年。

在安全方面，结合视频 AI 技术、三维建模、人员定位技术等，建立了以双重预防机制为核心的安全管理体系，至今平煤神马化工企业未发生安全事故。

⊃ 数字化在石化领域怎样落地

（1）在智能控制方面，对锅炉、环己醇、环己醇脱氢、己内酰胺等主装置进行智能控制，进行了数学建模、安全保障、组态切换、关键参数预警、画面组态等工作，单装置实施时间约需要 6 个月。

（2）在智慧管理方面，基于工厂模型和工作流，采用模块化部署方式，进行实时数据采集，以及组态、工艺报警、装置平稳率统计、指令工作流确认等一系列深入实际业务的信息化工作。

（3）目前，能源和安全是化工生产的关注重点，为此本案例建立了安全生产—能源管理一体化管控系统。结合生产实际情况，为能源购销、加工转换、输送分配和最终使用环节建立企业专有的能源模型，建立了能源对标模型，利用能量管理系统算法，全面分析企业能耗情况，强化各类能源消耗的分类、分班组考核，寻找节能潜力点，不断优化产品单耗，减少企业能源消耗。

（4）在安全方面，采用模块化部署，结合视频 AI 技术、三维建模技术，建立了以双重预防机制为主的一体化安全管理平台。

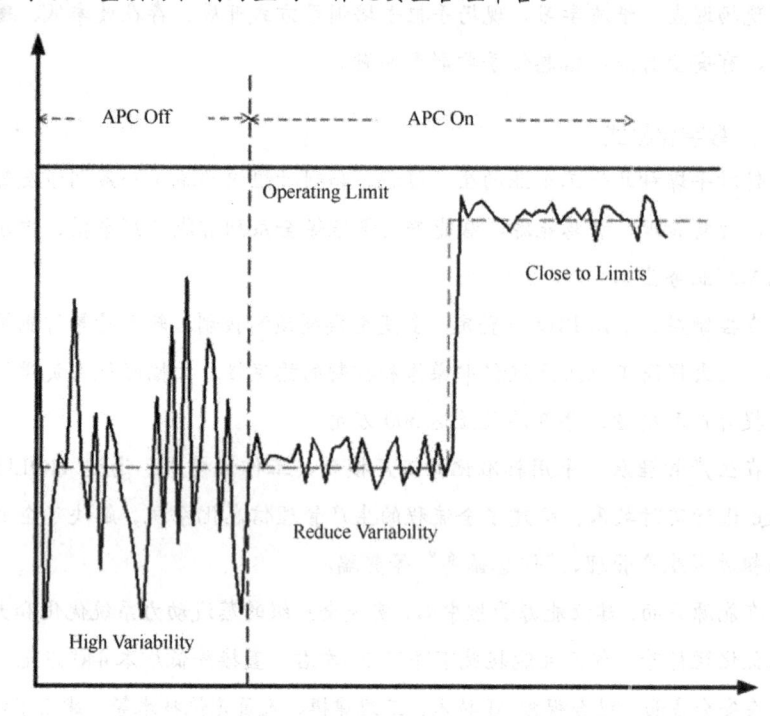

◉ 数字化变革之路

和利时基于 30 年来在化工企业服务的经验，认为化工企业生产控制、管理及优化具有相似性，部分行业具有高度一致性。智能控制技术可以在炼油、石化、化工、电力等装置应用，覆盖常减压、催化裂化、加氢裂化、重整等炼油主流装置。在管理方面，化工企业适合建立一体化的生产制造执行系统，覆盖生产计划、调度、工艺管理、操作管理、质量管理、设备管理、安健环管理、能源管理等全模块。在优化方面，采用蒸汽动力优化系统、大型机组优化运行系统等可以对化工企业普遍存在的系统管网、单体设备进行优化。

> **专家点评**
>
> 该案例是制造业数字化、智能化非常好的一个案例,具有很好的应用和推广价值。该案例在智能工厂建设方面发挥了示范作用,对企业节能降耗和提质增效有明显的促进作用。

案例:重庆旗铝大数据可视化数字孪生系统

软通动力信息技术(集团)股份有限公司

软通动力信息技术(集团)股份有限公司(以下简称"软通动力")是中国领先的软件与信息技术服务商,致力于成为具有全球影响力的数字技术服务领导企业,长期提供软件与数字技术服务、数字化运营服务,其中软件与数字技术服务包括咨询与解决方案、数字技术服务、通用技术服务。凭借深厚的行业积累,软通动力在10余个重要行业服务超过1000家国内外客户,其中超过200家客户为世界500强企业或中国500强企业。

> **传统模式**

传统制造企业已具备较好的信息化基础条件,作为电解铝行业首家采用MES、ERP信息化系统,以及对电解、发电与铁路实行一体化管控的企业,重庆旗能电铝有限公司引领行业信息化多年。传统企业迫切需要向数字化、智能化进阶的时候,传统制造企业主要存在资产看不清、生产监管不精准、验证测试投入成本高、设备故障重现等难题,将设备由以前的单机工作模式升级为数字化、网络化、智能化的管理模式;企业需要在更大范围内更高效率、更加精准地优化生产和服务资源配置,促进企业产业转型升级。具体有如下需求。

(1)要一套系统,涵盖从宏观到微观层级的全要素的、全域空间的数字孪生空间,提供可视、可控、可分析、可虚拟调试、可虚拟仿真验证、可模拟训练的运行环境,提供智能工厂的可视展示,可实时掌控生产状态,可对公司整体环境、生产车间及设备、安全重点监控区域进行实时监控。

(2)要从设备到零部件全域数字化,实现设备内部原理重现、设备故障实时定位、工艺流程故障演练,需要数字孪生的机理模型辅助实时推演过程。

（3）企业需要在更大范围内更高效率、更加精准地进行工厂级流程的虚拟化演练、供应链的孪生化、物流的孪生化，以更高效率地优化配置资源。

⊃ 数字化模式

2021 年，中国原铝产量达 3850.3 万吨，占全球原铝总产量的 57.79%。本系统覆盖的电厂铝厂一体化运行方式和冰晶石—氧化铝融盐电解法生产工艺，是目前原铝生产中最典型的运行方式和生产工艺。在原铝生产企业中，与重庆旗能电铝有限公司具有相同生产工艺和运行方式的企业占行业总企业数的 90% 以上，因此本系统的业务功能和数字孪生技术助力产业数字化升级的实践经验，可以在原铝生产企业中大范围推广。

取得成效如下：

项目在 2022 年运行期间支撑了客户重庆旗能电铝有限公司电解铝车间持续安全生产 90 天的生产活动，保障了在新冠肺炎疫情压力下 2022 年第一季度安全生产经营指标提前 10 天达成，实现了在新冠肺炎疫情下原铝的供应保障。2022 年第一季度重庆旗能电铝有限公司相比 2021 年同期原铝产量提升 10%，持续安全生产天数提升 5 天。

⊃ 工业元宇宙在制造领域怎样落地

通过数字孪生核心技术、模拟仿真机理模型、AIoT 技术等打造一体化的 IssMeta 平台，快速搭建工厂级的数字孪生应用，将全域工厂、车间级、设备级基于孪生图谱进行机理建模，实现数字化、一体化管理，实现基于数据溯源的实时洞察，实现在工厂级按照层级化进行全要素实时监管、虚拟调试、虚拟仿真验证、虚拟化决策智能支持，将设备由以前的单机工作模型升级为数字化、网络化、智能化的管理模式。

应用数字孪生技术，首先通过三维数据生产、编译、处理、治理对整个公司环境、主要建筑物、重点生产区域、重点安全监控区域等进行空间建模；然后结合孪生数据的知识图谱、机理模型实现从物理园区到精细化空间的刻画；最终通过物联设备数据与模型的智能匹配，实现了厂区的精细化实时监控、智能调度、事件故障排查、远程反控、应急演练等主要功能。

通过数字孪生技术+模拟仿真技术，全面实现厂区生产线、供应链、设备运维、重点生产设备的全生命周期管理、数字化应用、应用仿真验证，最终实现对数字孪生体标准化流程监管，可为企业提供闭环的数字化管理、智能决策等模式。

⊃ 数字化变革之路

软通动力在传统产业中的探索，在本案例中得到充分佐证。软通动力布局元宇宙战略，服务于工业、产业等方向；通过 IssMeta 引擎平台、数字化孪生应用，提升生产效率，其带来的效益价值并不弱于新兴产业。

在传统制造行业中，厂区、设备、生产运行方式已成型；各生产运营版块的业务系统也基本齐备，数字化升级的优选方式是按企业经营实际需求进行逐步升级。软通动力也正在践行这一行动，落实智能制造领域国产化产品打造使命，助力我国传统制造业数字化转型升级。

⊃ 专家点评

该案例利用数字孪生技术，实现对公司环境、主要建筑物、重点生产区域、重点安全监控区的三维建模，实现从物理园区到三维虚拟园区的数字化、生产现场的安全监控可视化，具有较好的应用效果。

案例：瑞友科技"智慧工地安全生产"

北京瑞友科技股份有限公司

北京瑞友科技股份有限公司（以下简称"瑞友科技"）成立于 2003 年，是全球化的 IT 服务供应商，是"个性化 IT 服务"理念创造者。瑞友科技基于 IT 应用研究院（ITARI）的创新研究及咨询能力，向全球客户提供高品质、先进的个性化 IT 服务，为客户提供大型应用方案咨询、软件系统的规划与开发服务。瑞友科技将坚持致力于客户 IT 投资成功的服务宗旨，持续专注为客户创造价值，聚焦先进数字技术及应用领域，继续加大技术研发和人才培养力度，帮助客户实现数字化经营和业务创新，为企业数字化转型贡献力量。

⊃ 传统模式

（1）监控工具散、管控难度高。工厂内监控管理系统繁多，并且均独立运行、分散管理，运维人员无法实时、全面、准确地了解现场生产情况和工序流程。

(2) 生产系统多、统筹管理难。生产数据分散在不同管理平台，管理决策需要统筹全局数据进行分析，而分散割裂的数据无法支撑管理者进行高效决策。

(3) 巡检工作繁、运维压力大。工厂具有厂区规模大、生产设备多、监控设备散等特点，巡检主要依赖人力，压力大、成本高，运维人员无法及时发现问题。

(4) 仓储物料多、批次追溯难。信息追溯性差，信息统计滞后，物料及库存管理难度大。

(5) 安全生产监督薄弱，无法落实到位。隐患排查标准数据庞大，无法将检查内容逐一分配到人，检查内容无法完全覆盖，责任分工不明确。

◯ **数字化模式**

在安全生产数字化管理、网络化协同这一特定场景，瑞友科技自主研发的物联网应用平台以 RIoT 为基础，依托人、机、料、法、环五大要素的物联网数据，结合最新的《国家安全生产法》（自 2021 年 9 月 1 日起生效）及国际 HSE 管理体系各项要求，使用最先进的云计算、GIS 地图、三维建模、数字孪生等技术，进行平台搭建。

智慧工地安全生产平台对工业生产全流程进行安全管控，整个监管过程打造在真实生产流程之上，人、机、料、法、环五大要素的全过程均参与，做到对工业生产过程中安全事件可见、可控、可防。

取得成效：

截至目前，瑞友科技的场景解决方案，已经覆盖了建筑、电力生产、装备制造业三个行业的安全生产领域，在八个行业客户完成了接近 3000 万元的订单合同，为客户的安全生产、风险控制等环节创造了极大的经济价值。同时，瑞友科技的场景解决方案助力企业控制生产风险，协同政府和生态伙伴明确安全责任，并进行实时审核与评价。瑞友科技在安全生产方面以数字化的手段实现了预防为主、综合治理的目标，取得了巨大的社会效益。

◯ **数字化在工业制造领域怎样落地**

(1) 重大危险源系统：罐区、视频监控、生产装置 DCS/PLC、手机扫码 NFC 卡、评估报告生成、备案书、管理制度、安全设施校验、环境风险预警及管理、危废处置记录、应急方案、日常监测报告、安全评估等。

(2) 中心控制系统：软件屏幕显示墙、门禁/车辆通道、LED 屏/人脸道闸、软件管理工作站、软件服务器、物联网网关、单项隔离网闸、防火墙、USP 电源、监控 NVR。

(3) 二道门系统：人员进出人脸识别、车辆进出车牌识别、LED 屏显示门内人员信息。

(4) 人工巡检点系统：手机扫码 NFC 卡、防爆手机。

(5) 人员管理系统：人员定位信标、人员定位基站、人员定位卡、健康监测、实时定位、危险预警、考勤统计、基本信息管理、人脸识别、语音通讯、一键报警、人员维护管理、预警消息管理、报警统计等。

(6) 移动巡检系统：利用移动 App，相关数据记录便捷、及时上传，异常值及时提醒推送，现场拍照确保真实性，促使巡检信息实时性大幅提高。PC 端后台也可以进行多种自定义管理，极大地提高工作效率和安全水平。

(7) 作业管控系统：通过移动智能终端或 PC 端进行作业电子化，实现风险评估智能化、作业评定标准化和作业全过程闭环管理，确保各类作业标准规范、审批流程有理有据。

(8) 隐患排查系统：在移动端 App 上实现隐患上报、评估、整改、验收全过程闭环管理，PC 端后台支持相应的排查计划制订和详细的统计结果可视化呈现。

(9) 安全教育系统：基于移动端 App 码，可以随时随地学习，提高培训的灵活性；学习资料多样化，实时记录学习状态，形成培训和考试档案。

(10) 设备管理系统：使用过移动 App 及时发起任务，进行工单的全流程闭环记录；PC 端后台制订完整的工作计划，可提升统计设备的运转率和生产的稳定性。

◉ 数字化变革之路

本场景案例对生产流程的数据进行实时分析处理，对各种复杂的开放式大场景作业环境进行实时监测、管控及预警，可减少安全事故的发生，并打造安全生产场景中的"智慧大脑"。目前，该解决方案已应用在装备制造业、电力行业和建筑行业的工地场景。

RIoT 智慧工地安全生产平台具有覆盖行业广、功能完备齐全、交付灵活定制、支持云端及本地部署等优势，一经推出就获得了广泛应用。

未来，瑞友科技的智慧工地安全生产解决方案将深化工业互联网和安全生产的融合应用。为保障工业互联网向安全生产场景纵深发展：在企业端，将数字孪生技术融合到安全生产管理中，实现对关键生产设备全生命周期、生产工艺全流程的数字化管理，把一线人员从危险作业现场解放出来，实现少人、无人作业；在园区端，建设全要素网络化连接、敏捷化响应和自动化调配能力，实现不同企业、不同部门与不同层级之间的协同联动，全面开展安全生产风险仿真、应急演练和隐患排查，推动应急处置向事前预防转变；在行业方面，向化工、钢铁、有色、石油、石化、矿山、建材等重点行业全面推广。

▶ 专家点评

复杂开放式大场景作业环境的数字化管理是一项挑战，该案例以安全生产为切入点，全面连接人员、设备、物料、环境等数据，是复杂场景数字化的典型案例。

四、供应链的数字化管理

逆全球化的影响正在让企业家重新审视过去"精益化"产业链关系，弹性、韧性成为跨企业关系的重要衡量标准，上下游协同、同行业协同，甚至跨界协同的频率不断提升，企业希望通过联合的力量去抵御随时可能降临的冲击。

工业企业通过数字化手段整合供应商、制造商、服务商、客户等上游、中游、下游资源，实现跨区域、跨部门、跨产业数据互联与协同，通过"联合的力量"增强供应链的韧性和弹性。

案例：北新建材降本增效零坏账

北京金蝶管理软件有限公司

北京金蝶管理软件有限公司是金蝶集团在北京设立的全资子公司，先后被认定为国家高新技术企业、北京市顺义区双创基地、北京市"专精特新"中小企业等。北京金蝶管理软件有限公司以提升企业和政府客户的 IT 核心能力为使命，为客户提供全生命周期的"一站式"云产品相关服务，已助力北京地区 30000 余家企业的数字化转型。

⊃ 传统模式

在传统模式下：

(1) 海外公司只能本地化部署，外籍员工不会使用，总部不能远程查询；

(2) 数据不能有效整合，预警指标不能建立；

(3) 信息孤岛；

(4) 系统间无法集成；

(5) 信息系统推翻重来也不能满足要求；

(6) 统计数据次月才能提供。

在本案例中，采购商及供应商协同管理在一个平台上实现，充分发挥了集约化管理的优势，保证了供货价格的透明公正及供货的时效性。通过银企直联对子企业的资金存量实现每日自动归集，切实控制了资金管理风险，帮助企业进行资金整体管理与调配及实时控制与分析，提高了资金使用效益。

⊃ 数字化模式

采用"云+端"的方式进行整体框架设计，云上基于三大中台和私有云能力赋能研、产、供、销、服等全业务价值链，有效支撑"一体两翼"发展战略，匹配北新建材"四合（统一采购、协同营销、生产对标、技术共享）、两分（保持品牌和经营的相对独立）、六穿透（党建、纪检、审计、安全、环保、文化六个领域实现穿透式管理）、一垂直（财务系统实施垂直管理）"的管理模式，端侧系统与云上应用充分融合，适时、科学地往云上迁移。

取得成效包括：

(1) 主要原材料采购价格较竞争对手低 10%；

(2) 石膏板生产成本降低 3%，毛利率提高 2.2%；

(3) 北新建材的应收账款只占总营业额的 1%，"几乎没有应收账款"。

⊃ 数字化在原材料领域怎样落地

北京金蝶管理软件有限公司项目组根据北新建材的发展情况，采用"云+端"的方式进行整体框架设计，云上基于三大中台和私有云能力赋能产、供、销、服等全业务价值链，有效支撑"一体两翼"发展战略

(1) 采购云——打通节点，优化流程；

(2) 销售大数据——保障科学决策；

(3) 降低生产成本是硬道理。

⊃ 数字化变革之路

北新建材在进行信息化升级过程中，没有盲目追求技术的先进性，而是立足企业实际，从内部开始梳理流程，逐条设置标准，夯实数据基础，优化集团供应链。在集团供应链管控方面，管理层定义清晰：管理下沉，充分授权，数据竞争对标，总部与区域双向择优管理；把数据放到日常的业务沟通中，让每位员工能够用数据在日常工作中沟通问题、解决问题，致力于成为数字化驱动型企业，实现人人承担管理职责。基于全面数字化经营成果，2020年北新建材石膏板市场占有率达60%。

⊃ 专家点评

该案例务实探索对企业真正有用的数字化应用。

案例：建筑行业物资采购交易核验模型

北京广联达征信有限公司

北京广联达征信有限公司（以下简称"广联达数科"）隶属广联达科技股份有限公司数字金融板块，定位于建筑行业供应链金融服务数字化使能者。广联达数科为建筑施工单位采集生产过程实时数据，利用数据模型帮助建筑施工单位建立数据信用，以获得更好的融资服务；帮助资金机构拓展建筑行业供应链金融业务，利用数据模型降本增效、控制风险。广联达数科的核心产品有交易核验模型、项目评估模型及以主体信用评价为代表的数据模型产品。

⊃ 传统模式

建筑施工单位采购业务具有一定的复杂性，采购单据多、时间跨度长，存在人为操作混乱甚至造假问题。对施工企业在工程过程中的物资采购贸易背景真实性、合理性查验主要采取人工审查的方式进行。

为确保审核工作的严谨性，需要审查的文件较复杂，人工成本较高。高频的人工审查伴随着高频的操作风险，易在判断贸易背景时产生误导性结果。人工审单体现了核验步骤的非标准化，人为主观因素参与较多，对核验单据难以实现公平且一致的判断。

⊃ 数字化模式

建筑行业物资采购交易核验模型利用互联网技术和大数据技术，直接采集建筑施工单位生产管理系统实时业务数据，结合数据溯源技术、OCR 等行业领先的 AI 技术，为资金机构提供核实建筑施工单位采购业务真实性和合理性的风险管理服务。

该模型利用人工智能技术高效转化专家经验，将审单过程智能化，打造智能审单系统，有效减轻金融机构审单压力，积累审单经验，提高审单效率，助推供应链金融风险管理的数字化转型升级。

取得成效包括：

(1) 采购交易核验模型已累计完成 4000 余次贸易核验过程，覆盖千余家甲方—施工总包—供应商等供应链参与方。

(2) 采购交易核验模型累计支撑放款 2500 余笔，为建筑物资采购行业 30 个省市超过 400 家供应商提供融资服务，融资款项近 20 亿元。

⊃ 数字化在建材领域怎样落地

(1) 该模型按照总包项目物资采购业务环节，在合同签署直至付款申请全流程，线上收集合同、入库单、发票等信息，通过引入专家经验提取单据间数据项的逻辑关系，达到智能审单的效果。

(2) 通过评估模型的查准率、召回率等，逐步迭代优化模型规则。

(3) 该模型数据来源于生产一线的企业专业应用产品和物联网设备，将施工项目发生的物资采购、设备租赁、劳务工资等应付账款交易进行标准化处理，展现每笔交易发生的项目场景，重现整个交易过程。

(4) 该模型设置多方面验证规则，自动对交易进行核验，核实分包商、供应商的基本信息，验证业务发生过程中各项关键信息的契合程度，并通过大数据识别出行业和企业类似交易习惯，对比本次交易与惯例的偏差情况，识别本次交易融资的风险程度。

(5) 该模型的智能核验全程在广联达数字金融平台上展现，申请融资的客户信息会同步至平台，进而进行核验，并筛选出符合准入条件的资产单据及不符合条件的资产单据，并将核验明细以智能报告的形式导出，便于金融机构详细查看。

⮕ 数字化变革之路

随着建筑行业数字化转型的发展，数据种类越来越丰富，数据模型对资金机构的价值也越来越大，生产环节的数字化对业务发展和融资产生正向激励循环，形成产融互促的格局。目前，面向建筑行业中小型企业的融资产品正在向应收类弱确权模式的信用融资方向发展，以数据模型产品作为金融风险管理手段也是比较明确的趋势。

针对金融机构对建筑行业采购交易产生的应收应付账款真实性核实难的核心痛点，广联达数科研发的建筑行业物资采购交易核验模型，对接建筑施工单位项目现场的专业应用系统数据和物联网硬件采集数据，并自动核验贸易背景的真实性，大大提高了金融机构的业务效率，降低了业务操作风险。

⮕ 专家点评

该案例研发了建筑行业物资采购交易核验模型，利用大数据溯源、AI 等新一代信息技术，为资金机构提供核实建筑施工单位采购业务真实性和合理性的风险管理服务，是服务业数字化的典型案例。

第十二章
由实体到虚拟

当前，服务业占三次产业比重不断增加，正成为中小型企业创新、灵活就业、数据流通消费、人才创意、文化潮流汇聚等的前沿阵地，新模式层出不穷，新业态应用日益丰富，也涌现出了一批极具创新活力的应用案例。

服务业数字化聚焦物流、零售、文娱、金融等行业数字化发展需求，推动 AR/VR、区块链、脑机接口、生物芯片等新技术创新应用，促进服务业加速变革创新。

在服务业数字化进程中，我们发现如下结论。

（1）数字化水平高的行业在创新方面更加领先。最典型的就是金融行业，其已经开展了区块链、算法合规等创新尝试。

（2）数字化应用需求规模大的领域场景丰富。围绕企业管理涌现出的方方面面的新需求和新问题，数字技术成为大企业解决多层级、多地区、多部门管理的重要手段，也成为中小型企业轻量化、低成本运作的关键工具。

（3）复杂度不断提升带来数据管理服务新市场。数据清洗、数据整理、数据共享、数据治理等服务需求高涨，"数据中台"成为行业热词，正在帮助企业解决海量数据无法管理的问题。

（4）各行业需求场景呈现多样化、生态化发展趋势。就业、环保、安全应急等各领域需求不一致，这使得数字化发展的切入点和路径也并不相同。

一、金融服务：数据的平平稳稳

金融行业属于信息行业，其经营过程中生产的数据数量天然高于其他行业。我国的电子支付系统已经全球领先。在应用普及方面，随着互联网技术的应用普及，基于手机的支付方式走进了生活的每个角落，支付宝、微信支付等移动支付已经覆盖 14 亿人。在创新探索方面，2019 年央行推出数字货币，基于区块链技术全面推出了全新加密电子货币体系，是金融行业拥抱数字化的典型案例。

实践中已涌现出一批数据技术服务商，其为银行、金融机构提供数字化服务，帮助金融机构管住、管好海量数据。

案例：工商银行新一代电子文档管理系统

北京北信源软件股份有限公司

北京北信源软件股份有限公司（以下简称"北信源"；股票代码：300352）是中国信息安全领域龙头企业，创立于 1996 年，注册资本 14.5 亿元，2012 年在创业板上市，是首批信息安全领域的 A 股上市企业之一，是中国终端安全领域的市场领导者，也是信创安全领军企业。

北信源作为中国信息安全龙头企业之一，累计 15 年实现中国终端安全市场占有率第一；是国家重点软件企业，曾获国家科技进步奖二等奖；是国家关键信息基础设施安全保护核心承担单位之一，受邀入驻国家等级保护 2.0 与可信计算 3.0 攻关示范基地。目前，北信源战略布局了信息安全及信创、安全即时通信"信源密信"、智慧社区与智慧健康医疗三大核心板块，致力于成为 5G 时代智慧安全的全面解决方案提供商。

⊃ 传统模式

随着网络应用的日益普遍深入，以及政企信息化工作的进一步推进，核心数据存储的媒介由传统的纸质文档越来越多地转换为电子文档，大量包含企业商业秘密信息的电子文档在企业内部员工的办公计算机，以及企业内部的应用系统上面进行流转，核心数据信息的安全性越来越受到关注。

中国工商银行全行已有几亿份电子文档，分散存储在全行办公终端及共享硬盘上，电子文档涉及用户信息、商业秘密、知识产权等。上述电子文档的存储、处理安全极为重要，稍有不慎，极可能外泄，造成数据安全事故。

数字化模式

中国工商银行下发内部研发任务，北信源立足于文件加密和授权控制，弥补了现有管控的短板，实现了对企业内部商业秘密信息系统的全面保护，尤其是对公文系统等包含商业秘密信息的各类应用系统上的商业秘密文件的保护。在中国工商银行文档安全防护系统产品基础上，北信源结合中国工商银行的实际情况，进行二次定制开发，确保重要敏感电子文档不落地，实现电子文档的在线编辑和管控；完成与业务部门全行性业务系统对接，实现对涉及客户信息的业务系统全覆盖，确保业务系统中电子文档的安全存储和处理。

取得成效包括：

（1）创建了若干个国密密级、商密密级及内部资料级别的密级关键字；

（2）创建了文档加密策略、自动授权策略和文档扫描策略；

（3）平均每个月产生的加密授权文档千万个，平均每个文档的授权条数若干条；

（4）针对用户体系内人员的违规操作进行了精准、高效的拦截。

数字化在金融领域怎样落地

（1）以电子文档为核心，从文件生成阶段加标，到商业秘密文件流转阶段进行全面权限管控，同时对商业秘密文件访问进行全面审计管理。

（2）对商业秘密文件定密、标密、加密管理，实现对商业秘密数据从创建、编辑、共享、流转、使用、脱密、外发、销毁的集中管理。

（3）商业秘密文档统一进行账号认证、审批流程、加密存储、访问授权、审计回溯，强化非结构化数据安全，实现商业秘密数据与非商业秘密数据的隔离。

（4）采用"文档加密防护+信息泄露防护+云文档"三者相结合的方式，构建更安全、更高效、更便捷的新一代文档安全体系，打造中国工商银行文档安全可视、可控的新体系，全面提升用户使用、维护管理的易用性。

数字化变革之路

新一代电子文档安全管理系统紧密依照国家数据安全治理要求，结合企事业单位文档安全管理需求设计，具有广泛的应用前景和较高的实用性。

项目方案是在原文档安全防护方案基础上，全新调研梳理新时期数据安全管理需求痛点和行业监管要求，配合中国工商银行文档安全防护项目实践整合而成。项目方案成熟度高，已在包括中国工商银行在内的诸多企事业单位广泛应用。项目方案产品功能及应用接口成熟度高，兼容性和稳定性强，具有很高的行业领先性和可推广性。

另外，项目方案系统国产化拓展性高，支持主流国产化操作系统，管理客户端也在诸多国产化操作系统有适配，后续如涉及国产化改造，则改造难度相对较低，改造工作量相对较小，具有良好、广泛的可推广性。

⇨ **专家点评**

在数据安全应用方面，该方案具备自主知识产权，走在其他行业前列。

案例：银行营业网点智慧转型

华青融天（北京）软件股份有限公司

华青融天（北京）软件股份有限公司（以下简称"华青融天"）是北京市"专精特新"小巨人企业、国家信创工委会成员单位。华青融天将机器大数据与人工智能技术结合，基于数字世界观测能力，面向业务连续性、业务准确性、信息安全性与合规性风险，提供监、管、控一体化的解决方案和产品服务，赋能业务和数字化运营。

⇨ **传统模式**

某银行 G 省分行共有营业网点 200 多家，遍布 G 省各地市。近年来，在互联网金融和客户消费习惯改变的冲击下，依靠人工流程和人工手段对辖区内营业网点进行运营管控，已经无法满足业务发展和客户服务的需求。

具体问题如下：

（1）无法第一时间掌握辖区内所有网点的整体运营情况，无法及时发现和有效防范运营风险；

（2）柜口开设、厅堂排队、人员调配等业务，仍然依赖人工判断、经验决策，缺乏自动化辅助工具，导致运营效率和客户体验难以提升。

⊃ 数字化模式

某银行 G 省分行通过部署华青融天云雁 FusionSwan 实时运营感知平台，建立了全渠道、全要素、全流程、全岗位的管控视角，构建了网点运营的"智慧大脑"，保障了辖区内网点的实时运营和稳健运行，提升了网点运营效率、客户服务体验、风险管控和协同指挥能力，实现了数据驱动的集约化、智慧化运营。

取得成效包括：

（1）运营数据整合分析。实现对不同机构和业务系统数据资源的实时采集和整合分析，最大化释放数据价值。

（2）运营态势实时掌控。通过对网点、设备、现金的全方位监控和可视化分析，实现网点运营全景掌握、全程掌控。

（3）运营管理智慧升级。实现柜口排班、人员配置、风险控制、资源调度等环节的数字化管理、智能化决策。

（4）运营风险及时管控。实现事前、事中风险的及时预警和干预，大幅提升风险管控水平和客户服务体验。

（5）指挥调度协同高效。沟通更畅通，协同更高效，实现全行网点一体化、集约化运营。

⊃ 数字化在金融领域怎样落地

（1）运营全景可观测。围绕辖区内的网点、设备、人员、现金等进行全方位、立体式监控，通过数据采集和可视化分析，形成一目了然的动态运营看板，实时掌控网点运营情况。

（2）运营指标可观察。建立网点运营指标体系，包括网点交易量、客户流量、现金备付率、ATM 开机率等。通过对运营指标的实时监测和分析评估，为网点管理、运营决策、客户服务、资源调度等提供参考。

（3）运营过程可观测。可观测视角实时触达营业网点服务现场，从客户流量、服务柜口、柜台交易量、网点排队和叫号等多个维度进行数据抓取和监控分析，网点繁忙时及时预警；智能提供柜口开设和排班指导建议，确保客户服务体验。

（4）运营风险可观测。针对滞留业务超时、柜员离机未签退、设备未清机、账务差错、设备吞卡超期、尾箱未扎账等运营风险，通过对业务数据的采集、抓取、嗅探、分析、设置阈值等，借助 AI 技术实现自动化预警，并将预警信息通过平台终端、即时通信、手机等渠道发送至相关层级管理人员，确保风险及时处置。

（5）运营考核可观测。按照月度、季度、年度等维度，对辖区内各网点的经营业绩和考核评价情况进行集中展示和排名 PK，激发网点竞争，激活运营活力。

⊙ 数字化变革之路

2021 年 12 月，中国人民银行印发的《金融科技发展规划（2022—2025年）》指出："将数字元素注入金融服务全流程，将数字思维贯穿于业务运营全链条，加快数字化转型步伐，全面提升综合实力和核心竞争力。"不难预见，未来几年中国金融的数字化、智慧化转型必将进一步提速。目前，虽然各大银行的智慧网点转型正在如火如荼地开展，但在金融服务流程、业务运营链条中，很多环节仍然依靠传统人工流程和人工手段，亟待全面数字化转型。

华青融天云雁 FusionSwan 实时运营感知平台基于大数据和人工智能技术，贯通网点运营的前台、中台和后台，覆盖全业务和全流程，通过全局视角的实时运营监控和数据整合分析，提供运营感知、风险管控、集约管理、协同指挥等多种能力，助力银行营业网点智慧转型，赋能业务发展和数字化运营。该平台也可适用于通信、基金、证券等众多行业领域。

⊙ 专家点评

该案例是一个在区域银行实施智能化辅助管理运行的软件应用案例。在银行大系统运行框架下，该案例突出了个性化的服务特点，具有一定的推广应用价值。该案例通过对网点运营的全方位实时监控分析，建立了全渠道、全要素、全流程、全岗位的管控视角，构建了网点运营的"智慧大脑"，保障了辖区内网点的稳健运行，提升了网点的运营效率、客户服务体验、风险管控和协同指挥能力，具有行业示范意义。

案例：华胜天成助力中信银行运维内控审计系统建设项目

北京华胜天成科技股份有限公司

北京华胜天成科技股份有限公司（以下简称"华胜天成"）面向全球客户提供领先的云计算解决方案和基于行业的数字化服务，致力于帮助客户成为数字化运营者。华胜天成立足中国，服务全球市场，历经20多年沉淀，成就了行业领先的"自主可控、安全可信、敏捷可用"的产品及服务，在10余个重要行业服务超过16000家客户，并将大数据、云计算等技术成果落地转化为成熟的经验和可衡量的价值。

⇨ 传统模式

中信银行总行生产环境共有设备10万台以上，采用的维护方式是对每台主机为系统管理员建立不同类别的维护用户，通过终端设备以加密通信方式（SSH和RDP方式）实现与各被管理主机服务器之间的安全通信链接，以手工命令、菜单、脚本直接对系统运维对象进行操作，系统运维安全审计管理亟待加强。

主机服务器系统存在诸多用户和复杂的密码，并需要定期修改密码，这给日常工作带来了一定的复杂度。另外，系统用户管理（如密码的定期变更）分散在各个系统，用户管理策略难以统一，检查落实难度较大。系统管理员所访问的系统及访问权限依赖管理员对规章制度的理解程度，缺乏有效的技术手段进行监督和控制。总之，在传统模式下，银行难以实现对系统管理员运维操作的实时的事中监控和有效的事后审计；身份认证强度也不够高。

⇨ 数字化模式

（1）中信银行运维内控审计系统的建设为系统运维人员提供了统一的入口，支持统一身份认证手段。在完成统一身份认证后，根据账号所具有的访问权限运维、管理各个主机、数据库、网络设备、应用服务。

（2）根据"网络实名制"原则记录用户从登录系统直至退出系统的全程操作访问日志，并以友好的界面提供对这些记录的审计功能。

（3）具备灵活的管理和扩展能力，系统在扩容时不会对系统结构产生较大影响。

(4) 具备灵活的授权管理功能，可实现一对一、一对多、多对多的用户授权。

取得成效包括：

(1) 把 IT 系统运维安全审计从依靠制度约束和人工控制的传统模式转变为计算机系统自动完成，极大地提升了工作效率；

(2) 对于系统存在的诸多用户和复杂的密码，进行统一管理和定期重置，提升了系统运行的安全性；

(3) 建立高强度的身份认证机制，统一管理系统用户，对用户访问主机系统进行统一授权，对系统运维操作进行实时监控和事后审计，全面保障系统运维工作的安全性。

➲ 数字化在金融领域怎样落地

中信银行运维内控审计系统规划为三层 BS 结构设计，从功能上分为前台应用（包括门户、管理台）、堡垒机、虚拟桌面、后台数据库。

(1) 门户：统一的登录 Portal，用户可通过门户完成登录被管服务器操作。

(2) 管理台：管理和审计人员通过管理台完成管理和审计工作。

(3) 堡垒机：提供 SSH、RDP、AS400 等协议接入服务；模块采用负载均衡模式，可横向扩展。

(4) 虚拟桌面：用于提供 IE 方式（WAS、HMC 等管理控制台）、客户端（TD 客户端）等 Windows 登录方式；模块采用集群模式，可横向扩展。

(5) 后台数据库：存储所有的数据信息，采用 HADR 实现数据库的高可用。

中信银行运维内控审计系统建设项目主要工作内容如下。

项目一期工程（2010—2011 年）：实现用户管理、身份管理、单点登录 SSO、资源管理、账号管理、授权访问控制、策略配置等。

项目二期工程（2012—2013 年）：实现 IP 分区控制、审计功能强化、与工作流系统集成、系统性能改进等。

项目三期工程（2014—2015 年）：实现统一身份认证、统一组织机构和用户管理、统一权限管理、门户单点登录等。

项目四期工程（2016—2017 年）：实现 AS400 双人操作复核、无纸化密码信封管理、标准化服务接口和管理等。

项目五期工程（2018—2019 年）：实现 SSH 协议安全加固、5250SSL 协议升级、主机免密登录与主机密码强找回、云平台与堡垒机系统对接、Windows 主机改密功能升级、Windows 主机操作日志审计、门户系统安全漏洞扫描、用户信息管理模块改造。

目前，中信银行项目五期工程已经通过验收，并完成项目维保，项目六期工程即将开始。

➲ **数字化变革之路**

中信银行运维内控审计系统经历了多年的建设历程。其系统的技术框架已由 CS 和 BS 结构转变为 Web 结构。新版系统即将升级到云环境下运行，成为集成化的信息安全管理系统。秉承尊重客户价值的软件产品研发理念，在中信银行项目多年的建设历程中，华胜天成还承接了：

(1) 中国建设银行总行堡垒机系统建设一、二、三期项目；

(2) 上海交通银行堡垒机系统建设一、二、三期项目；

(3) 广发银行堡垒机系统建设一、二、三期项目；

(4) 兴业银行堡垒机系统建设一、二、三期项目；

(5) 天津滨海农商银行堡垒机系统建设一、二期项目；

(6) 太仓农商银行堡垒机系统建设一、二期项目；

(7) 昆山农商银行堡垒机系统建设一、二、三期项目；

(8) 新疆农村信用社堡垒机系统建设一期项目；

(9) 成都农商银行堡垒机系统建设一期项目；

(10) 大连银行堡垒机系统建设一期项目；

(11) 中关村银行堡垒机系统建设一期项目；

(12) 民生银行堡垒机系统建设一、二期项目。

各项目均取得了良好的经济效益和社会效益。

未来，随着金融数据中心系统运维安全审计要求的不断提升，华胜天成运维安全审计系统将迎来更多的市场机遇，华胜天成将在中信银行项目建设经验的基础上，以充分的优势应对更大的系统运维安全审计业务的挑战。

➲ **专家点评**

金融领域是数字化的先行者，金融数据的复杂度和私密性均高于其他行业，构建具有自主知识产权的系统非常重要，该案例就是一个典型实践。

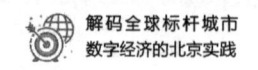

二、企业服务：管理的方方面面

产业的主体是企业，无论在什么行业、哪些领域，企业管理是企业家永恒的话题。对大企业来说，随着规模扩张、领域延伸，多事业部、多分支机构、多元化发展成为普遍现象，在这种发展趋势下，企业内部数据呈现指数级增长趋势，推动管理成本大幅度提升。对中小型企业来说，企业要应对外部快速变化的市场，实时更新自己的产品体系，更需要在管理方面压缩成本，以更灵活、更轻巧的方式面向瞬息万变的市场。

> **案例：5G 智能融合消息平台**
>
> **联动优势科技有限公司**
>
> 联动优势科技有限公司（以下简称"联动优势"）是一家互联网高新技术企业，面向金融机构和产业经济提供综合性金融科技服务，重点打造智能消息、第三方支付、智慧营销、数字科技、区块链应用和跨境金融服务等业务能力，为政府部门、金融机构、产业互联网和电子商务赋能，构建金融科技生态，助力普惠金融、实体经济发展和社会治理体系建设。
>
> ◯ 传统模式
>
> 许多行业客户普遍通过 App、微信、短信、邮件、支付宝、钉钉等多种消息、用户服务渠道及载体来对用户通知和营销。
>
> （1）从服务效率看，行业客户普遍拥有多种消息、用户服务渠道及载体，缺乏统一管理，各渠道业务操作繁杂。
>
> （2）从运营成本看，成本与送达率难以平衡。多种渠道、多业务重复对接，浪费开发成本。
>
> （3）从安全风险角度看，消息服务渠道分散、缺乏统一的安全策略及措施，易遭遇安全风险，造成重要数据、客户个人隐私泄露的重大风险事件。

◐ 数字化模式

5G 智能融合消息平台依托 5G、大数据、AI、云计算等数字化技术，全方位完善了各行业融合消息服务能力，让个人客户在办理业务时与行业客户的对话互动更加高效顺畅。平台以服务客户数字化转型为核心，建立了覆盖行业服务全场景、自主可靠的数字服务新渠道；实现了富媒体内容及渠道的统一智能化管理，并充分融入客户业务场景，从而帮助客户实现消息服务的智能化、全媒体化及业务服务的全量化。

取得成效包括：

（1）年消息服务个人用户超过 10 亿次，通过融合渠道，消息服务覆盖率达 100%。相对传统消息服务，其点击率提高 13 倍，是微信公众号点击率的 10 倍；激活率提高 8 倍；结合智能客服等场景，复购率提升 3 倍以上。

（2）平台通过富媒体稽查系统，降低人工审核成本 80% 以上，审核时间缩短 90% 以上，同时提高识别准确率 50% 以上。

（3）平台采用微服务架构，可用率达到 99.99%；以 IP 方式进行传输，到达率可达 100%。

◐ 数字化在零售金融领域怎样落地

1. 精准触达能力

基于 5G 融合消息位置及交互能力的创新。通过客户业务系统提供的数据标签收集、商圈位置选定、业务数据模型分析，指导融合消息投送，从而达到精准营销、提高业务转化率和复购率的目的。

2. 场景智能化

全面覆盖金融业务场景、承载智能化服务。平台无缝对接支付、营销、风控、智能客服机器人等智能化服务，全面覆盖客户的通知、营销、交易、服务等全业务场景。

3. 富媒体智能管理

智能生成、一键创建、一键分发。平台提供了导入图文自动生成视频、智能配图配音配文配模板合成视频、各种消息仅需要一个账号一键实现多通道发布等实用的创新功能。

4. 智能化服务覆盖

自动化 CH5 回落能力，实现服务广覆盖。当用户手机不支持 5G 融合消息时，平台自动判别、回落，保障触达所有终端用户；支持自动封装 ChatbotH5 或 UP1.0（图片、视频、音频形式）、文本和短信小程序等形式，极大提升了客户消息服务覆盖率。

5. 内容智能审核

AI 技术及完善的风控体系，高效安全。消息体内容 AI 智能审核，通过平台的语音识别集群、文本检测集群、图片检测集群、视频检测集群过滤消息体后，再通过人工进行审核。

● 数字化变革之路

利用 5G 智能融合消息高效的连接和服务承载能力，一是能降低行业服务成本、提升服务体验；二是能赋能金融数字化转型，助力普惠金融；三是能打破流量垄断、"数字鸿沟"，促进服务提升，惠及老年人等弱势群体；四是能提升信息稽查科技能力，防范不良信息传播；五是能保障金融信息及业务安全，防范电信诈骗。

从行业"近景"来看，应用 5G 智能融合消息平台有望将传统的短信 400 亿元市场空间提升到千亿元左右规模。从"远景"来看，未来 5~7 年结合云计算、大数据、AI、区块链等新型技术，5G 融合消息的市场规模有望达到 4000 亿元，长期来看甚至有望向万亿元规模演进。

● 专家点评

该案例展示的整合多种媒体形式的消息推送平台软件，为众多用户提供底层技术与服务支撑，具有比较广泛的推广应用前景。本案例通过对运营商、OTT、互联网等渠道进行整合，可以为行业客户提供消息融合、智能运营、智能分发等金融安全级的智能融合消息服务，落地效果较为显著。

案例：某集团数据综合应用系统

北京神舟航天软件技术股份有限公司

北京神舟航天软件技术股份有限公司秉承"创新、敬业、以推动民族软件产业发展为己任"的理念，围绕工业软件、大数据、智慧政务、智慧管控四大核心主业，凭借软件研发、咨询规划、技术服务三大服务能力，结合云计算、大数据、"互联网+"等新一代信息技术，面向企业、政府、军队等领域，为客户提供自主可控的全方位信息化智慧服务，协助政府实现智慧管理，助力企业实现智能制造。

➲ 传统模式

传统模式存在如下问题：

(1) 分散建设的数据信息系统缺乏统筹规划，"信息孤岛"问题严重；

(2) 缺乏有效的管理机制和数据共享的需求驱动，全域数据交换存在很大困难；

(3) 现有数据关联分析和综合利用不足；

(4) 数据信息系统基础设施建设相对滞后，各单位已有条件参差不齐。

➲ 数字化模式

某集团数据综合应用系统为用户构建逻辑一体、互联互通、数据共享、协同应用的数据信息平台，实现相关数据的全集和全周期管理，建立数据全域交换共享机制，提供大数据多维分析和关联挖掘服务，形成规范、统一的数据标准体系，有效促进数据的增值利用，实现数据"管起来""用起来""活起来"，为产品研制和服务提供全面、高效的数据保障。

该系统的建设，将集团型企业内数据采集存储情况、交换共享情况及挖掘分析结果数据推送至集团型企业总部用户，促进集团型企业数据工程的推进，提升产品研制数据协同效率。

通过应用可获知整个企业数据资源的制备情况、分布情况、交换共享全貌，为领导层决策提供依据；可实现数据交换共享，为缩短数据业务过程周期提供窗口。总部分系统为推动管理提升工作提供措施工具，提升了数据管理的规范化，降低了数据管理成本。

➲ 数字化在企业管理领域怎样落地

在充分继承和利用现有信息系统的基础上，聚焦技术基础建设，完成数据体系规划、相关标准规范和规章制度制定、数据信息系统总体方案和各分系统建设方案编制，最终完成系统建设。以集团型企业的二级单位数据中心建设和运行为标志，形成数据聚集、资源聚集和能力聚集的一体化平台示范，打通各分系统互联互通的数字链路，实现数据需求、数据名录和数据实体的

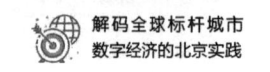

全域交换共享。

基于以上举措，进一步建设和完善数据信息系统与集团型企业总部相关业务系统的集成，完善主数据、元数据和数据质量管理功能；以工程数据为对象，完善数据治理功能；完成数据资产价值评估方案，构建数据资产管理模块，完善数据常态化运行机制。

◐ 数字化变革之路

打通了全域数据交换链路，消除各单位之间，以及各单位内部的信息壁垒，为各应用之间的数据传递建立传输通道，建立起过程可控、安全高效的数据高速公路；使得集团型企业具备全局数据汇聚、交换共享和过程管控能力，具备数据业务管控决策支持能力，全面提升数据增值利用水平。

建立了数据全域交换共享机制，基于规则清晰、简洁高效的数据权限控制策略，提供可靠、可信、可用的数据交换共享规则，最大化促进数据交换共享，推进数据"用起来""活起来"，提高数据资源价值创造水平。

集团型企业总部不必通过各下级层层上报和人工统计计算即可获知企业数据资源制备情况、分布情况、交换共享全貌，为领导层决策提供了分析依据。

◐ 专家点评

大型企业数据共享对于企业提高生产效率和产品质量、节约运营成本至关重要。该案例具有很好的应用前景。

三、数据服务：信息的千头万绪

数字经济时代最大的特征就是各行各业的数据量都在加速增长，尽管这些数据还没有正式被外界看到，数据价值还未真正挖掘，但堆积在企业内部、穿梭在企业之间的数据越来越多，因而数据管理成为企业必须关注的一门功课。数据库、数据中台等概念在刷新着人们的认知，从虚拟世界走出来，走进产业的各行业、各领域，走向朝九晚五的职场。

> **案例：「柏睿智能数据算力」应用之运营商：中国移动智慧中台数据能力基础数据库建设**

北京柏睿数据技术股份有限公司

北京柏睿数据技术股份有限公司（以下简称"柏睿数据"）是以数据库为核心的"Data+AI"数据智能基础软件公司，基于完全自主研发的新一代全内存分布式数据库产品体系和人工智能产品体系，构建数据智能平台，打造软硬一体化数据处理产品；针对海量、高吞吐、高并发、多源异构数据进行实时分析处理，实现实时监控、预警预测、决策支持、规划设计、数据价值变现。

⊃ 传统模式

中国移动原有大数据平台数据库架构面临以下问题：国外数据仓库老旧，原厂运维难度大；前端手机经营分析、网格运营等应用页面展示慢，无法满足快速营销需求。

因此，基于大数据平台存在的问题，以及智能化转型支撑高要求的现状，解决集中化大数据平台的实时性和并发访问，解决数据吞吐速度、前端总线的瓶颈。针对面临的诸多难点，结合运营与管理需要，中国移动迫切需要强化支撑来加快数智化转型升级。

⊃ 数字化模式

分布式内存数据库 RapidsDB 是一款高性能、高可靠的企业级数据库软件系统，基于分布式、非共享 MPP 架构和全内存建设思路，以分布式内存替代基于传统磁盘的数据库全新架构。

RapidsDB 作为中国移动集团 2022 年大数据标准化产品清单中内存库类唯一的入围产品，成为中国移动智慧中台重要的数据基础能力之一，面向中国移动全网及最终用户提供高效的数据服务。

中国移动创新性地引入全内存分布式数据库 RapidsDB，以快速提升大数据平台系统效率，在最大化节省内存资源和方便客户按需扩展的前提下，通过其具有的高性能、低时延、高吞吐、强容错、易扩展等特点，对大规模数据进行即席查询、实时分析、深度挖掘和直观展示，将查询分析时延提升至毫秒级，能够全面提升数据能力，确保对中国移动全网的支撑不间断，快速实现其支撑高要求，高效解决业务场景中数据高速存取、快速计算等难题。

取得成效如下。

（1）降本增效：内存优化后的架构综合成本显著低于现有架构，无须系统改造，与业务耦合度低，经济效益性综合评价高。

（2）节约费用：与 MySQL、Redis 相比，RapidsDB 应用迁移工作量减少 70%，显著节约配套改造费用；与 Teradata、Oracle 等国外数据库相比，显著节约维保费用。

（3）性能优越：与同等配置的 MySQL 数据库对比，在同等运算量下，RapidsDB 普遍提速 100 倍以上。

（4）效率提升：面对百亿级数据，RapidsDB 将某场景业务工单查询反馈时间从 3 分钟缩短到 3 秒内，效率提升 60 倍。

（5）核心技术国产化：RapidsDB 研发过程走完全自主创新之路，致力于解决"卡脖子"核心关键技术难题，持续推动中国移动关键核心技术攻关及国产化替代，着力解决制约发展和安全的重大难题。

● 数字化在服务领域怎样落地

以中国移动智慧中台为依托，柏睿数据分布式全内存数据库 RapidsDB 创新引入自主研发的分布式全内存国产数据存储技术，全面考量数据存储、并发访问控制、查询优化、查询编译、查询执行等多要素需求，对智慧中台的业务场景进行内存优化与建模，借助分布式全内存数据库在数据持久化、数据安全性、系统高可用性等方面的技术优势，使中国移动全网大数据平台及业务系统效能提升，为中国移动智能化转型提供重要支撑与保障。

分布式全内存数据库 RapidsDB 主要应用场景包含四项。一是满足大数据平台快速数据检索、分析及计算处理的需求。二是解决基于磁盘存储的传统数据库受限于磁盘读写速度，难以满足业务系统低时延、高并发需求的问题。三是适用于算力要求高的业务场景。四是适用于开源数据库系统运维成本大、技术支持力量薄弱的场景。

RapidsDB 在移动运营商的主要业务场景包括经营分析系统快速多维分析、边漫查询核实、敏捷化网格运营、统一日志分析、智能全链路实时追踪、快速选址及位置轨迹应用、智慧旅游项目区域客流量实时分析等。

● 数字化变革之路

随着各行各业积极进行数字化、智能化转型，数据规模显著扩大，对算力也提出了更高要求。柏睿数据自主研发了分布式全内存数据库 RapidsDB，使国产数据库实现超过 100%的性能提升，不仅可以保证数据库和服务器的国产化替代，而且能够降低超算和智算时代的碳排放，支持节能减排，响应双碳政策。

RapidsDB 应用于中国移动智慧中台，对内支撑中国移动的数智化转型，形成内部资源、产品服务、用户需求的正向循环，为生产经营、管理、服务等各环节注智赋能；对外拓展全社会数智化应用，支撑社会信息的多维采集、海量分析、实时处理，助力提升生产生活、社会治理数智化水平，不仅对运营商行业起到数据采集、存储、分析方面的示范作用，而且在应用和落地方式方面起到示范作用。

专家点评

该案例研发分布式全内存数据库，以分布式内存替代基于传统磁盘的数据库全新架构，支持标准 SQL 语句，支持 SQL 动态编译优化，查询、分析性能获得百倍提升，强力支撑移动运营商高时效、低时延的数据分析场景，是公共服务数字化的典型案例。

案例："八爪鱼"多源异构数据整合共享平台

神州数码信息服务股份有限公司

神州数码信息服务股份有限公司（以下简称"神州信息"）以大数据、人工智能、区块链等数字技术融合应用为支撑，持续"科技+数据+场景"模式创新，发力金融信创、场景金融、数据智能、云原生数字化安全底座四大业务，赋能金融及各行业数字化转型，服务实体经济，用数字技术实现普惠金融。

传统模式

在传统农业模式下，信息化系统建设分散，缺乏统一标准体系，优化整合困难；部分业务信息系统功能、数据资源不能满足业务发展需要；系统孤岛、数据孤岛、信息孤岛严重，数据资源共享程度较低；数据时效性受限，数据采集能力不足；涉农数据挖掘分析不足，数据提供服务能力有待增强。

由于农业农村数据历史长、数据量大、类型多，长期存在底数不清、核心数据缺失、数据质量不高、共享开放不足、开发利用不够等问题，无法满足农业农村发展需要。

⊃ 数字化模式

神州信息"八爪鱼"多源异构数据整合共享平台通过多种技术手段，采集涉农业务统计、监测监控和卫星遥感等多维度数据，实现异构系统数据接入、整合、汇聚。在大数据中心基础上，大数据管理平台全面梳理农业农村数据资源目录，系统功能包含数据采集系统、数据管理系统、数据分析平台、数据共享交换平台，以及基于大数据技术支撑组件平台和大数据运维管理平台，形成农业农村大数据相关基础数据库、业务数据库和主题数据仓库。

取得成效包括：

（1）在现有条件基础上，尽可能丰富建设内容，减少投入资本；

（2）减少平台重复建设，避免资金、资源浪费，同时保障系统安全、可靠运行；

（3）让政府农业部门、农业企业、农业科研机构、农业创业创新企业、新型农业经营主体、社会公众，可以通过平台获取及时、准确、权威的农业数据服务。

⊃ 数字化在农业领域怎样落地

神州信息"八爪鱼"多源异构数据整合共享平台通过多种技术手段采集涉农业务统计、监测监控和卫星遥感等多维度数据，其主要结构及功能如下。

1. 大数据支撑平台

大数据支撑平台可自动化安装部署扩容，具备统一集中的配置管理及大数据平台实时监控等功能。

2. 大数据治理平台

大数据治理平台提供多维度、全流程的数据治理能力，包括数据管理、元数据、数据质量、资源编目等数据资源在治理平台的落地，打通数据治理各个环节，各模块可独立或任意组合使用。

3. 运维管理平台

运维管理平台主要解决系统之间的身份认证管理和权限管理存在的问题，通过该平台的建立实现一个用户名即可登录该用户相关的所有操作系统。

4. 综合监控平台

综合监控平台主要实现对大数据平台数据服务监控、服务器监控、数据库监控、系统运行监控的可视化统计。

● 数字化变革之路

（1）大数据项目建设的数据采集平台、数据管理平台及数据可视化、数据挖掘等大数据核心技术的数据分析平台，以及可实现数据资源共享的数据共享交换平台均可深入推进"互联网+农业"。

（2）多级联动的数据体系，实现农业农村信息互联互通，克服了跨部门、跨层级、跨平台农业数据长期相互独立、难以共享的问题，打通省、市、县（区）、乡镇、村农业部门的数据壁垒，覆盖农业农村全领域数据资源，形成数据共享、业务联动的有效机制。

（3）通过大数据分析支持的监测和预测能力，为农业生产决策提供数据支撑，合理优化资源配置，为区域农业宏观调控提供决策支撑。

（4）农业农村地理时空大数据，可实现种植业、畜牧业、渔业、农机化、农田、农村等的位置分布、空间布局与过程演化的分析与表达，支持宏观和微观的产业运行监控与决策分析。

● 专家点评

该案例研发"八爪鱼"多源异构数据整合共享平台，为农业农村数据采集、治理、分析、展现提供一站式平台支撑能力，在打破信息管理边界和获取公开可用外部数据方面有广泛的应用前景，可作为典型案例推广。

四、民生服务：生活的层层叠叠

数字化浪潮奔涌而来，对民生领域带来了系列影响，人们最关注的话题也不断被数字化冲击，生活中涉及的衣食住行都有了数字化的新方式，就业、求学、问诊等也有了数字化的新渠道。尽管目前这些应用都仅起辅助、优化的作用，但其对人们生活的改善是毋庸置疑的。传统模式的一些"单选题"正在被数字化扩展为"多选题"，人们生活和工作的自由度也随之得到提升。

案例："直播带岗"蓝领招聘数字化案例

北京快手科技有限公司

北京快手科技有限公司（以下简称"快手"）是一家以人工智能（AI）为核心，集合音视频、多媒体、计算机视觉、语音对话、搜索推荐、智能决策等技术矩阵为一体的科技公司。其推出蓝领招聘平台"快招工"，提供快手"直播待岗"新模式，推动招聘数字化。

⊃ 传统模式

传统蓝领招聘依赖线下亲友老乡介绍、中介介绍或线上投递简历，层级多、模式重。

蓝领工人面临供需匹配效率低、招聘信息虚假宣传、黑中介等问题。同时，制造业企业面临"用工荒"，传统的蓝领招聘7天内用户离职率高达20%～30%，企业找不到、招不来、留不住人才的现象日渐凸显，招工成本激增。

⊃ 数字化模式

"快招工"利用短视频—直播技术、AI技术赋能制造业用工链路数字化转型增效，为用工企业和劳动者之间搭建智能化、可视化沟通平台，降低蓝领劳动者搜寻成本，缓解企业招工难、留人难问题，提升产业工人招聘效率。无论是劳务中介还是企业自招，都可以在完成"快招工"资质认证后，在直播间开展招聘。用户可以在线上充分了解工作环境，先选工作后入职，这样有更高的匹配效率，推动蓝领招聘机构入驻、职位上架、内容运营、线索转化、员工入职、履约保障等全链路数字化，助力复工复产，为制造强国建设提供人力支撑。

取得成效包括：

"快招工"扩大了招聘覆盖面，增加了就业人数，提升了就业质量高、留工比率等。例如，"快招工"推出"新春招工会"，某招聘主播直播间单日达到1200万场观人次，直播间共计进入观看50万人，收到3.7万人投递的找工作需求。某退伍军人获得直播招聘业务资质后，一年内收到简历20000份，帮助3200名蓝领工人入职，简历入职转化率高达15%。

◉ 数字化在民生领域怎样落地

快手运用音视频技术、AI技术、数据中心等科技创新成果，促进招工信息和求职人员的快速、精准匹配，提升蓝领招聘数据处理、筛选、甄别效率，并依托海量数据深度学习、算法迭代逐步培育蓝领招聘高效生态，实现制造业企业劳动力供给侧的数字化、信息化、智能化转型升级。

"快招工"搭建蓝领招聘直播生态圈，通过引入代运营商、服务商、公会、直播达人、劳务派遣机构、劳务中介公司、企业等，推动蓝领招聘全链路数字化。蓝领工人使用便捷，无须投简历，一键即可报名；企业和劳务中介等招聘方按要求提交营业执照、人力资源服务许可证等资料，就可以成为"快招工"认证用户。"快招工"为用工企业和劳动者之间搭建沟通桥梁，在平台审核用工主体招聘资质等真实的前提下，通过招聘主播详细讲解工作岗位信息，直接展示工作环境和住宿环境，提出岗位要求和应聘条件，加速供需双方的匹配对接。

◉ 数字化变革之路

制造业人力资源紧张，招工与就业资源低效匹配，"就业难"和"招工难"并存的结构性就业问题成为行业痛点。

"快招工"构建的"直播带岗"新模式，让蓝领就业面对面、更透明、更立体，将带动涵盖蓝领招聘在内的公共就业服务业实现数字化转型。将直播、AI、大数据技术用于优化蓝领招聘链条，促进招聘上下游上线上播，重塑招聘行业技术逻辑和底层架构，以数字化提升公共就业服务业的招聘效率，以可视化提升招聘安全性，以智能化提升就业匹配精准度，助推公共就业服务驶入数字招聘快车道。

目前，我国第二产业、第三产业蓝领规模为4.26亿人，人口基数庞大，但招聘线上化率仅5%，蓝领招聘的数字化转型具有庞大的市场规模和价值空间。

◉ 专家点评

"快招工"创建的"直播带岗"新模式，让蓝领就业面对面，带动公共就业服务业实现数字化转型，促进提升招聘效率和匹配精准度。

> 案例：智慧广阳岛建设项目

广联达科技股份有限公司

广联达科技股份有限公司（以下简称"广联达"）作为数字建筑平台服务商，专注于建筑信息化行业20余年，始终定位于数字化使能者，在全球100多个国家和地区建立了80余家分子公司，累计为行业34万家企业提供专业化服务。广联达业务领域围绕工程项目的全生命周期，面向建设方、中介方、行管、设计方、施工方、供应商、运营方等产业链各参与方，以及金融、高校、投资并购等领域，提供以建设工程领域专业化应用为核心基础支撑，以产业大数据、产业链金融等为增值服务的数字建筑全生命周期解决方案。

⊃ 传统模式

1. 基础平台不统一

随着新技术的发展，生态环境信息化建设涉及构建物联感知网络、空间遥感监测、大数据分析等多种新技术手段，但其一直以来都缺乏统一的管理平台，因而难以实现相关物联、生态空间和业务三大类数据的集成和联动管理，也难以通过基于空间的多源数据融合，发挥生态大数据人工智能分析等优势。

2. 生态分析不系统

生态环境涉及水、土壤、大气和生物多样性等专业，具有生态要素众多、参数复杂等特点，对某个生态环境的分析往往需要多方面的监测数据支持。业务区别、分工等导致生态数据分散，生态环境系统难以建立各种数据之间的关联关系，难以从数据中提取出有效信息，无法从多业务角度分析整体生态现状。

3. 生态监管不精准

传统生态管理涉及范围广、人员分散、老龄化严重等，缺乏智慧化手段，火点、病虫害等危险源也难以及时发现，问题预警、预测难，问题追踪溯源更难。生态环境现状的不清晰使得生态管理难以精细，分析决策也难以精准。

4. 生态评价不及时

目前，生态系统内在用的信息化系统对信息资源的使用基本停留在简单统计、查询和分析层面，缺乏统一的智慧评价体系，难以通过平台、监测数据和指标算法直接或间接动态计算生态健康、价值等指数。因此，生态综合评估周期长，生态绩效定量评价难。

数字化模式

广联达通过构建包括物联中台、时空中台、大数据中台的 EIM（Ecology Information Modeling，生态信息模型）数字孪生平台，建立区域数据资源目录体系，实现数据汇聚、分析、处理、可视化、共享开放的全过程治理，提高生态环境领域各部门间的业务协同能力，提升区域生态整体精细化、智慧化管理水平。

数字化在生态环境领域怎样落地

广联达作为智慧广阳岛建设项目承建单位，在建设过程中深入践行习近平生态文明思想，在规划之初即确定"以智慧生态引领长江经济带绿色发展示范"的建设主旨，创新性提出"智慧生态"理论，打造生态智慧融合发展样板，探索生态建设发展新模式、新理念和新路径。具体可以概括为以下几点。

1. 坚持深化顶层设计，持续优化系统架构

智慧广阳岛建设过程中，汇聚国内外生态领域院士、专家，引入中国科学院生态环境研究中心、清华大学、中国林业科学研究院等专业科研院所，深入梳理区别于传统智慧城市、智慧园区的发展逻辑和建设路径，结合智慧广阳岛建设项目实际和绿色发展战略定位，从广阳岛片区本底出发，围绕生态智治、绿色发展、智慧体验、韧性安全四个方面，深入研究后共创《智慧广阳岛生态顶层设计》，以实现高起点、高标准、高质量建设"智慧+生态"的广阳岛。

2. 创新智慧生态理论，推动生态高质量发展

智慧广阳岛立足"智慧生态化、生态智慧化"，创新性提出智慧生态"双基因融合、双螺旋发展"理论体系，通过打造 EIM 数字孪生平台，将生态系统要素数字化、在线化，并通过生态算法进行模拟、推演，给出最优化生态解决方案，进而实现以数据驱动生态规划、生态管理与生态服务，助力生态系统质量持续提升。

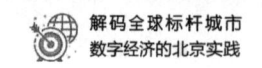

3. 构建智慧生态指标体系，实现生态健康动态评估

根据广阳岛区域生态本底特点，选择具有代表性、可监测的生态要素，构建广阳岛生态评价指标体系，包括1种综合指数、6种分类指数、18项评价指标、54项监测项目，分别从本底指数、生境指数、生物指数、舒适指数、价值指数、资源指数6个维度评价生态系统健康程度，实现广阳岛的生态环境动态综合评价，使其生态健康一目了然、生态问题层层追溯，持续提升生态系统质量。

4. 搭建EIM数字孪生平台，夯实广阳岛数字化底座

基于BIM、CIM、3DGIS等技术融合，打造集物联中台、时空中台、数据中台于一体的EIM数字孪生平台，解决生态数据的实时性、一致性和可分析问题，实现生态空间数据、物联数据、业务数据等多源数据的统一管理、融合、调度、分发，提供基础功能服务，构建广阳岛的数字化底座，支撑智慧生态应用系统。

5. 建设智慧生态管理系统，创新生态治理新模式

智慧广阳岛充分借鉴习近平总书记的"中医整体观"思想，通过"中医院理念"开展智慧生态建设，通过构建集"把脉—诊断—治疗—养护"于一体的"生态中医院"治理模式，实现生态健康全面感知、生态问题专家诊疗、生态运维高效智能、生态价值精准计量的闭环管理。

6. 共建智慧应用场景，推动广阳岛全方位管理

依托EIM数字孪生平台，集成专业化能力和系统，共同建设、不断丰富智慧应用场景。打造智慧建造、智慧风景、智慧管理、智慧"生态大脑"等众多应用系统，实现广阳岛生态修复和建设全过程、岛内观光全流程、公司运营管理全进程的数字化、在线化和智能化的管理。

数字化变革之路

智慧广阳岛建设项目的完成，一是通过智慧广阳岛系统建设，实现了生态智治、绿色发展、智慧体验、韧性安全的广阳岛；二是创新智慧生态理论，探索和验证了智慧生态治理新模式；三是通过EIM数字孪生平台建设，在技术上有效支撑了多源数据融合管理，也是CIM在生态领域的典型应用；四是提升了广阳岛自然生态、人文生态和产业生态应用智慧化水平，加快智创生态城片区建设信息化和智慧化进程，为广阳岛片区高质量发展赋能。

本建设项目属于CIM平台应用示范建设项目，符合国家及本地规划发展

要求。项目的建设将改善广阳岛生态修复和治理现状，因此具有积极的建设意义。结合智慧广阳岛建设项目的建设经验，对广阳岛智慧生态理论体系、技术开发和应用模式进行总结，梳理形成具有示范效应的可复制、可推广的经验总结。

◆ 专家点评

该案例是建筑与环境领域的数字化优秀案例，通过研发基于 EIM 的数字孪生平台，以数据、模型、标准、软硬件工具对物理生态空间进行描述、诊断、分析和决策，支撑开展生态规划、生态治理和生态服务等应用，形成可推广、可复制的应用示范。

案例：郑州市城市大脑二期项目文旅公共服务项目

北京华胜天成科技股份有限公司

北京华胜天成科技股份有限公司（以下简称"华胜天成"）面向全球客户提供领先的云计算解决方案及基于行业的数字化服务，致力于帮助客户成为数字化运营者。华胜天成立足中国，服务全球市场，历经20多年沉淀，形成了行业领先的"自主可控、安全可信、敏捷可用"的产品及服务，在10余个重要行业服务超过16000家客户，并将大数据、云计算等技术成果落地转化为成熟的经验和可衡量的价值。

◆ 传统模式

郑州市文旅服务主要借助微博、"码上游郑州"微信公众号进行网络宣传，但因未能有效运营，少有外地游客知晓，功能没有明显突出，引流作用不大。外地游客无法快速寻找到自己喜欢的旅游目的地及旅游产品，个性化服务需求得不到有效满足，游客旅游停留时间短，竞争压力大，郑州市政府迫切需要提升郑州文旅公共服务手段。

◆ 数字化模式

郑州市城市大脑二期项目文旅公共服务项目建设主要内容涉及程序开发、数据运维、营销推广三个部分。系统通过综合应用大数据、云计算、多维分析、LBS等技术，依托互联网生态圈，建设郑州市城市大脑二期项目文旅公共服务项目。

取得成效包括：

郑州市城市大脑二期项目文旅公共服务项目自上线以来，收录了多类数据，包括：景区 210 家，酒店 240 家，美食商家 910 家，线上 VR 虚拟景区 25 家，视频宣传片 120 条，新闻及政策法规类发布内容 30000 条，活动类资讯发布内容 8100 条，边走边听导游讲解 53 条。服务项目得到了社会公众的高度认可，充分体现了系统建设的人性化、便捷性、舒适性，为游客提供全程文旅信息服务，在新冠肺炎疫情期间实现足不出户通过 VR 全景线上浏览景区，给游客良好的体验，提升郑州文旅服务效能。

◐ **数字化在文旅服务领域怎样落地**

郑州市城市大脑二期项目文旅公共服务项目，以公众服务、宣传推广为根本出发点和落脚点，以满足游客需求、提升旅游体验为目标，综合应用大数据、VR 等技术，依托支付宝小程序、微信小程序等互联网生态圈，通过信息融合和资源整合，引入线上、线下一体化体验，实时、便捷、一站式创新营销模式，形成了现实性强、服务内容全面、渠道广泛的游客公共服务平台。平台涵盖"吃、住、行、游、购、娱、商、养、学、闲、情、奇"等文旅全要素基础信息，为游客提供文旅资讯发布、文旅产品营销推广、景区导游导览、语音讲解、非遗文化欣赏、地图导航、VR 体验、评价分享等贯穿旅游全过程的公共服务功能。

| 系统首页 | 线上VR全景 | 全域手绘图 | 活动资讯 |

系统功能如下。

（1）LBS+语音的贴身导游服务——边走边听、线路导游等为游客提供在线自助导游，帮助游客确定当前位置，引导游客到达目的地，帮助游客规划线路，实现"资源跟着行程走，导游实时伴你行"，为游客提供全面、实时、贴身的一站式出游服务，并完整呈现景区所有景点，同时根据GPS定位信息推荐最佳旅游线路，为旅行者提供最佳抵达方式，做称职的"智能活导游"。

（2）周边服务、周边景商，为旅行者提供最新的景点、酒店、旅游设施等目标点，指路导航，说走就走。

（3）在线导览服务——大美郑州、图游郑州、视频赏析、精品推荐，随时随地查阅景区酒店文化等图文详情，领略郑州的特色风光、中原文化。

（4）在线体验服务——结合现代数字技术、三维建模仿真、720°全景拍摄等技术，打造全新的全景郑州虚拟旅游频道，寓情于景，情景交融，使游客在玩乐过程中轻松了解旅游资源，提高旅游体验感，足不出户畅游景区。

（5）实时信息服务——为游客提供最新的优惠、演出活动、政策、旅游预警等信息，随时发布资讯、旅游热点、告警提示，官方信息发布让游客更有保障。

郑州市城市大脑二期项目文旅公共服务项目的建设，全面提升了郑州文旅信息化水平，全力推进郑州智慧旅游城市建设的大跨越。

◉ 数字化变革之路

近几年，随着文旅融合、全域旅游的推出，以及VR/AR、人工智能等新技术的发展，游客个性化需求越来越趋于多样化，通过线上为游客提供文旅公共服务已成为全国各级文旅行政管理部门及文旅业态的刚性数字化建设需求。华胜天成依托多年行业经验，已为数十个客户提供了文旅公共服务平台建设服务。

◉ 专家点评

文旅数字化涉及面广、主体多、数据复杂，该案例基于公共服务平台搭建了一个数字化的文旅空间，符合当前产业发展趋势。

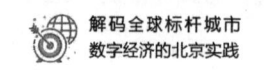

五、安全服务：数据的防护铠甲

数据成为新的行业，吸引了大批的创业者和开拓者，通用性强的需求不断涌现，形成了一个又一个新的行业。数据安全，既是一个传统领域，也是一个新领域，一部分技术服务商投身安全行业，承担起了行业"护城河"的修建工作，帮助数据在采集、传输、汇聚、应用全过程中能够不受侵扰、稳定、准确地被使用。

案例：云网络安全智能运营和联动防御

奇安信科技集团股份有限公司

奇安信科技集团股份有限公司（以下简称"奇安信"）专注于网络空间安全市场，是国内领先的基于大数据、人工智能和安全运营技术的网络安全供应商，为政府、企业用户提供新一代企业级网络安全产品和服务，可应用于网络安全行业多个前沿领域，如建设云和大数据安全防护与管理运营中心、物联网安全防护与管理系统等。

○ **传统模式**

在一般情况下，传统的云计算平台智能化安全运营和一体化协同防御能力不足。针对云计算网络的攻击时有发生，严重时会对网上云租户的业务连续性带来非常大的影响，出现非常严重的后果。

○ **数字化模式**

本案例以"健全中枢、联防联控"为目标，强化云计算平台运营者的网络安全整体运营水平，深入研究挖掘一体化网络安全技防体系"眼、脑、手、足"协同联动能力，结合安全大数据、云计算、人工智能、安全自动化、零信任、SOAR 等前沿技术，以及对"主动防御"和"情报驱动"的研究探索，构建以内生安全能力中枢为核心及云安全、云网络、服务终端、安全防护、身份验证等多系统协同的云安全运营体系，逐步将网络安全工作向"实战化、体系化、常态化"发展。

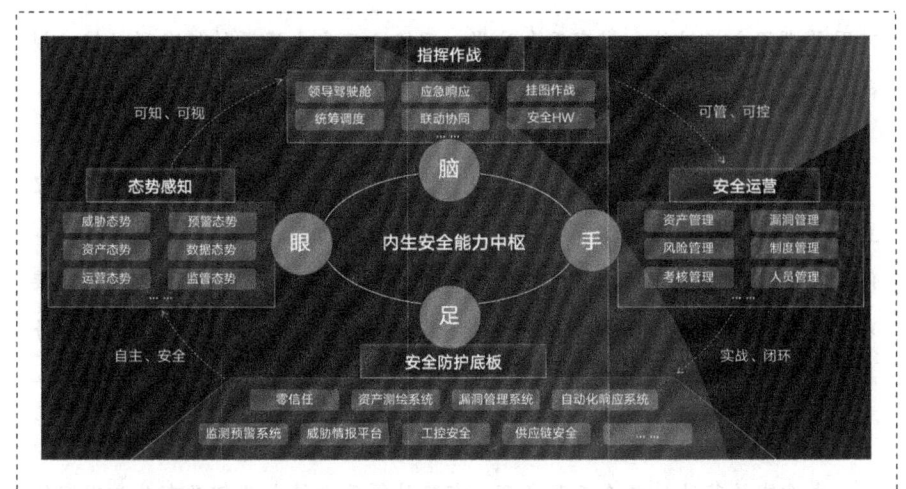

取得成效包括：

实现网络安全防护过程中高效的全过程管理与全过程检测，提高人员利用率，缩短网络安全风险处置响应时间，提升集团公司整体安全运营水平，降低人员投入成本，提高集团公司经济效益。

将资产管理从原来的不可管理转变为可管理，初步评估发现可以将原来3人·月的工作量缩短到3人·天左右。

◎ 数字化在安全领域怎样落地

1. 需求调研

在需求调研阶段，通过文档收集、人员访谈、问卷调查、现场勘查等方式，对试点单位进行调研，了解企业安全运营管理流程，并参与管理实践。摸清试点单位的网络拓扑、云网络架构、身份认证采用的协议，以及用户与云平台租户的对应关系等关键信息，从而确定资产采集的方案。收集企业安全管理制度、事件通报流程、风险成熟度等信息，了解现阶段企业在风险管理领域存在的弱点、难点。通过调研安全日志数据类型和格式，分析事件处置流程及已有设备的安全能力，确定安全事件响应涉及的阻断、缓解、恢复措施，最后制定安全设备联动的接口规范。

2. 调研分析，平台设计

分析需求调研结果，重点关注资产发现、风险检测、安全检查通报、数据采集检查、检测引擎评估、安全实施知识库、整改状态跟踪等方面，并将安全合规评测和整改流程在线化。根据事件处置流程、安全设备功能及接口范围的调研分析结论,发布面向边界、网络、云安全资源的标准联动接口规范,并完成平台设计。

3. 开发、测试及试运行

根据平台设计确定开发资产数据模型、资产关联属性、风险(漏洞、配置、弱口令)采集、制度数字化录入、运营流程开发、可扩展检查语言、事件处置流程、日志解析、大数据分析引擎等功能模块,开发标准南向控制接口;对系统进行单元测试、集成测试、性能测试等测试工作,选择试点业务系统,开展试运行。

⊃ 数字化变革之路

本案例的落地对整个云服务商、有云计算平台的企业都具有非常现实的意义。其能将云计算平台的安全建设从能力转向体系,极大地提高云计算平台的安全运营能力和安全运营效率,有效保障数字化建设成果。

本案例体系建设过程中,需要利用业内通用的威胁情报、SOAR 等相关技术,因此可以带动这类厂商参与到云平台新的运营体系建设中来。

本案例主要基于云平台进行开发和设计,并不限定于某个行业,凡是具有云计算平台的企业都适用于本案例,因此本案例具有广泛的推广空间。本案例一旦推广,就能够提高云计算平台的整体安全能力,有效地保护数字资产,极大地提高整体的安全运维效率,因此具有很好的价值空间。

⊃ 专家点评

该案例研发云网络安全智能运营和联动防御体系,基于大数据、人工智能和 SOAR 技术,解决现有企业云网络安全的主动防御、智能化运营和一体化协同防御等问题,是服务政企数字化转型的典型案例。

案例：芜湖市政务云云安全建设

北京天融信网络安全技术有限公司

北京天融信网络安全技术有限公司（以下简称"天融信"）是网络安全、大数据与云服务提供商，面向私有云、公有云、混合多云及分布式云场景推出了虚拟化安全网关、容器安全、安全资源池、云工作负载保护平台等安全产品，提供政务云云安全解决方案，解决云上多租户安全合规问题。

传统模式

在传统单体建设模式下，各单位构建独立的机房，采用通用安全防护体系，在各单位出口部署防火墙、入侵防御等安全设备构建安全壁垒。

政务业务上云之后，业务运行在政务云平台上，通用安全防护体系无法实现安全隔离和防护，若某一云租户被攻击，将会影响整个云平台上所有单位的业务运行，安全风险较大。

数字化模式

芜湖市政务云云安全解决方案采用"通用安全防护+云计算安全防护"并重的防护体系进行设计，通过安全能力池化技术，满足云租户网络、主机、应用、数据等多个层面的安全防护需求。通过软件定义安全技术，将防火墙、WAF、日志审计、数据库审计等10余种安全能力深度集成，提供动态弹性可扩展的安全服务能力，各委办局能够根据自身安全防护需求，直接在云安全资源池内申请独立、自助的安全服务，实现为不同的业务按需提供差异化的安全防护能力。

云安全建设采用安全即服务模式，云租户无须单独采购硬件安全设备，有效节约60%~70%网络安全建设投入。目前，天融信已为54家委办局的45套系统提供差异化的安全服务，合计300多项安全能力。

数字化在政务云领域怎样落地

本案例采用了三层纵深云安全解决方案。

1. 平台层安全

从分区分域的安全设计理念出发，将政务外网和互联网区划分为边界安全区、安全接入区、安全管理区。边界安全区通过防火墙、入侵防御、网络防病毒、WAF、抗 D 等设备针对进入云数据中心和访问云平台服务的流量提供攻击检测和防御能力。安全接入区通过部署双因子认证 VPN 系统为远程运维提供加密隧道保障。安全管理区通过堡垒机、日志审计、数据库审计等安全系统为政务云平台自身的运行维护提供集中的安全审计、威胁呈现、安全运营分析能力。

2. 业务系统计算环境安全

通过 EDR 产品保障政务云平台宿主机安全，基于先进的轻量级虚拟沙盒技术防御病毒和漏洞攻击，通过代码特征匹配和动态行为分析识别恶意软件变种与族群，有效解决病毒、木马、漏洞、免杀逃逸等终端威胁。同时，系统实时监控每个服务器端/客户端的运行状态、攻击日志、病毒状态，尽可能减少病毒传播。

3. 云租户安全

芜湖市政务云通过部署云安全资源池系统，对物理安全设备、虚拟安全设备及其接入模式、部署方式、实现功能进行解耦，底层抽象为安全资源池里的资源，顶层统一进行智能化、自动化的业务编排和管理，以完成相应的安全功能，从而实现灵活的安全防护。通过云安全资源池系统为云租户提供云防火墙、云 WAF、云堡垒、云日志审计、云数据库审计等 10 余种安全能力，用户能够根据业务安全防护需求定制一套具有自身特色的安全防护体系。

◎ 数字化变革之路

随着各地政府纷纷通过建设统一政务云平台的方式推进政务数字化转型，政务云平台面临的安全风险较传统单体建设模式更加严峻，且政务云平台的业务形态也会导致新的漏洞和缺陷。因此，如何做好政务云平台的纵深安全防护成为政务业务上云的核心问题和痛点。

天融信提供的政务云云安全解决方案，能够有效抵御来自互联网及政务云内部的网络攻击行为，为应用系统构建安全可靠的运行环境，提升各委办局的对外服务能力。该解决方案主要解决云上多租户安全合规问题，适用于全国各省（自治区、直辖市）数字办、大数据局、信息中心等部门，还可以在教育、医疗、能源、广电、交通、运营商等多个行业推广应用。

➲ **专家点评**

该案例是电子政务建设案例,与具体需求结合紧密,主要解决云上多租户安全合规问题,具有一定的推广应用价值。

05 第五篇
数字社会

随着产业细分领域不断延伸，消费水平不断提升，社会复杂度也随之升高，管理成本呈现指数级增长。一提到大城市，人们就容易想到人潮拥挤和车水马龙，尤其是在北京、上海、广州、深圳，"城市病"已经不是一个新鲜词汇，而是政府亟待解决的痛点问题。同时，随着人们生活水平的提高，市民对生活质量的要求也同样在提升，对公共服务，尤其是政府提供的基础设施相关服务均有更高的要求（贝思里·佩尔松，2011）。

本篇结合数字化在社会民生的实践，梳理数字化带来的新成效、解决的新问题和引发的新潮流。

数字化正在帮助政府提升工作效率。在政务方面，数字技术能够帮助将分散和割裂的信息串联起来，筑牢政务的"一张网"，帮助税务、商务、住房等领域降低管理成本、提升工作效率。在民生方面，数据算法和优化模型正在帮助基础设施优化升级，也在帮助医疗、教育等稀缺资源通过网络化、平台化的途径向更广泛的领域传播扩散。

数字化正在帮助政府治理"城市病"。城市大脑帮助治理者更清晰地了解城市的方方面面，交通综合管理系统帮助交通管道网畅通无阻。在新冠肺炎疫情期间，数据能够帮助政府、社区、市民准确识别风险，并引导其行为，帮助城市在疫情中保持经济平稳运行。

数字化正在帮助市民开拓新的消费空间。电子商务经过多年的发展，实体零售体系的数字化转型已经有了成熟的模式，新冠肺炎疫情又推进了新一轮的线上零售变革。奥林匹克的圣火也无法抗拒数字化的魅力，云端奥林匹克帮助奥运精神传向更广阔的领域。跨界合作也已经不再是一个新名词，而成为常见常新的概念。

第十三章

点亮"管理死角"

新一代信息技术对城市管理的影响巨大。一方面,新一代信息技术催生的应用场景蓬勃发展,使管理成本成指数级上升,"城市病"成为一个管理热词,能源紧缺、居住昂贵、交通拥堵等一系列问题随着信息爆炸弹射到城市的每个角落。另一方面,新一代信息技术也给城市管理注入了新活力,数字化的管理方式已经逐步取代传统的人工治理,成为大城市的"标配",网格化管理、无处不在的摄像头、各项工作的数据互认帮助管理者降低了管理难度,给市民带来更多的幸福感和安全感。

本章从"城市病"理论出发,以北京、上海、广州、深圳的共性痛点为切入点,梳理当前数字化为城市管理带来的价值。

政务数字化为生产生活的各项活动简化流程。电子政务正在从单领域应用走向全面贯通的数据共享阶段,从办税到购车,从创业到住房,工作、生活各领域的公共服务正在引入人工智能技术,技术成为管理工作的重要辅助。

公共服务数字化成为城市无形资本的重要组成。一方面,基础设施建设正在进行数字化改造,高速路、城市轨道的数字化管控帮助交通枢纽精准到每一秒,水、电、燃气的缴费、维修通过数字技术节约了大量的时间和人力成本;另一方面,医疗、教育服务的数字化正在逐步普及,稀缺的专家资源通过网络化平台共享给更广泛的区域和居民。

一、认识"城市病"

"城市病"是伴随城市化产生的。"城市病"指的是,"城市在发展过程中出现的交通拥堵、住房紧张、供水不足、能源紧缺、环境污染、秩序混乱，以及物质流、能量流的输入、输出失去平衡，需求矛盾加剧等问题。"

（一）城市扩张：一个增熵的过程

"熵"的概念诞生于热力学，用于度量一个系统的混乱程度。"熵增定律"（又称热力学第二定律）指出，在没有外界干预的情况下，事物总是向着无序和混乱的状态发展，"熵"一定是增加的。"总熵恒增加"意味着"能量贬值"，即能量由人类可利用的状态转变为不可利用的状态。

1. 城市熵的流动

第一次工业革命之前，社会生产力水平相对较低，城市的发展和扩张速度较慢，城市问题并不突出。工业革命之后，技术进步促成社会生产力突飞猛进，城市化进程加快，城市集聚了主要的经济资源和发展机会，吸引了大量劳动人口涌入。然而，城市扩张是一个消耗资源的过程，在创造规模效应红利的同时，城市系统的复杂性也随之增加。为了实现自身的"熵"减，城市通过从外界引入物质流、能量流、信息流等负"熵"，将"熵"增转移到外界（自然环境；见图13-1）。因此，城市扩张不断加快了自然环境的增"熵"过程，并诱发了资源紧缺、环境恶化等"城市病"。

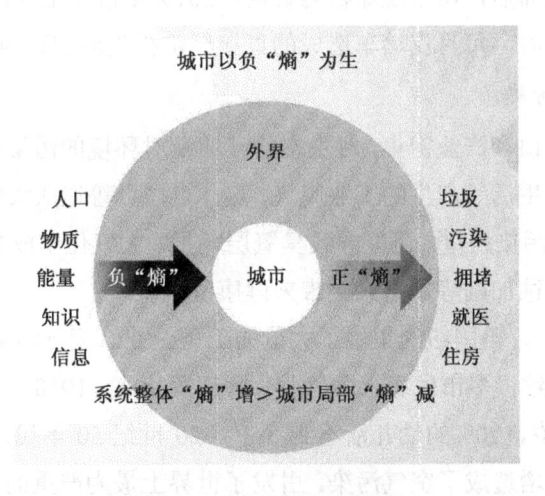

图 13-1 城市"熵"的流动

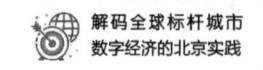

2. 大城市的纠结

生活在大城市的人，既享受着城市生活的便捷，也不得不忍受系列"城市病"。从国际大城市的发展进程来看，"城市病"主要体现在以下几个方面。

1）人口膨胀

大城市在吸引人口快速集聚的过程中，一旦城市建设和管理滞后于人口增长需求，就将引发系列矛盾，造成住房紧张、就业困难、治安恶化等。英国是第一个实现高度城市化的国家，也是第一个面临城市人口急剧膨胀等"城市病"的国家。19世纪末期，英国城市涌入大量人口，造成了住房短缺、贫民窟密布、公共卫生设施匮乏、空气及水源污染严重、工人就业竞争压力大、犯罪率居高不下等问题。

2）交通拥堵

交通是城市发展的命脉，而交通问题一直是大城市面临的主要问题之一。交通拥堵直接增加了市民的出行时间和成本，降低了城市运转效率，抑制了城市活力，甚至导致经济和社会发展的衰退。同时，交通拥堵还会导致交通事故增多、对环境污染加剧等。许多国际大城市均陷入过交通"堵局"。俄罗斯莫斯科多次被评为全球最拥堵的城市，当地车主每年耗在堵车上的平均时间超过 200 小时。尼日利亚的旧都和西非的最大城市——拉各斯因公共交通系统滞后，堵车现象极为普遍，2019 年市民工作日平均往返通勤时间超过 6 小时，每月仅堵车造成的直接经济损失就超过 3000 万美元。

3）环境污染

大城市人口和产业密集，对生态的破坏及对环境的污染也较为集中。城市建设和生产生活等产生的工业废气、废水、垃圾等造成大气、地表水、地下水、土壤等污染严重，可能导致臭氧层耗损、大气化学成分改变、水资源短缺、土壤侵蚀加剧等，给人类带来健康危机。

19 世纪末，美国纽约集聚了大量的工厂企业，废气污染不仅损害了城市环境，更导致很多市民患上肺气肿、肺癌等疾病。1910 年，纽约只有 5%的人活到 60 岁，20%的幼儿活不到 5 岁。20 世纪 50 年代，英国伦敦的工业化和人口暴增造成了空气污染，引发了世界上最为严重的"烟雾"事件，仅 5 天就死亡了 5000 多人。

> **专栏 1：伦敦烟雾事件**
>
> 1952 年 12 月 5—9 日，伦敦上空受大气高压系统控制，大量工厂生产和居民燃煤取暖排放的废气难以扩散，积聚在城市上空。伦敦被黑暗的迷雾所笼罩，马路上几乎没有车，人们小心翼翼地沿着人行道摸索前进。大街上的电灯在烟雾中若明若暗，犹如黑暗中的点点星光。直至 1952 年 12 月 10 日，强劲的西风吹散了笼罩在伦敦上空的恐怖烟雾。
>
> 当时，伦敦空气中的污染物浓度持续上升，许多人出现胸闷、窒息等不适感，发病率和死亡率急剧提高。在烟雾持续的 5 天内，据英国官方的统计，丧生者达 5000 多人，在烟雾过去之后的两个月内有 8000 多人相继死亡。此次事件被称为"伦敦烟雾事件"，成为 20 世纪十大环境公害事件之一。
>
> "伦敦烟雾事件"造成了数万人死亡，还给很多人带来了身体疾病或后遗症。因支气管炎和肺炎死亡的人数增加了 7 倍以上，伦敦东区的死亡率上升了 9 倍；直到 1953 年夏天，伦敦地区的死亡率仍然远远高于正常水平。除此之外，因心脏衰竭、肺炎、肺癌、流感及其他呼吸道疾病死亡的人数也都在成倍增长。
>
> 来源：《学习时报》

4）资源短缺

能源、土地、水资源等是经济和社会发展的必要物资条件。城市作为消耗资源的最大主体，资源紧缺也成为其面临的瓶颈问题，纽约、东京、伦敦等都出现过较为严重的土地紧张问题。同时，城市的进一步扩张也会影响全球资源供应。全球城市面积仅占地球陆地面积的 3%，却消耗了全球 60% 以上的能源，并产生了全球 75% 的碳排放。2021 年 12 月，联合国粮食及农业组织（FAO）发布报告《世界粮食和农业领域土地及水资源状况：系统濒临极限》，指出城市的迅速扩张已严重影响了土地和水资源，正在污染并侵蚀良田，其中，2000—2017 年人均用地面积减少了 20%，城市扩张正在威胁农业生产和粮食安全的根基。

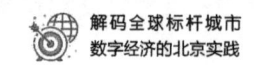

5)安全基础脆弱

全球气候变暖导致世界各地极端天气事件频发。然而，城市可能存在基础设施老化、消防应急能力严重滞后等问题，导致城市应对自然灾害的风险抵御能力严重不足。美国纽约在2012年遭遇飓风"桑迪"袭击，缺少灾害预案、海水倒灌和排水设施不力等导致地铁停运，500万人失去电力供应，直接经济损失达180亿美元。2021年，美国又遭遇四级飓风"艾达"袭击，由于美国部分地方基础设施建成于20世纪，甚至19世纪，城市基础设施老化无法应对当时的极端天气，导致至少60人丧生，美国东部地区经济损失约650亿美元，给纽约也造成了至少5000万美元的财产损失。

（二）城市管理：指数级飙升的成本

在高度复杂的社会协作之下，城市化进程中面临的各类问题交织在一起，风险链条的传导机制越来越难以预测，风险级联效应也更加明显，导致城市所面临的风险不是简单的叠加，而是指数级的超叠加效应。"城市病"治理的复杂性显著提高、难度显著增大，严重制约城市竞争力提升。

"城市病"治理的复杂性体现在方方面面，不仅涉及的治理主体广泛，需要采取的治理手段也多种多样。首先，需要发挥政府职能作用，加大财政和政策支持力度，制定出台兼顾不同群体利益诉求的政策及配套实施细则，加强各级政府部门的协调联动，建立城市系统治理的长效机制。其次，需要发挥市场机制作用，引导产业结构调整升级，促进城市可持续发展。最后，需要综合运用技术、教育等手段，加强城市管理。

2012年飓风"桑迪"袭击事件后，纽约为应对气候变化对城市生活的影响，采取了系列措施加强城市治理。在经济投入方面，纽约已经投入了数十亿美元加强市政防洪基础设施建设，包括建设海绵城市，设计绵延16千米的"U"字形低势绿地，利用海绵湿地、景观堤坝等设施提高城市应对灾害天气的能力（见图13-2）。在制度建设方面，美国国会通过了《洪水保险改革法》，将风险和保险费相结合，采取提高保险费率、减少对高风险房产的财政补贴等措施保障国家洪水保险计划的长期、稳定实施。纽约也划分了曼岛下城区、新泽西长岛等濒水区域的风险等级，在洪灾易发区域推行强制洪水险，引导人们不要在洪水高发区域建立商业用房和住宅。此外，纽约积极发展绿色产业，通过推动清洁能源使用，减少温室气体排放。然而，由于飓风"桑迪"主要带来沿海岸的暴风雨，其主要威胁是海岸向内陆涨水；而飓风"艾达"的主要威胁是降雨，因此，尽管纽约在针对飓风"桑迪"类的防洪方面投入巨大，却未能抵御飓风"艾达"袭击。可见，城市在发展过程中将面临系列问题，城市管理复杂度也将急剧上升，管理成本也会随之飙升。

图 13-2　纽约"U"字形低势绿地改造方案

"城市病"治理需要长时间、多方面的努力。1952 年"伦敦烟雾事件"后，伦敦致力于改善生态环境和居住环境，综合运用完善政策标准体系、疏解传统产业、加大财政投入、加强技术研发、外迁工厂等系列措施，加强多方协作，历经长达近 40 年的努力，才使得大气污染得到了彻底治理。

> **专栏2：伦敦"雾都"治理**
>
> 　　伦敦治理雾霾主要采取了以下措施。
> 　　一是完善大气污染防治法律。1952 年以后，大气污染的严重性得到了英国政府和英国议会的高度重视，英国于 1956 年颁布了世界上第一部关于大气污染防治的法律，并在此后 40 年内不断完善相关大气污染防治的法律。英国相关立法还提高了大气污染排放标准，特别是明确了工业企业及汽车尾气排放标准。
> 　　二是改变能源供给结构和消费结构。首先，英国政府推动煤改气进程，逐步使石油和天然气取代了煤炭；其次，英国政府进行了煤炭行业改革，关闭了落后煤矿产能，减少了煤炭生产量。

> 三是加大财政投入改造居民燃具，实施集中供暖，鼓励使用无烟煤。
>
> 四是加快清洁技术研发，尤其是环保型汽车技术的开发，并规定新车必须装配尾气净化装置，以减少氮氧化物排放。
>
> 五是调整产业结构，淘汰钢铁、纺织、造船等高能耗产业，放弃低端的生产环节，逐渐向设计、集成、研发等高端服务业发展。
>
> 六是重新布局工业，通过建设卫星城纾解人口，将重化工业迁移至郊外。
>
> 经过近40年的努力，伦敦彻底根治了大气污染，摘掉了"雾都"的帽子。
>
> 来源：人民网

二、北上广深之痛

（一）北上广深：是天堂也是地狱

北京、上海、广州、深圳等大城市经济发展水平高、居民生活质量高，吸引了大量人口不断聚集，但大城市是资源消耗的主要场所，且人口规模大、流动性强、集聚度高等也可能引发系列连锁连片反应，威胁城市公共安全。总体来看，北上广深四大城市在城市管理领域面临着以下共性问题。

1. 资源消耗大

水、电等城市资源是城市经济和社会活动的重要支撑和承载体，而城市化对城市资源消耗量具有扩张作用，城市化进程将导致资源的大量消耗。

从城市用电数据来看，用电量位居前列是北上广深的共性。在2020年我国用电量排名前10位的城市中，北京、上海、广州、深圳全部上榜，分别列第5位、第1位、第6位、第7位（见表13-1）。

表13-1 2020年我国用电量排名前10位的城市

排 名	城 市	用电量（亿千瓦时）
1	上海	1575.96
2	苏州	1523
3	滨州	1235.37
4	重庆	1186.5

续表

排 名	城 市	用电量（亿千瓦时）
5	北京	1140
6	广州	996.72
7	深圳	983.34
8	天津	874.59
9	东莞	873.87
10	唐山	868.38

数据来源：各地统计公报。

总体来看，近年来北京、上海、广州、深圳四大城市用电量持续保持高位，2021年更是增速明显，用电量创历史新高；深圳的用电量也首次突破千亿千瓦时大关（见图13-3～图13-6）。

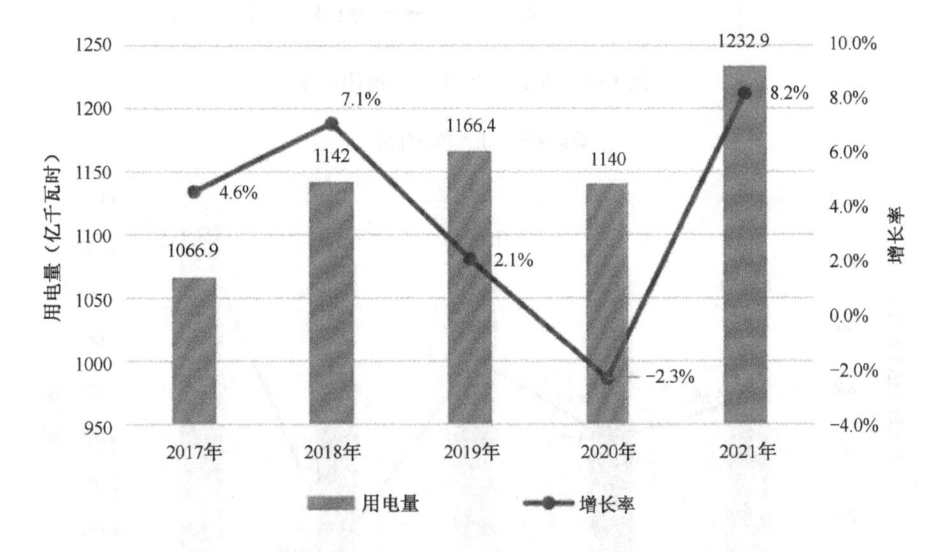

图 13-3　2017—2021年北京用电量

数据来源：北京市统计局。

另外，水资源紧缺也是北京、上海等城市的基本市情水情。水资源总量无法满足日益增长的耗水量需求，成为大城市发展面临的难题（见表13-2、表13-3）。2020年，北京水资源总量为25.76亿立方米，人均水资源量仅为118立方米，但北京用水总量高达40.6亿立方米。从用水量结构分析，随着北京人口数量持续增加，以及公共服务水平与生态环境改善需求不断提高，生活用水量（包括公共服务用水和居民家庭用水）、生态环境用水量呈现上升趋势。近年来，上海居民生活用水量也有小幅增长趋势。

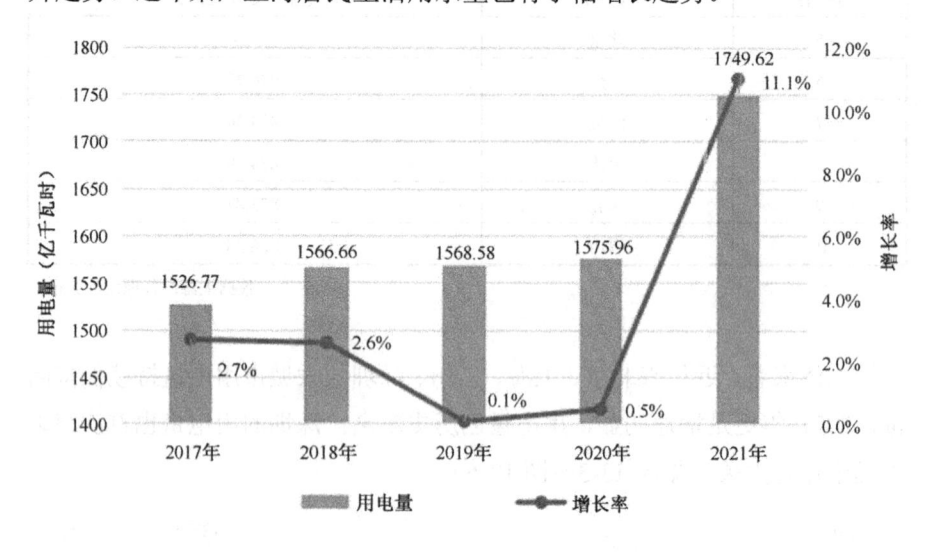

图 13-4　2017—2021 年上海用电量

数据来源：上海市统计局。

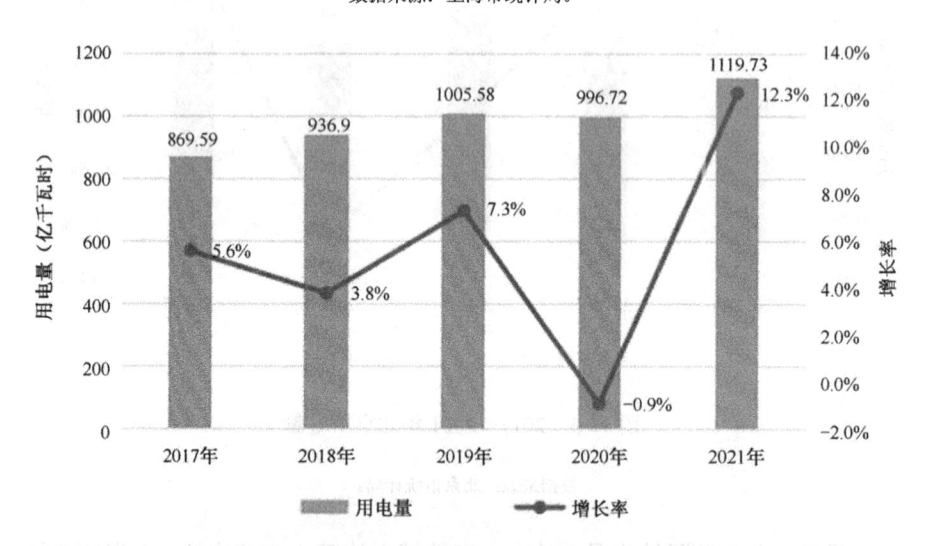

图 13-5　2017—2021 年广州用电量

数据来源：广州市统计局。

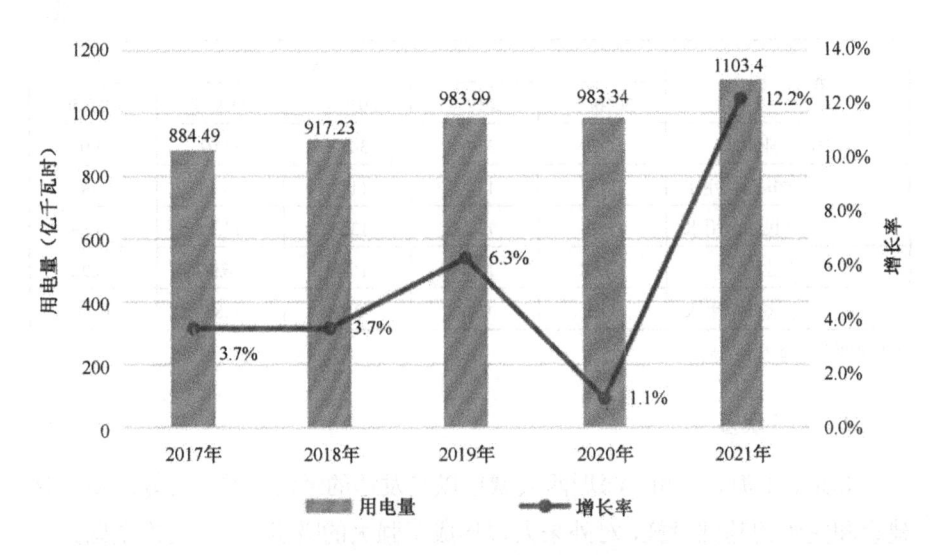

图 13-6　2017—2021 年深圳用电量

数据来源：深圳市统计局、公开资料。

表 13-2　2016—2020 年北京水资源总量及用水总量变化

单位：亿立方米

指　　标	年　份				
	2016 年	2017 年	2018 年	2019 年	2020 年
水资源总量	35.06	29.77	35.46	24.56	25.76
用水总量	38.8	39.5	39.3	41.7	40.6
其中，工业用水	3.8	3.5	3.3	3.3	3.0
生活用水	17.8	18.3	18.4	18.7	17.0
农业用水	6.1	5.1	4.2	3.7	3.2
生态环境用水	11.1	12.6	13.4	16.0	17.4

数据来源：北京市水务局。

表 13-3　2016—2020 年上海水资源总量及用水总量变化

单位：亿立方米

指　　标	年　份				
	2016 年	2017 年	2018 年	2019 年	2020 年
水资源总量	61.02	34.00	38.70	48.35	58.57
用水总量	77.20	76.03	76.19	76.00	72.62

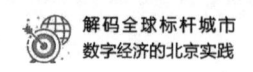

续表

指标	年份				
	2016年	2017年	2018年	2019年	2020年
其中，工业用水	36.79	35.09	34.41	34.02	33.01
城镇公共用水	11.97	11.34	11.23	10.69	9.66
居民生活用水	13.15	13.23	13.26	13.50	13.89
农业用水	14.48	15.55	16.49	16.94	15.22
生态环境用水	0.81	0.82	0.80	0.85	0.84

数据来源：上海市水务局。

2. 人口众多

北京、上海、广州、深圳四大城市以其发达的经济水平、良好的城市化建设和完善的基础设施，对外来人口形成了强大的吸引力。第七次全国人口普查数据显示，北京、上海、广州、深圳常住人口与2010年第六次全国人口普查结果相比，均有明显的增长（见表13-4）。其中，流动人口（常住外来人口）的快速增长成为常住人口总规模扩张的主要原因。

表13-4　第七次全国人口普查北京、上海、广州、深圳常住人口和流动人口增长情况

城市	常住人口十年增加量（万人）	常住人口增长率	常住外来人口十年增加量（万人）	常住外来人口增长率
北京	228.1	11.6%	137.4	19.5%
上海	185.1	8.0%	150.3	16.7%
广州	597.6	47.1%	461.9	97.0%
深圳	713.6	68.5%	421.7	51.3%

数据来源：北京市统计局、上海市统计局、广州市统计局、深圳市统计局。

从各地2017—2021年的人口数据来看，北京、上海的常住人口总量仍处于领先地位，近年来常住人口规模基本保持稳定或缓慢增长（见表13-5、表13-6）；广州、深圳常住人口规模呈较快增长态势（见表13-7、表13-8）。此外，北京、上海、广州、深圳四大城市的流动人口仍然保持非常大的规模，其中，深圳流动人口占比更是超过了60%，远高于户籍常住人口数，存在严重的人口倒挂现象。

表 13-5　北京年末常住人口和流动人口情况

年　份	常住人口年末人数（万人）	常住人口增长速度	常住外来人口年末人数（万人）	常住外来人口占常住人口比重
2017 年	2170.7	−0.1%	794.3	36.6%
2018 年	2154.2	−0.8%	764.6	35.5%
2019 年	2153.6	0.0%	745.6	34.6%
2020 年	2189.3	1.7%	841.8	38.5%
2021 年	2188.6	0.0%	834.8	38.1%

数据来源：北京市统计局。

表 13-6　上海年末常住人口和流动人口情况

年　份	常住人口年末人数（万人）	常住人口增长速度	常住外来人口年末人数（万人）	常住外来人口占常住人口比重
2017 年	2418.33	−0.1%	972.68	40.2%
2018 年	2423.78	0.2%	976.21	40.3%
2019 年	2428.14	0.2%	977.71	40.3%
2020 年	2487.09	2.4%	1048.97	42.1%
2021 年	2489.43	0.1%	1031.99	41.5%

数据来源：上海市统计局。

表 13-7　广州年末常住人口和流动人口情况

年　份	常住人口年末人数（万人）	常住人口增长速度	常住外来人口年末人数（万人）	常住外来人口占常住人口比重
2017 年	1449.84	3.2%	551.97	38.1%
2018 年	1490.44	2.8%	562.75	37.8%
2019 年	1530.59	2.7%	576.87	37.7%
2020 年	1867.66	22.0%	882.55	47.3%
2021 年	1881.06	0.7%	869.53	46.2%

数据来源：广州市统计局。

表 13-8　深圳年末常住人口和流动人口情况

年　份	常住人口年末人数（万人）	常住人口增长速度	常住外来人口年末人数（万人）	常住外来人口占常住人口比重
2017 年	1252.83	5.2%	818.11	65.3%
2018 年	1302.66	4.0%	847.97	65.1%
2019 年	1343.88	3.2%	849.10	63.2%
2020 年	1756.01	30.7%	1243.87	70.8%

数据来源：深圳市统计局。

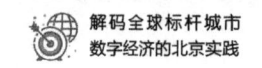

3. 流动性高

北京、上海、广州、深圳四大城市人口呈现流动性高的特点。在工作日、节假日期间，通勤、旅游、探亲等导致大规模的人口流动，存在"人多添堵"现象。因此，北京、上海、广州、深圳普遍面临早晚高峰通勤难，以及高速路、火车站、机场等在客流高峰期间交通压力大等问题。

早晚高峰通勤难问题包括城市交通拥堵和长距离通勤，并集中体现为通勤时间长。百度地图联合北京交通发展研究院发布的《2021年度中国城市交通报告》显示，根据各个城市的通勤平均时耗进行计算，北京、上海、广州分别列百城通勤时耗榜的第1位、第2位、第5位（见图13-7）。根据工作日早晚高峰时段内，实际行程时间与畅通行程时间的比值进行计算，《2021年度中国城市交通报告》还发布了一份百城通勤高峰交通拥堵榜，其中，北京、上海、广州分别列第1位、第5位、第6位。

2021年度排名	城 市	年度平均通勤时耗（分钟）
1	北京	47.60
2	上海	42.89
3	天津	42.45
4	重庆	41.18
5	广州	40.09
6	成都	39.00
7	大连	38.67
8	武汉	38.53
9	杭州	38.02
10	南京	37.86

图13-7 2021年度百城通勤时耗榜前10位

除驾驶汽车会面临通勤难题外，选择地铁等通勤方式的上班族也普遍认为，通勤难已经成为挤占生活时间、影响生活质量、降低生活幸福感的重要因素。早晚高峰水泄不通的地铁站、令人窒息的地铁车厢，成为上班族的"噩梦"。广州人流量最大的地铁站"体育西路"被戏称为"地狱西路"；深圳全网地铁线路的客运强度为1.42万人次/（千米·日），超过北京和上海的客运强度，其中，深圳地铁5号线2021年最高单日客运量达到142.76万人次，是目前深圳最繁忙、最拥挤的地铁线路。

在"五一""十一"等假期，尤其是在春节期间，流动人口占比较大，学生、务工人员、探亲人员和游客等流量叠加，北京、上海、广州、深圳四大城市人口迁徙规模大，存在春运"一票难求"，以及高速路、火车站、机场等场所人满为患的问题。

在铁路方面，高德地图根据历年春节期间交通大数据及位置大数据发布的《2016年春节出行预测报告》显示，全国最拥堵火车站前5名集中于北京、上海、广州、深圳。

在航空方面，百度地图发布的2022年春节出行大数据显示，春节期间，客流热力指数排名前4位的机场集中于上海和北京，分别为上海浦东国际机场、上海虹桥国际机场、北京首都国际机场、北京大兴国际机场。

在春运购票方面，北京、上海、广州、深圳出发的火车票抢票难度最高。

专栏3：春运期间北上广深出发的火车票最难抢

2021年12月30日，2021年春运火车票正式开售。多个在线旅游平台数据显示，北京、上海、广州、深圳等城市出发的火车票较难抢。

春运火车票发售首日，同程旅行预测的"2021年春运期间最难抢票的15条火车线路"分别为广州—重庆、北京—哈尔滨、广州—贵阳、广州—南宁、重庆—广州、广州—衡阳、金华—贵阳、上海—西安、广州—武汉、深圳—武汉、广州—达州、深圳—贵阳、广州—岳阳、杭州—贵阳、宁波—贵阳。

同程交通大数据显示，2021年春运期间铁路客流迁入迁出量较高的城市主要为北京、广州、上海、深圳、成都等外来人口集中的超一线或新一线城市。火车票最难抢购的城市主要集中在京津冀地区、长三角地区、粤港澳大湾区、成渝地区等外来人口较多、就业机会较多的城市群核心区域。

来源：澎湃新闻

4. 问题传导性强

北京、上海、广州、深圳人口还具有高集聚性的特征，对城市公共安全风险具有明显的"叠加倍增效应"，导致风险发生概率、风险覆盖范围、风

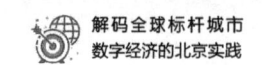

险治理难度和治理成本呈现指数级的增长趋势。

新冠肺炎疫情暴发以来，病毒续发和隐匿传播风险高，北京、上海、广州、深圳等城市的高人口密集度更为病毒传播提供了天然土壤，其面临着人口流动性强导致病毒传播链错综复杂，以及人口集聚、接触频繁导致病毒传染面更广、传播性更强等难题，其危险程度和防控难度远远大于中小型城市。

在北京、上海、广州、深圳等超大型城市，一旦局部出现风险点，极有可能迅速传导扩散，引发连锁反应，导致重大公共安全事件的发生。2014年上海跨年夜踩踏事件中，约31万人形成的上下人流不断对冲后，在外滩陈毅广场东南角北侧人行通道阶梯处形成"浪潮"，最初造成少数人失衡跌倒，继而引发多人摔倒、叠压，致使拥挤踩踏事件发生，最终导致36人死亡、49人受伤，人员伤亡和经济损失惨重。

专栏4：上海跨年夜踩踏事件

2014年12月31日跨年夜，上海外滩发生拥挤踩踏，最终导致36人死亡、49人受伤。上海公布调查报告，认定这是一起对群众性活动预防准备不足、现场管理不力、应对处置不当而引发的拥挤踩踏，并造成重大伤亡和严重后果的公共安全责任事件。

2014年11月，鉴于在安全等方面存在一定不可控因素，上海市黄浦区政府向上海市政府请示，新年倒计时活动暂停在外滩风景区举行。2014年12月9日，新年倒计时活动决定在上海市外滩源举行，活动现场观众控制在3000人左右。然而，上海市黄浦区政府在新年倒计时活动变更时，未对可能的人员集聚安全风险予以高度重视，没有进行评估，缺乏应有认知，导致判断失误。

事发当日20时至事发时，外滩风景区人员流量呈现上升趋势。数据显示，事发当日20时至21时，外滩风景区的人员流量约12万人，21时至22时人员流量约16万人，22时至23时人员流量约24万人，23时至事发时人员流量约31万人，即人员流量一直处于进多出少、持续上升的状态。

调查证实，事发当日22时37分，外滩陈毅广场东南角北侧人行通道阶梯处的单向通行警戒带被冲破以后，虽然现场执勤民警竭力维持秩序，但仍有大量市民游客逆行涌上观景平台。事发当日23时23分至33分，上下行人流不断对冲后在阶梯中间形成僵持，继而形成"浪涌"。事发当日23时35分，僵持人流向下的压力陡增，造成阶梯底部有人失衡跌倒，继而引发多人摔倒、叠压，致使拥挤踩踏事件发生。

来源：人民网

（二）城市复杂成本：管理者的痛

1. 财政支出不断攀升

城市运行管理成本不仅包括各类资源能源的消耗，还涵盖市政基础设施、公用事业、交通管理、废弃物管理等日常运行管理支出。例如，为保障居民基本医疗、完善公共卫生服务体系，需要加强医疗卫生投入；为推进城市环境综合治理与维护，需要持续为垃圾处理、污水治理、土壤污染防治、节能减排、植树造林、植被恢复等提供资金保障。

近年来，为保障居民衣食住行、医疗健康、生活环境、公共安全等基本需求，北京、上海、广州、深圳四大城市的相关公共财政支出每年高达数千亿元。从全国城市的一般公共预算支出数据来看，北京、上海、广州、深圳的公共预算支出遥遥领先于中小型城市，其中，上海和北京常年居前2位。例如，在2021年我国一般公共预算支出排名前10位的城市中，北京、上海、广州、深圳分别列第2位、第1位、第6位、第4位（见表13-9）。

表13-9 2021年我国一般公共预算支出排名前10位的城市

排 名	城 市	一般公共预算支出（亿元）
1	上海	8430.9
2	北京	7205.1
3	重庆	4835.0
4	深圳	4570.2
5	天津	3150.3
6	广州	3020.7
7	苏州	2583.7
8	杭州	2392.6
9	成都	2237.6
10	武汉	2219.3

数据来源：各地统计公报、财政局。

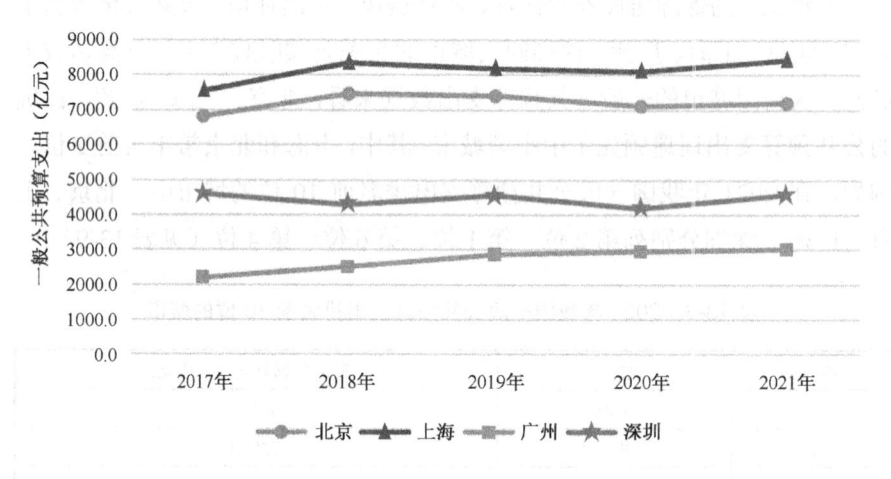

从近5年北京、上海、广州、深圳的一般公共预算支出数据来看,除深圳近年来公共预算支出基本保持平稳外,北京、上海、广州每年的公共预算支出不断攀升,其中,广州的一般公共预算支出5年增长率更是高达38.2%(见表13-10、图13-8)。

表13-10 近5年北京、上海、广州、深圳的一般公共预算支出

年 份	四大城市一般公共预算支出(亿元)			
	北京	上海	广州	深圳
2017年	6819.5	7547.6	2186.0	4594.0
2018年	7467.5	8351.5	2505.8	4282.6
2019年	7408.3	8179.3	2865.1	4552.7
2020年	7116.2	8102.1	2953.0	4178.4
2021年	7205.1	8430.9	3020.7	4570.2
5年增长率	5.7%	11.7%	38.2%	−0.5%

数据来源:各地统计公报、财政局。

图13-8 近5年北京、上海、广州、深圳的一般公共预算支出

2. 基层人员的难题

随着城市人口规模扩大,城市公共事务持续激增,为城市基层管理带来了各种各样的挑战。基层人员需要开展垃圾处理、户外广告、道路管养、园林绿化、环境卫生、乱搭乱建、疫情防控等治理工作,面临着各类难题。例如,城市里各个角落都有垃圾桶,但是每个垃圾桶的装满程度都不一样,为处理垃圾桶满溢情况,需要靠环卫工人和垃圾清运车沿着街道逐个检查,耗

费大量的人力、物力、财力。

自新冠肺炎疫情防控工作开展以来，很多基层干部、社区工作人员不仅要承担防控宣传、辖区巡查、送医协调等工作，还要填报大量表格，收集相关人员体温、咽痛、乏力情况等信息。例如，北京等多地基层人员反映疫情防控期间一天要填报十几份表格，数据统计量非常大，不仅耗费了时间和精力，还可能引发群众不满，面临着"表格抗疫"所带来的难题。

专栏5："表格抗疫"成基层抗疫突出问题

2020年2月12日，"新华视点"记者调查发现，在疫情防控工作中，重复繁重的填表任务等消耗了基层干部大量时间、精力，耽误落实迫在眉睫的抗疫工作，引发了群众不满。

北京、江苏、广东等多地基层干部向记者反映，防疫期间一天要填报十几份表格，这些表格由不同部门下发，内容基本相同，只是格式、体例稍有差异。

"上级很多部门下发的表格、各级防疫小组的表格都要填，内容基本相同，就是重复填写。"广东省清远市一位村支书告诉记者，防疫工作开展以来，被各类表格弄得焦头烂额，而且有些表格内容已超出了工作能力范围。湖南省长沙市某社区共有12名工作人员，要服务近万名常住居民和流动人口，每天要承担防控宣传、辖区巡查、送医协调、消毒、居民劝导、物资发放等大量工作，人手非常紧张，还不得不抽出两个人做"表哥""表姐"，专门承担数据收集、登记造表、信息上报等任务。社区主任抱怨："人手这么紧张，却要花费很多时间重复填表报资料，这是对基层防控力量的严重浪费。"

来源：新华网

三、数字化管理：降低复杂成本

数字技术应用于城市管理领域，能优化改造传统管理流程与模式，降低管理复杂度及成本，提升城市治理效能。

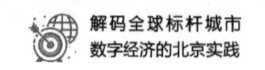

（一）政务数字化

早在电子商务盛行之前，电子政务就已经写入政府的重点工作中。在新一代信息技术的推动下，政府各项事务的数字化进程加速快跑，在简化流程、便捷惠民方面发挥了突出作用。

案例：区块链助力政务创新应用

腾讯云计算（北京）有限责任公司

腾讯云计算（北京）有限责任公司（以下简称"腾讯云"）是云计算、大数据、人工智能技术服务提供商，面向政务服务领域打造国家政务服务平台，为各地区和国务院部门政务服务平台移动端提供公共入口、公共通道、公共支撑，为企业和群众提供查询、预约、办理、投诉建议和评价反馈等一体化服务。

⊃ 传统模式

"放管服"改革和"互联网+政务服务"不断推进，对政务领域业务真实可信、流转效率、数据隐私、管理能力、服务能力等方面也提出了更高的要求。在传统模式下，部门与部门之间、各层级之间条块分割、信息壁垒严重，数据共享与业务协同难，数据安全和隐私保护同样面临挑战，致使政府治理成本高，民众办事反复跑动多、填报复杂、流程长。

⊃ 数字化模式

基于腾讯云区块链产品技术，发挥区块链对于数据防篡改、可追溯、高效共享和高安全性等优势特点，为政务多领域保护数据隐私、降低管理成本、提升管理能力、创新业务模式提供技术能力支撑及丰富的探索实践。目前，区块链在政府领域的十大场景包括区块链财政电子票据、区块链电子发票、区块链不动产税收治理、冷链溯源、区块链数字身份、区块链电子签章、区块链电子证照、区块链公共资源交易、区块链+破产事务办理、政务数据共享协同，并不断在更多领域拓展实践，助力政府治理更高效、公共服务更便捷。

取得成效包括：

作为全国一体化在线政务服务平台的总枢纽，国家政务服务平台直通31

个省（自治区、直辖市）和新疆生产建设兵团，以及40余个国务院部门的政务服务，接入地方部门300余万项政务服务事项和一大批高频热点公共服务。国家政务服务平台累计访问人次超过70亿人次，总注册人数超过4亿人。

⊃ 数字化在政务领域怎样落地

腾讯云区块链产品技术在政务领域的十大应用场景具体情况如下。

（1）区块链财政电子票据，有效助力财政电子票据业务降本增效，提升业务应用和管理水平。

（2）区块链电子发票，实现了"交易即开票、全信息上链、全流程打通"，提升了税收管理服务科学化、精细化、智能化水平。

（3）区块链不动产税收治理，政务业务协同办理效能全面提升，税收营商环境进一步优化；实现数据"链上跑"代替市民"路上跑"。

（4）冷链溯源，利用"腾讯安全领域区块链技术和腾讯优码""腾讯健康码技术""腾讯仓运通产品"，为各类进口冷冻食品赋码，实现对人、货、场、车等全环节精准管理，以及对产、存、购、销、运等全流程动态感知，进而实现供应链全程可监管、可追溯，增强新冠肺炎疫情多维度排查能力。

（5）区块链数字身份，实现数字证书申请、电子文件签署的业务发起、签署意愿采集、签署动作执行、签署结果验证等全链条信息的随时可查询、可监督、可追溯、可取证。

（6）区块链电子签章，依托数字证书，民众或企业通过手机即可轻松签名、签章，并通过区块链实现电子印章发起获取、授权使用、签署流程等全链条信息的随时可查、可监督，以及全流程可追溯。

（7）区块链电子证照，通过区块链赋能证照汇聚、证照存储、证照请求、证照获取四个环节，避免了在传输过程中证照易被篡改、存储环境中证照被篡改或泄露、调用方抵赖、持证人未授权等问题。

（8）区块链公共资源交易，通过对主体业绩、信用、不良行为等进行存证、共享，实现交易数据跨部门、跨区域共同维护和利用，打通监管部门间信息不对称的"数据壁垒"，促使"信息互联网"向"价值互联网""信任互联网"转变。

（9）区块链+破产事务办理，用区块链、账户鉴权等前沿科技，为法院、管理人及债权人提供破产案件全流程服务，实现破产案件的全流程线上化作业，降低破产成本，全面提升破产案件办理质效。

（10）政务数据共享协同，利用区块链、可信计算技术，打造数据安全可信共享的基础设施，在保证数据安全和隐私保护的前提下，实现多参与方数据可信共享、协同计算。

⊃ 数字化变革之路

腾讯云区块链可信数据共享产品，能够加速实现各政府部门数据的互通，提高政务服务数据的综合分析处理能力。该产品已帮助多个中国区块链示范先行区建立起高效的数据共享平台，帮助其汇集来自多方的高质量政务服务数据，并提升数据分析能力。腾讯云区块链协同治理服务网络，能够提高政府跨地域、跨部门的协作治理效率，还能够灵活接入市场化机构，实现更大范围内的"一网通办"。腾讯云区块链开放服务平台及分布式身份体系，能够帮助政府提升政务公开水平、自我监管能力，并加速社会信用体系建设。

区块链技术能够有效助力政务协同与产业协作。区块链的技术特性赋予了自身变革传统产业的潜力，延伸到各行各业的场景，脱虚向实，能够提升系统的安全性和可信度，加强传统产业多方之间的协作信任，同时简化流程、降低成本，进而在各领域助推实体行业发展，解决实体经济的真实问题。因此，除了助力政务行业，区块链还可以深度融入传统产业，通过解决产业升级过程中遇到的信任和自动化等问题，基于增强共享和重构等方式助力传统产业升级，重塑信任关系，提高产业效率。

⊃ 专家点评

该案例研发腾讯云区块链政务应用，发挥区块链对于数据防篡改、可追溯、高效共享和高安全性等优势特点，为政务多领域保护数据隐私、降低管理成本、提升管理能力、创新业务模式提供技术能力支撑及丰富的探索实践。

1. 税务服务数字化

税务服务是由税务机关向纳税人、缴费人等提供的一种法定服务，是帮助其了解和遵从法律法规要求、享受各项减税降费政策红利，为经济、社会发展及民生改善提供坚实财力保证的重要工作。近年来，纳税业务量迅猛增长，尤其是国地税合并、税制改革之后，需要对扩大试点后的旧发票进行核对，税务机关工作任务更加繁重，并且往往因为办税流程烦琐复杂、服务效率不高而引发群众不满。税务服务数字化转型需求不断提升，北京、上海、广州、深圳等城市纷纷运用大数据、云计算、人工智能、区块链等技术，推进智慧税务建设，发挥"以数治税"作用，实现纳税人足不出户即可在网上一键查询、一键申报、一键缴款，用系统自动填报代替手工报税，推行电子发票，降低用票企业财务管理风险和涉税风险等，为纳税人、缴费人带来实惠便利。

例如，北京众信链科技有限责任公司支撑国家税务总局北京市税务局开发了增值税发票分类分级辅助提示系统，通过税收大数据"信用+风险"分析，自动将申领增值税发票的纳税人分为三类六级，支持全票种、全流程、全线上自动审批，实现了增值税发票审批时间由以往最长的 20 个工作日缩短至即时办结，并推出"票 e 送"服务，支持快递送票上门，实现发票领用足不出户。

2. 企业开办数字化

企业开办是指企业从设立登记到具备一般性经营条件的过程。高效便捷的企业开办服务是释放创新创业活力的重要保障。企业开办办理事项包含企业登记、公章刻制、税务登记、社保登记、住房公积金缴存登记、银行预约开户等，涉及的环节多、部门多、时间长（平均时间为 22.9 天），企业需要依次向市场监管、公安、税务、人力资源和社会保障等部门提交申请材料，相关部门面临办事流程复杂、协调成本高等难题，企业也因开办时间长而面临办事成本高等痛点问题。发展"互联网+政务服务"的企业开办服务模式，以压缩企业开办时间、提高政府服务效率的需求不断上涨。截至 2020 年年底，全国各省（自治区、直辖市）均已开通了企业开办"一网通办"平台，实现了"线上一表填报、线下一窗领取"，各地企业开办所需时间均已经缩减至 4 个工作日内。

例如，长城计算机软件与系统有限公司支撑北京市市场监督管理局等搭建了北京企业登记 e 窗通服务平台，通过整合原来分散在各部门网站上的办事系统，实现申请人只需要"一窗"填报即可一次性完成开办企业的申报，为企业提供"集成性""无纸化""零见面"的办事体验，解决了在传统企业开办流程中存在的企业需要多点登录和申报，以及部门之间数据共享不及时、串联审批耗时过长等突出问题，实现了网上一次申报、统一受理、

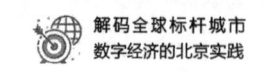

统一反馈、一天免费办结，显著提高了企业开办效率。

3. 买房、购车登记数字化

买房、购车是群众的基本生活消费需求。随着城市人口规模不断扩大，房、车交易量持续增加。买房、购车存在流程环节多、手续复杂的问题。例如，办理不动产交易登记需要向住房和城乡建设、规划和自然资源、税务、公积金等审批服务部门分别提交申请、重复提供材料；办理车辆注册登记涉及购置保险、缴税、登记上牌等环节，相关政务服务人员材料审核、整理、归档工作量巨大，服务效率较低。对此，多地均积极推进买房、购车登记数字化转型。在不动产交易登记领域，通过推进"全程网办"登记模式，实现买房网上全程办理，无须前往登记大厅；在购车注册登记领域，基于信息化手段，购车人在缴纳车辆购置税后，公安机关交通管理部门可通过信息系统自动核查缴税信息，并办理车辆注册登记手续，实现车辆购置税申报、缴税、登记上牌全流程的电子化、无纸化。

例如，北京市测绘设计研究院支撑北京市规划和自然资源委员会开发了北京市不动产登记领域网上办事服务平台。基于该服务平台，北京市规划和自然资源委员会、北京市财政局、北京市税务局三部门将不动产登记业务纳入"税费同缴"范围，提供数字赋能的高效便捷政务服务，实现多部门支付操作的简化合并改革。购房人只需要在网上提交一次材料、进行一次支付操作，便可足额缴纳不动产交易中涉及的税、费，直接领取不动产登记电子证照，方便、快捷、省时、省事。

4. 警务和司法数字化

近年来，为加强基层警力的统筹使用，多地开始推行"社区交警"服务机制，警察投身于"综合执法"，不仅要在公共场所执法，还需要"下沉"到社区服务居民，警务工作任务日益繁重和警力相对不足的矛盾日益突出。为实现警务资源高效运作，智慧警务建设的需求攀升，大部分警察都使用了移动警务终端。移动警务终端可以与警务指挥端互联，结合卫星定位系统，移动警务终端可根据警务人员的位置自动推送事故报警定位信息，有效辅助指挥调度，提高警力投入精准度和时效性；同时，警务人员可以实时查询后台收集、监测、分析的大数据信息，对执法对象进行精准判断、精确打击等。

例如，北京市公安局公安交通管理局研发了新型移动警务终端。该终端能够通过拍照识别车辆号牌，自动获取车辆信息；扫描驾驶证条形码和二代身份证，自动获取人员信息；以及具备地理定位和智能搜索等人性化、一键式的设计和应用，实现执法过程"省力"73%、"省时"75%。另外，该终端能根据管界内实时交通运行状况、交通热力图及拥堵点段，动态调配部署警力，实现"警力跟着警情走"；若遇有紧急突发事件，路面民警可实时通过该终端将现场图像回传至指挥中心，实现快速反应、高效处置等。

案例：无纸化智能服务

太极计算机股份有限公司

太极计算机股份有限公司（以下简称"太极股份"）是中国电子科技集团有限公司旗下国有上市公司之一。太极股份成立30余年来，以"做中国最优秀的数字化服务提供商"为愿景，面向政府机构及政法、公共安全、国防领域等提供优质的全方位信息化服务，以政务云服务为基础，以网信安全为纲要，助力各领域数字化治理能力的提升与创新。

依据"智慧法院"的"十四五"建设规划，太极股份面向"服务+政法""数字+政法""智能+政法"，基于数据中台、文本AI、区块链等核心能力推出以无纸化智能服务为代表的政法领域智能化应用和体系化知识服务，为国家"数字法治"建设助力。

⇨ 无纸化智能辅助办案模式

太极股份深入贯彻电子卷宗无纸化智能辅助办案理念，全面突破线下案件办理的传统业务模式，实现电子卷宗在案件办理过程中全案由、全流程的网上办理，构建无纸化办案一体化数据资源体系，完成人民法院诉讼、审理、执行等核心业务从线下向线上的转变；充分发挥大数据和人工智能的科技生产力，实现电子卷宗在诉前调解、案件办理和司法管理中的深度应用，实现智能、便捷、高效的无纸化司法办案工作模式。

⇨ 深圳样板

2017年10月，深圳市盐田区人民法院作为广东省"智慧法院"试点单位，上线了"电子卷宗随案生成及深度应用系统"。2018年5月，深圳市两级人民法院开始推广应用无纸化办案模式。2019年2月，深圳市中级人民法院被最高人民法院确定为全国"以电子档案为主、纸质档案为辅"的案件归档方式试点单位；同年6月，深圳市中级人民法院完成无纸化办案系统2.0版升级。2020年，深圳市两级人民法院进入"全覆盖、全流程、全要素"无纸化办案模式。2022年5月，深圳市中级人民法院通过国家档案局"电子文件单套归档和电子档案单套管理"试点验收，得到专家高度肯定。

深圳市两级人民法院无纸化智能辅助办案自2018年5月起推广使用至今，在两级人民法院的大力支持和配合下，已步入常态化工作模式。2021年，深圳市两级人民法院无纸化流转案件共457183宗、审判类裁判文书共169844份、审判类过程文书共1535156份，电子卷宗同步结案归档369088宗，法官人均结案466宗。案件平均审理周期、小额诉讼程序适用率等审判效率、审判质量、繁简分流改革核心指标方面获得巨大提升。

⊃ 数字化在政法领域怎样落地

1. 卷宗生成

实现多渠道、多格式的线上线下卷宗材料汇聚并自动归档，利用智能识别技术，实现材料图文识别、智能编目、精准命名。

2. 智能阅卷

智能阅卷支持阅卷和归档目录切换，提供PDF/Word/图片/音频/视频多模态文件阅卷服务，支持新增及重要材料提醒、多屏材料比对阅卷、卷内文件关键字检索、卷宗文本复制复用、阅卷多类型批注及批注定位和全卷索引、检察院卷目录可视化、阅卷笔记，使法官阅卷、庭审更便捷，有效实现诉前调、一审、二审、执行、再审等关联案件卷宗一码通，使得案卷调阅关联更简便。

3. 文书生成

支持各类案件标准文书模板，以及法官个性化文书模板管理。对于程序性文书，可一键生成、快速送达；对于要素式文书，可一键生成、当庭宣判；对于复杂裁判文书，支持卷宗提取要素智能回填，并结合裁判说理知识库和法律法规库，智能辅助生成文书。

4. 一键归档

归档前对卷宗材料智能检验，自动对待归档卷宗进行排序、编码、分卷，生成档案目录和档案封皮，并自动转化为电子档案上报，全面实现卷宗一次扫描、一键归档。

5. 智能管理

支持案件从立案到结案全生命周期节点管理、当事人关联案件展示、上诉超期预警等审判流程预警、在线合议、质效评估、审判监督等。基于本地案例知识研判，提供本地案例类案推送、法规推送、案例画像、行业画像、案件评查、基于卷宗的质效分析等知识服务能力，全面推动无纸化数字治理、智能服务的业务贯通。

6. 协同服务

打通内外网服务环节，面向当事人律师提供互联网端的卷宗服务，支持互联网卷宗浏览、当事人网上证据交换、卷宗交互等便捷服务，形成数据集中、管理集成、服务集聚的一站式诉讼服务体系。面向法官提供移动办案卷宗服务，可与科技法庭协同实现智慧质证、语音唤醒服务。

⊃ 行业荣誉

2020 年，无纸化智能辅助办案系统入选全国政法智能化建设"智慧法院十大创新产品"。

2020 年，最高人民法院组织开展了电子卷宗智慧审判辅助系统测评工作，太极股份送检的深圳市两级人民法院智慧审判辅助系统综合得分在各送检单位中名列第一。

2021 年，无纸化智能辅助办案系统荣获中国电子学会科技进步奖三等奖。

⊃ 数字化变革之路

基于太极股份自主知识产权的图文识别、智能编目、要素抽取等核心产品能力，实现基于非结构化材料、以卷宗为核心的案件智能辅助办案模式的转变，并以此为基础构建了卷宗资源中心，对历史案例和卷宗进行有效的研判分析，从而盘活历史办案经验和卷宗价值。

⊃ 专家点评

该案例以司法领域的无纸化智能辅助办案为目标，具有创新性数字化转型意义。

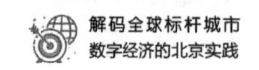

（二）民生数字化

1. 高速路和快节奏

交通是城市道路系统间的公众出行和客货输送，是城市正常运行和健康发展的基础，关系着城市经济发展与民生福祉。随着城市化进程不断提速，居民个性化高质量出行需求日益提升，近年来城市交通基础设施建设快速推进，汽车保有量持续攀升，网约车、共享单车等业务兴起，促使城市交通设施资源的时空利用不均衡问题日益突出，不仅在出行高峰时段极易出现交通拥堵，在出行平峰和低谷时段还存在资源浪费现象。利用数字技术缓解交通拥堵、优化出行服务正成为各城市开启交通治理新局的关键手段，可对路口交通信号灯进行智慧配时，实现动态绿波，提升车辆行驶速度；提供拥堵预警功能，实现精准分流出行流量等。

例如，北京市交通委员会与高德地图共同建设了国内首个交通绿色出行一体化服务平台（MaaS），为市民提供整合了公交、地铁、步行、骑行、网约车、航空、铁路等多种交通方式的一体化、全流程的智慧出行服务。该平台能够显示实时公交、地铁拥挤度、路线拥堵等情况，与北京市统一停车资源平台对接道路停车位数据，并提供信息服务，支持停车引导、综合交通出行信息发布、无障碍出行服务等特色功能，并在全球首次通过碳普惠减排市场化交易，将个人绿色出行方式转化为物质和精神激励。

案例：边缘控制器在高速公路行业的应用

北京和利时系统工程有限公司

北京和利时系统工程有限公司（以下简称"和利时"）是交通控制系统解决方案和服务提供商，提供基于边缘智能控制器及"云—网—边—端"架构的智慧隧道解决方案，实现隧道智慧化综合管控，支持提供机器人智能巡检、数字孪生、节能减排、应急联动等服务。

➲ 传统模式

公路隧道采用传统的 PLC 架构实现对单一设备的控制。受限于专有连接、专用软件和许可成本等问题，PLC 架构难以支持高级网络和安全功能，存在编程维护烦琐、无法远程操作、没有前端的计算存储能力等缺点。同时，以 PLC 架构为核心的机电设备管控模式存在控制器位置分散、重复投资、机电设备状态不可感知等问题。

⊃ 数字化模式

将基于边缘智能控制器及"云—网—边—端"架构的智慧隧道解决方案应用于龙池隧道，优化和精简现有的隧道监控系统架构，提升管理效率、数据传输效率；打造统一数据底盘，实现数据在网络边缘侧的分析、处理与存储，在减少对云端依赖的同时，提高数据的安全性。边缘智能控制器内部搭载基于交通流量和隧道内环境的 AI 分析模型，对隧道多源数据进行融合分析，实现交通事故、火灾等事件的实时预警，提升隧道智慧化应用和综合管理水平。

取得成效包括：

（1）在设备资源利用方面，提高资源利用率至 30% 以上，降低设备投资成本 15% 左右；

（2）在数据协同的基础上，可以实现多专业（照明、风机）节能降耗约 30%；

（3）在数据共享基础上，支持专业业务的自动化、智能化提升，进一步降低调度人员的劳动强度和人工投入，降低人工投入 20% 左右。

⊃ 数字化在交通领域怎样落地

1. 机器人智能巡检

支持隧道环境智慧监测、设备智能养护、事件识别一体化应用，实现灭火处置、应急事件辅助疏导救援等应急联动，快速排除安全隐患、降低事故发生率、减少人员及财产损失。

2. 数字孪生

利用自研边缘智能控制器优势，打通隧道交通控制系统、通风系统、照明系统、情报板发布系统、消防系统和视频监控系统等各子系统之间的数据壁垒，融合 BIM 技术，构建隧道数字孪生系统。对隧道视频图像、通风、交通运行及设备状态等进行全方位监测和智能分析，提升隧道管控可视化、智慧化。

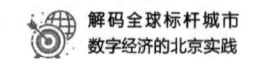

3. 节能减排

通过边缘智能控制器内部搭载的基于交通流量和隧道内环境的 AI 分析模型，实时监测隧道内车流情况，根据车流密度实时调控隧道内的风机和灯光，达到车来灯亮、车走灯灭的效果，最大限度地实现能源高效利用，减少不必要的能源浪费，可达到 30% 以上的节能效果。

4. 应急联动

结合人工智能分析、感温探测、三维仿真技术，完成多源数据融合分析，针对隧道内交通事故、火灾等突发情况，通过自动调用预先设置的应急预案，借助边缘智能控制器实现隧道内风机、照明、情报板、广播、卷帘门、行车指示器等设备自动化控制，完成应急事件处置，从而保障隧道内人员、车辆和结构安全。

数字化变革之路

目前，我国公路隧道在规划建设过程中普遍面临机电设备和信息化系统之间数据无法共享、系统无法联动、运维管理效率低下等问题。

边缘智能控制器的应用，可以有效提高隧道内机电设备综合管控的效率，降低隧道运维管理成本，提升隧道内设备间的协同联动能力，提高隧道内机电设备故障、交通事故及周边环境风险监测预警和应急处置能力，实现对高速公路隧道内机电设备的科学化、智能化、精准化、预防性管理，为智慧隧道建设赋能增效，推动高速公路隧道管理工作由粗放向精细化转变、由传统向智能化转变。

截至 2020 年，我国公路隧道数量达 21316 处，边缘智能控制器在高速公路行业具有广阔的市场应用前景。

专家点评

该案例是自动化监控技术的典型应用，可实现隧道全要素（机电设备和交通状态）的实时感知、各子系统的智能协同控制、单体隧道和监控中心的多级管控，具有很好的发展前景和市场应用前景。

案例：基于"端、边、云"架构的智能城轨一体化管控平台

北京和利时系统工程有限公司

北京和利时系统工程有限公司（以下简称"和利时"）是自动化系统解决方案供应商，提供边缘智能控制器、边缘智能一体机等交通控制系统解决方案，实现对城市轨道交通生产调度系统、运维管理系统等业务应用的全面支撑。

⊃ 传统模式

在传统模式下，城轨云建设仅使用云计算的 IaaS 层，各业务软件以虚拟机的方式部署在云平台中，大多是单体应用；各业务软件及数据分立，业务和流程未打通，为满足数据访问的需求，各业务系统之间接口繁多、呈网状，接口协议多样。

城轨云建设只能实现硬件资源方面的共享，各业务系统的架构并没有变化。随着业务系统功能更多、应用更庞大，城轨云升级维护将更加复杂，影响范围广、风险高。业务和流程未打通导致同一个协议不同厂家重复开发，成本高；车站控制设备的管控及智能化不足，无法深度挖掘数据价值。

⊃ 数字化模式

利用工业互联网、边缘计算、人工智能技术，采用"端、边、云"架构，通过技术中台、数据中台和业务中台构建智能城轨综合业务平台，实现统一开发与运行环境、应用统一管理；实现更精准、更实时、更高效的数据采集和数据共享；实现城轨开发技术、运管经验知识的复用化；通过车站边缘智能一体机和边缘智能控制器构建边缘计算平台，满足行业在时延敏感情境下的边缘智能化应用需求，解决城轨行业设备部署分散、数据融合有限、智能化管控提升难等问题，有力支撑智慧型轨道交通的建设。

取得成效包括：

（1）在设备资源利用方面，提高资源利用率到30%以上，降低设备投资成本约15%；

（2）在数据协同的基础上，可以实现多专业（机电、供电、通信、信号）的节能降耗约10%，取得较大经济效益；

（3）在数据共享基础上，支持专业业务的自动化、智能化提升，降低调度人员的劳动强度，降低人工投入约 20%。

● 数字化在轨道交通领域怎样落地

基于"端、边、云"架构的智能城轨一体化管控平台目前已经应用于北京地铁 19 号线一期工程，支撑建设智慧城轨应用，最终为用户提供行车综合自动化、综合网管、智能运维三个访问门户。

智能城轨一体化管控平台承载了 TIAS、PIS、CCTV、ACS、ALM 等近 20 个业务系统。通过遵循平台的数据标准规范，统一设备数据模型；通过统一的接入协议，将系统数据融合于平台之上；由平台提供统一标准的数据接口，以实现数据共享，为各业务系统实现创新应用提供数据支撑。同时，简化系统间复杂、烦琐的数据接口，为后续减少线路接口设计，以及缩短设备联调时间提供建设依据。平台为各业务系统提供了通用组件和服务，各业务系统基于平台提供的容器平台、微服务治理、数据库、中间件等组件服务实现了智慧城轨创新应用的快速迭代开发，共同打造智慧城轨生态。

智能城轨一体化管控平台运用大数据分析技术和数据驱动模型，提升轨道交通关键设备的运维智能化水平，减少维护设备的投资，有效提高人工运维效率，进一步提高整个线路的运营质量，为乘客、运营公司带来潜在的社会效益，同时提高行车安全运行和正点效益，保证乘客人身和财产安全。

● 数字化变革之路

目前，国内多个城市正在推进城轨云、行业云的建设，但主要集中在生产运营业务的基础设施资源利用、资源分配、运维管理等方面，未涉及生产运营系统自身的提升，现有系统架构对智能化运营提升需求响应慢。

基于"端、边、云"架构的智能城轨一体化管控平台以城轨信息模型为核心，实现基于统一数据共享的业务流程，提升城轨生产运营系统，改变多专业、多业务烟囱式建设发展模式，为实现我国城轨综合自动化装备高能效、低运维成本、人性化服务提供支撑，助力加快智慧轨道建设。

"十四五"期间，我国城市轨道交通运营里程数将新增 3000 千米。智能城轨一体化管控平台在北京轨道交通 19 号线示范应用，提高了我国在城轨综合自动化领域的技术优势，为后续乃至在全球的应用打下坚实基础，未来其市场份额近百亿元。

> ⊃ 专家点评
>
> 智能城轨一体化管控平台充分运用云计算、大数据、边缘计算、人工智能技术实现多专业、多业务的高度集成，打通建设、运营、维护等环节，进一步打破了信息孤岛，提高了建设、运营、维护效率。在数据协同的基础上，多专业（机电、供电、通信、信号）的节能降耗效果明显。

2. 水、电、燃气等数字化

水、电、燃气是城市居民生产生活的重要保障，关系到城市运行和居民生活秩序。近年来，为了节约资源，水费、燃气费实施了阶梯定价，电费设置了不同时段收费等，增加了管理的复杂性。水、电、燃气等的数字化、网络化、智能化需求不断提升，大部分居民都换了智能水表、智能电表、智能燃气表，能够帮助居民在不同时段实现差别付费，同时，只要手机轻轻一点，就可以在线购买水、电、燃气，无须再去交易大厅排队缴费，节省了大量时间和精力，也避免了未及时线下缴费而停水、停电、停燃气的窘境，提高了居民的幸福指数。

例如，北京市万智生科技有限公司采用后装式物联设备对存量水、电、燃气表盘进行分装式智能化改造，无须更换原仪器，以"更轻盈、更便捷、更高效"的应用体验，让老旧小区居民能够享受到无差别的智能化抄表服务。北京市万智生科技有限公司通过双模拍照、传感技术识别获取表盘前端数据，并基于人工智能算法在后端对数据进行分析、检测，数据识别率高达99%以上。北京市万智生科技有限公司还为用户提供自助查询、漏气检测、个性化计费账务、实时大数据分析等增值业务流程，帮助居民高效用水、用电及安全用气等。

案例：安徽省联社云缴费平台

北京南天软件有限公司

北京南天软件有限公司（以下简称"南天软件"）致力于金融行业的电子信息化服务，围绕云计算、大数据、移动互联网、人工智能、物联网等最新技术，研制了一系列具有自主知识产权的软件产品，能够提供IT系统咨询、软件开发、软件测试、系统运维等服务，可为客户量身定制成熟的应用系统与解决方案。

⊃ 传统模式

在传统模式下，缴费只能通过银行柜面渠道连接收费单位和缴费渠道进行。

（1）传统的缴费方式不仅增加了缴费用户四处奔波、排队烦琐的负担，同时给银行柜台的工作人员带来巨大的工作压力，并面临业务办理过程中纸张浪费和开车缴费过程中耗油、耗电等环境污染问题，在疫情这类特殊时期还会增加交叉感染的风险。

（2）线上缴费成为主流，但随之而来的问题是参与机构多、对接开发杂、运营维护难。

⊃ 数字化模式

安徽省联社云缴费平台通过整合各类缴费服务和金融服务，解决生活缴费和金融服务长时间以来百姓跑腿多、等待时间长、体验差、满意度低等问题，提升服务的便利性和可获得性。该平台在便捷生活缴费功能服务的同时，助力银行拓展更高效的存款来源渠道，为银行发展信用卡、小额消费信贷、工资代发等各资产类业务提供坚实的数据支撑。

取得成效如下。

（1）直接经济效益：安徽省联社云缴费平台上线一年多，签约缴费单位近6000户，对接缴费单位系统30多个，交易金额达23.5亿元；缴费单位绑定结算账户存款余额近20亿元，户均存款70余万元。

（2）间接经济效益：安徽省联社云缴费平台上线以来接入10余个业务种类，收费单位、合作渠道商户仅需要与联社云缴费平台进行一次对接即可。

（3）先进的技术应用，降低银行资源投入和项目成本。

（4）百姓从以往的银行窗口缴费平均花费1小时转变为3分钟，大大节约百姓的时间成本。

⊃ 数字化在消费领域怎样落地

安徽省联社云缴费平台围绕"一个平台，两套标准接口，三种接入方式"的整体思路，打造了"可拓展、立体化、全覆盖"的缴费渠道。

一个平台即坚持"统一接入、标准输出"的业务思路，打造统一开放的云缴费平台。两套标准接口：一是面向提供缴费种类的机构、企业自建系统、缴费服务平台的接口；二是面向安徽农金线上、线下业务渠道，以及拥有大量客户群体且需要开通缴费服务的接口。三种接入方式：一是对接行内中间业务平台、特色中间业务平台；二是对接已自建缴费系统的各公缴业务机构、企事业单位、第三方缴费业务平台；三是由安徽农金自主打造一个开放式缴费业务托管平台。

系统整体逻辑架构划分为两个部分：资源整合、能力输出。资源整合是通过平台强大的通信接入模块，支持不同体系架构的政府单位、水、电、燃气等民生类公缴单位缴费系统快速接入，提升缴费项目接入效率，主要包括系统的直接对接服务、提供缴费托管的用户数据导入服务等。能力输出是向行内外客户提供安徽农金任意业务渠道，以及合作的第三方机构平台，输出缴费服务能力，使客户享受一站式生活缴费服务。

◉ 数字化变革之路

本案例在实现便捷的生活缴费功能服务的同时，也助力各地农商银行拓展更高效的存款来源渠道，为行内下一步发展信用卡、小额消费信贷等各资产类业务提供坚实的数据支撑。同时，便民缴费平台助推银行业服务转型，助力各地农商银行拓展更高效的存款来源渠道，为其发展信用卡、小额消费信贷、工资代发等各资产类业务提供坚实的数据支撑。便民缴费平台打通了各级政府执收单位、税务、社保、财政部门等的系统通道，实现对公、对私的线上线下一体化缴费功能，打通公共服务最后一千米。

围绕"利企便民"这一主题，便民缴费产品不仅为经济社会创造了财富，同时为社会民生贡献了价值。

◉ 专家点评

该案例在做精做实普惠金融方面有较为显著的作用，可加强水电气、纳税、社保等缴费信用信息的归集，实现相关信用信息共享，发挥其在信贷发放方面的作用。该案例在便捷生活缴费功能服务的同时，助力各地农商银行拓展更高效的存款来源渠道，为其发展信用卡、小额消费信贷、工资代发等各资产类业务提供坚实的数据支撑。该案例具有特定的应用场景，有一定的推广应用前景。

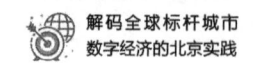

3. 教育数字化

教育是最大的民生工程，不仅关乎国家发展大计，更关乎百姓的切身利益，是关系到千家万户的事业。随着人们对教育的重视度显著提高，高品质、个性化的学习需求不断提升，教育工作者面临的教学压力与挑战也日益加大。教育数字化能够供给"更高质量、更加公平、更多选择、更加便捷、更加开放、更加灵活"的教育服务，目前各地均在系统化推进教育数字化转型。互联网、大数据、人工智能等技术，能助力构建"人人皆学、处处能学、时时可学"的学习型社会，帮助教育资源落后地区接触优质教师及课程；教师还能开展智能批改作业与学情分析，进而实现分层和精准教学，提高教学质量与效率。

例如，网易有道公司开发了智能学习终端。学校能通过该终端连接教师、学生和家长。该终端还提供智能错题本、个性化推题、AI作文批改、客观题自动批阅、线上智能组卷、多维度学情报告、教学质量数据看板等功能，不仅能为教师减负批改试卷，还能让教学管理者实时掌握教学过程和数据，实现精准高效教学、个性化的学情分析及科学的伴学指导，有效改善了在传统教学场景下作业低效批改和个性化教育不足等痛点。

案例：网易有道词典笔

网易有道信息技术（北京）有限公司

网易有道信息技术（北京）有限公司（以下简称"网易有道"）成立于2006年，是网易旗下利用大数据技术提供移动互联网应用的子公司。多年来，网易有道围绕学习场景，打造了一系列深受用户喜欢的学习产品和服务，建成了以语言翻译应用与服务、在线教育、个人云服务、智能硬件为主要构成的产品生态，产品包括有道精品课、中国大学MOOC等在线课程，以及有道词典、有道词典笔等软硬件学习工具。

▶ 传统模式

实体词典成本较高，英语学习者负担大；质量高，不利于随身携带及查询。纸质词典，甚至是计算机端、手机端的电子词典，大都存在查词耗费时间长等问题。

一方面，大量纸质词典对自然环境有很大损害；另一方面，为满足不同需求，人们需要购买多种电子产品，不同硬件产品的滥用造成了大量电子垃圾，这些元器件可能数十年都无法降解，带来了严重后果。

⊃ 数字化模式

基于有道神经网络翻译（YNMT）、语音识别与语音合成（ASR&TTS）、光学字符识别（OCR）等技术，网易有道提供了具有互动点读、扫描查词、口语测评等服务的多功能智能学习型产品。有道词典笔可以在多方面适用，解决了阅读外语资料时查单词效率低、学生英语发音不准确，以及提升儿童学习能力和兴趣等方面的问题，对于英语行业的学生和老师都有很大的帮助。

取得成效包括：

（1）搭载了网易有道行业领先的光学字符识别技术，最高识别准确率达到99%；

（2）已入驻全国包含清华大学、北京大学等知名高校，以及衡水中学、临川二中等全国百强中学，累计入驻各地超900余所大中小学校；

（3）覆盖了全国32个省（自治区、直辖市），直接服务于广大老师及学生群体；

（4）网易有道全线产品月活跃用户（MAU）超1.2亿人，网易有道词典笔与网易有道词典App联动，共同作为后续推广的种子用户，为产品应用推广提供强大的流量支持。

⊃ 数字化在教育领域怎样落地

（1）语言翻译技术。网易有道自研神经网络翻译，在多个测试集上的BLEU指标优于国际翻译引擎，并在此基础上研发了语法纠错、辅助写作等教育领域技术，赋能英语学习。

（2）文字语言识别技术。搭载了网易有道行业领先的光学字符识别技术，平均识别准确率达98.3%。

（3）搭载了语音识别技术和语音合成技术，中英文识别正确率高，支持六种语言，在中英文混合识别、儿童场景、离线场景等具备较强的竞争力；语音合成技术的应用实现了文本转语音，设备发音十分流畅、清晰、自然。

（4）收录《新华字典》拓宽专业学习内容；上线写作指导功能，可以精确识别、AI智能测评英语手写作文。

(5) 提供英文资料的定制服务，内置字典、分级阅读器、图画书、教科书、有声读物、播客、练习等。

➲ 数字化变革之路

网易有道词典笔有助于提升智慧教育、出版行业附加值，创新自主学习方式，有助于进一步拓展智慧教育行业广度和深度，加强教育应用的创新发展，并给根植于内容创作的出版行业提供了新的发展空间，为出版行业的转型升级增加了可能性。

将人工智能与教育产业融合，将新一代信息技术运用于智慧教育行业，助力开创全新产业空间，提升市场价值。

网易有道词典笔实现了可视化点读的智能学习硬件，将传统点读笔推进至"可视化"点读创新阶段。网易有道词典笔的"单词本云同步"和"扫词实时显示"的单词本功能，可以帮助学生高效英语学习。

网易有道词典笔围绕字、词、句、段、篇的语言学习场景，通过功能的不断创新和丰富实现听、说、读、写全面覆盖；并逐渐探索低幼点读市场，以及职场英语学习市场，具有广泛的潜在用户群体，应用前景广泛。

➲ 专家点评

该案例中的网易有道词典笔，是一款集成网络翻译、语音识别语言合成和光学字符识别新型技术的服务产品，是数字化转型的终端工具产品。

案例：东华智慧教育云平台案例

东华软件股份公司

东华软件股份公司（以下简称"东华软件"）是IT服务运营商，依托大数据、人工智能、云计算、5G、区块链等新兴技术，形成以应用软件、技术服务、系统集成、网络产品为核心的四大业务板块，面向教育行业提供一体化、一站式的智慧教育信息化服务。

➲ 传统模式

在传统模式下，信息化系统分散建设。学校以不同的系统或人工方式来实现校园的管理、教学、评价、研训、沟通等工作。

在传统模式下，信息化系统规划不够完善，各类系统相对独立，缺少共享机制，缺少统一的信息系统管控平台、多样化的应用服务体系，存在教学、管理等人工成本高、时间投入多，以及教学数据未有效利用等问题。

⊃ 数字化模式

一体化、一站式的智慧教育云平台基于大数据技术多维度采集数据，通过数据治理，构建教育、教学、心理、生活等分析模型，以此提供智慧教学、智能评价、智慧研训、智慧管理、智慧家校、大数据挖掘分析、师生用户画像等服务；基于人工智能技术，对德育、心理等数据进行分析，并抽象出学生的信息全貌，对学生进行准确的评价，并提供心理健康辅导等个性化服务，形成完整的成长档案，实现对每位学生的精细、准确评价与诊断，并据此定制个性化指导方案。

取得成效包括：

（1）通过校企合作实现资源共享、优势互补，有利于降低财政对教育信息化的成本投入，促进本地化就业，带动经济增长；

（2）通过平台与服务整合，打造特色化智慧校园云平台，实现学校信息化管理应用之间的互联互通，将学校管理场景化、体系化、实时化；

（3）在建设智慧校园平台后，若其运营6年，则预计学校运营收入毛利率可达56.5%。

⊃ 数字化教育领域怎样落地

智慧教育云平台构建了统一入口、统一身份认证、统一数据中心，开发了多项应用服务，实现了数据互联互通，消除了"信息孤岛"。

1. 智能课堂评价

应用自然语言处理技术、人脸识别技术，识别教师评价语言，帮助教师记录学生的学习过程状态，协助教师完成教学干预，或协助教师调整自身教学策略，避免人工多头评价和重复评价，减轻教师负担，从而提高教学效率与效果。

2. 心理健康评测

基于社交网络数据中的用户语言、交互行为和情绪表达，建立相应的机器学习模型，用于分析未成年人的心理健康状态，并及时提示其心理健康问

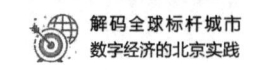

题和潜在的高风险行为。

3. 体质健康评价

利用带有多种智能传感器的可穿戴设备，持续采集学生的体育运动和睡眠等数据，包括运动过程中的加速度、心率、血氧、运动姿态、速度、高度等多维度数据，并在此基础上开展精准分析与评价。

4. 数据开发利用

通过大数据技术驱动创新教学、智能评价应用，对学生的思想品德、学业水平、身心健康、艺术素养、劳动与社会实践等数据进行采集，联合校企开展数据模型研究工作，为中小学生课业减负、体育课科学开设、教学改革等提供决策辅助。同时，通过建设统一的"数据标准""指标体系"和"分析模型"，对基础教育数据进行采集、汇总、建模、分析，实现数据共享，积累数据资产，为教育的宏观决策、统计应用和公共服务提供数据依据。

⊃ **数字化变革之路**

传统教育模式存在难以有效收集、分析、利用学情等数据，以及教学和管理成本高等问题。

东华软件提供智慧教育云平台，积极探索应用与教学融合，基于大数据、人工智能等技术，运用数字化思维、数字化工具，综合分析教学过程化数据、管理数据、学生学情数据、身心健康数据、综合素质成长数据、校园生活数据等，打造智慧校园的数字空间，有利于促成个性化教学、开展科学化评价、实施精细化管理、提供智能化服务，推进德智体美劳"五育"融合发展，推动育人方式变革，赋能"双减"工作，支撑教育高质量发展。

⊃ **专家点评**

东华软件智慧教育云平台是提供在线教育服务的典型案例。

4. 医疗数字化

医疗保障是民生保障的重要内容，关系到居民健康和城市安全。城市集聚了优质医疗资源，吸引了大量患者就医。但是，由于诊疗环节多，在挂号、候诊、就诊、缴费、候检、取药等环节，存在患者疑问多、排队时间长、医院秩序混乱等现象，医院需要耗费大量人力在现场答疑、引导秩序，尤其是新冠肺炎疫情暴发以来，医院还需要做好患者流调筛查、尽量减少患者接触等疫情防控工作，工作压力剧增。对此，大部分医疗机构都积极应用数字技术为患者提供智慧医疗服务，基于预检筛查登记管理系统自动收集患者流调数据，基于自助挂号、分诊排队叫号系统有效缓解医院排队拥挤的问题，通过线上问诊服务实现随时随地就诊，提高医疗资源利用率。

例如，北京协和医院利用人工智能、"互联网+医疗"、光学字符识别技术实现数字化转型，上线全新的封闭式管理系统，实现了流行病史调查、"无接触式"人员管理、疫情风险自动筛查和通行流量管控等目标，有效缓解了疫情防控和安防压力。北京协和医院信息中心还在官方 App 上线智能导诊功能，以问答方式根据患者症状等信息引导患者完成分诊挂号，实现导诊与预约挂号的无缝衔接，避免因挂错号而浪费患者时间、金钱甚至延误病情，帮助患者就医流程更加便捷顺畅。

> **案例：医学影像人工智能辅助诊断**

北京安德医智科技有限公司

北京安德医智科技有限公司（以下简称"安德医智"）是一家专注于应用人工智能技术服务医疗领域的科技创新企业，提供医学影像辅助诊断、临床诊疗辅助决策、病理辅助诊断、基因辅助检测、医学康复等产品服务，应用于急诊常见病、急危重症、临床慢性病、疑难病、重点癌症筛查、疾控预防等多个业务场景。

➲ 传统模式

在传统模式下，病例筛查与分类依靠人工，影像诊断工作采取传统机械读片模式。

医生对大量数据样本进行重复、机械的筛查与分类工作，任务繁杂、效率不高；影像诊断依赖医生较长时间的知识与经验积累，面对大量复杂的影像诊断工作，诊断质量面临挑战；医院存在信息安全隐患，可能威胁医疗数据安全和病人隐私安全。

➲ 数字化模式

模拟资深医生专家的诊断逻辑和专业知识，利用深度学习技术研发高适配的机器学习模型，实现多模态、多系统、多病种影像辅助诊断能力。AI 医学影像能够以稳定的高敏感性对大数据样本进行筛查与分类检出，在一定程度上缓解了医生诊断影像的压力；通过将影像诊断结果标准化及图像质控支持，有效提高医师的诊断质量，推动服务分级诊疗落地；利用分中心数据收集方案，引入数据共享平台，实现需求端与供给端及时、高效地信息反馈与链接，确保所有数据在院内脱敏，保障医院信息安全。

取得成效包括：

缓解了大型综合医院业务饱和的压力，在下沉基层过程中，改善了基层医院优质医生资源匮乏的问题，推动基层医院对现有设备及人员能力的开发，带动基层专业/学科建设，为基层百姓带来更多优质医疗服务，并在减少基层患者就医费用的同时，增加了基层医院营收。

数字化在医疗领域怎样落地

利用 AI 技术（如卷积、汇集和完全的连接层）将大量医学诊疗数据顺序转换为扁平向量，输出向量元素推导疾病概率，应用于神经、呼吸、消化、心血管、生殖、骨骼、泌尿七大系统的 80 种疾病，已形成 CT 一体化智能辅助诊断系统、MRI 一体化智能辅助诊断系统、CT & MRI 一体化智能辅助诊断系统等 AI 辅助医疗产品。

医学影像人工智能辅助诊断研发以数量庞大、完整性高、一致性高的多模态医疗数据库为基础，保障人工智能训练效果。同时，所有研发及训练工作均在医院内部环境完成，确保数据"不出院"，充分满足数据安全需要。

安德医智与多家顶级医疗机构和高校共同成立研发基地，通过充分的市场需求分析、算法可行性论证及扎实的研发迭代，不断实现成果转化。目前，安德医智已经将各产品服务运用到临床、疾控、科研、教学等多种场景，覆盖北京、山西、浙江、江苏、山东、广东、吉林、黑龙江、内蒙古、湖北、安徽等省份不同级别医院 200 余家。

数字化变革之路

超过 90% 以上的医疗数据都是影像数据，据统计，全球医学影像数据年增长率为 63%，而放射科医生数量年增长率仅为 2%，传统机械读片模式在诊断效率、质量方面均难以满足需求。安德医智充分发挥 AI 技术在疾病检测、定量分析、智能随访、风险评估、性质预测等方面的重要价值，提供医学影像 AI 辅助诊断产品服务，赋能大型综合医院日常工作，并支持基层医疗机构能力培养和专业建设。

未来，AI 诊断终端将会替代目前市场上仅有简单功能的工作站，保守估计 AI 辅助诊断设备替代存量市场规模将在 500 亿～1000 亿元，年增长约 77 亿元（年增长率为 16%以上）。AI 辅助医学影像诊断率先实现商业化，资本集聚度高，有望在未来 10 年迎来高速增长，发展前景广阔。

➦ **专家点评**

该案例促进 AI 技术与医疗健康领域的融合不断加深，以计算机视觉、自然语言处理、机器学习等为代表的 AI 技术已广泛渗透在医学影像等多样化场景中，成为提升医疗服务水平的重要驱动力。

案例：智能化调剂煎药中心

北京和利康源医疗科技有限公司

北京和利康源医疗科技有限公司（以下简称"和利康源"）是医疗自动化服务提供商，提供智能化调剂煎药中心解决方案，针对传统中药厂进行数字化、智能化改造，涵盖自动接方审方、自动饮片调剂、自动煎药包装、智能互联和传输等业务领域。

➦ **传统模式**

在传统模式下，中药饮片调剂、中药煎煮等依赖人工操作。中药饮片调剂工作存在调剂人员成本高、调剂效率低、精度差、易出错、手抓戥称不卫生、用药安全难保证等问题。因为中药煎药室缺乏有效监管手段，因此煎药工作存在部分人员自主缩短或延长中药浸泡时间、煎煮时间，以及加水量不足或过多等现象，严重影响汤剂疗效。

➦ **数字化模式**

智能化调剂煎药中心通过 MES 对处方订单进行排产、设备任务调度与工作协同，控制整个流程中的中药调配任务调度、传送带智能派工、煎煮方案自动分配、精准加水控制、精准投料控制等。智能化调剂煎药中心提高了中药饮片调剂准确性，改善了煎药室工作环境，减轻了劳动强度，提高了成品质量，方便客户查询数据和实时跟踪订单，解决"信息孤岛"问题，实现信息溯源。智能化调剂煎药中心通过一方一码，将医疗、处方和药事有机结合，实现处方事前、事中、事后的规范化、协同化、同质化的用药管理，改善药学服务质量。

取得成效包括：

（1）可降低饮片调剂成本，其中，调剂设备采用并行处理、独立称重的方式，在精度控制满足药典要求的5%以内的条件下，出药速度达到15秒以内，每年仅人工一项就可节约成本约120万元；

（2）现代化调剂煎药中心日处方能力2000方、年处方量达到73万方的药房，年产值约4亿元，年利润约4000万元。

⊙ 数字化在医疗领域怎样落地

智能化调剂煎药中心运用计算机控制、物联网、互联网技术，以自动化的调剂、煎煮、包装、输送等设备为基础，将煎煮工艺流程，包括处方管理、调剂、浸泡、物料传输、煎药、包装、配送，以及终端客户、设备和人员、工艺质量等环节进行全过程管理与控制，形成一种创新煎药服务新模式。

（1）调剂云平台。实现前端流程操作数据收集，以及后端数据展示，达到配方、煎药、物流全过程信息化管理。调剂云平台包含系统管理、手持App、客户服务、系统对接等功能模块。

（2）饮片调剂。饮片调剂实现散装饮片、袋装饮片调剂功能，逐味逐剂调剂、并行处理、调剂过程监控、自动上药、自动包装，调剂效率高，调剂精度高。

（3）全自动无人智能调剂中心。该中心包含一条全自动中药饮片调剂生产线和一条自动配方颗粒调剂生产线，其中，全自动中药饮片调剂生产线可实现数据对接，获取处方单后，自动进入配药动作，准确抓取处方单的药材，并用自动无纺布包装，投入浸泡桶内，能满足所有结果查询要求。

⊙ 数字化变革之路

截至2018年年底，全国有中医医疗机构60738个，按照中医医疗机构与中药房1∶1进行搭配来计算，全国有超过60000家中药房。传统中药房普遍面临管理制度不到位、质量控制不到位、定期清洁消毒制度不完善、消防设施不完善、存在安全隐患等行业痛点问题，因此，推动以机器调剂替代人工调剂、以自动化替代手抓戥称、提升中医药的科技水平成为共同期待。

和利康源中药智能化调剂煎药中心将中药材的分散管理改为集中管理，有利于中药材的质量控制；现代化煎药有利于提高煎药质量，有利于监管部门集中监管；通过委托煎药中心提供煎药服务，有利于医院成本控制，有利于企业转型升级，即从传统的医药产品供应商向医药健康服务供应商转变，能为行业创造更大的价值空间。

➲ 专家点评

该案例构建的面向中医药应用的平台，将煎药过程和工艺自动化、智能化，在提高煎药质量的同时，提高了服务能力和效率。

案例：医院智慧大脑

东华医为科技有限公司

东华医为科技有限公司（以下简称"东华医为"）是医疗健康信息行业的整体产品、解决方案与服务供应商，提供智慧医院解决方案、区域医疗解决方案、互联网医疗解决方案、医保支付与控费综合解决方案等，业务覆盖智慧医院、智慧卫生、智慧医保、互联网+医疗健康等领域。

➲ 传统模式

在传统模式下，医院信息化系统按照业务流程、部门运营的需求独立设计；数据使用的权限与流程缺乏指导性的技术标准和规范；医院现有IT系统业务流程表达不全面、管理颗粒度不够细。具体存在的问题如下：

（1）医院信息化系统中的大量数据无法关联，数据价值未充分挖掘；

（2）数据采集、清洗、分析、可视化、挖掘难度大，以及数据质量不高，均制约了数据可用性；

（3）无法因业务调整快速实现系统拓展和重构，难以快速响应医疗服务体系改革要求；

（4）互联网诊疗、智慧医疗服务能力薄弱。

数字化模式

建设医院智慧大脑平台与智慧医院典型应用系统，形成智慧医院核心框架体系。开展智慧医疗、服务及管理等示范应用系统的建设。扩展行业系统，推进区域内医院智慧大脑中枢建设，实现区域内创新平台延伸覆盖。探索通过创新平台解决综合性问题，以及提高政府公共卫生决策的准确性、全面性、及时性的方法。完善智慧医院产业生态，区域内全面实现医院智能化，向社会开放计算能力和资源，支持人工智能创新。继续扩大智慧医院建设成果，实现创新平台在跨行业、跨领域的覆盖延伸。

形成"1+7+3+4"创新指标：打造"1个医院智慧大脑平台"；形成核心能力、技术支撑、应用服务、数据资源、标准规范、安全保障、运营服务7个标准体系；研发"智慧医疗""智慧服务""智慧管理"3个领域示范应用产品；突破医学知识图谱技术、基于区块链技术的健康链、多网融合物联网、数字孪生4项核心技术壁垒。

智慧医院体系构成

智慧医院安全保障体系	核心能力体系（感知与记忆、学习与思维、洞察与决策、协调应变）	智慧医院标准规范体系
	应用服务体系 / 数据资源体系 / 技术支撑体系	
	智慧医院管理 / 数据服务 / 数据交换 / IT服务支撑平台 / 互联网开放平台	
	智慧医院医疗 / 数据资产 / 数据质量 / 物联网接入平台 / 数据资源平台	
	/ 数据开发 / 数据治理 / 一体化计算平台 / 技术中台	
	智慧医院服务 / 数据集成 / 数据共享 / 数据中台 / 业务中台	
	/ 数据安全 / …… / 算法服务平台 / 基础技术平台	
智慧医院运营服务体系		

数字化在医疗领域怎样落地

1. 智慧医疗场景

利用人工智能技术，提供多种智能化终端应用，如红外氧饱和度监测设备、智能体征监测设备，通过集中汇聚、融合实时医疗数据，实现临床AI辅助决策。超融合工作站提供多屏信息协作技术方案，实现住院医生站各业务场景多屏应用、多终端协作、医呼通便捷登录的大融合，让信息跟随医生的诊疗操作及时展现，并辅助AI工具，提升诊疗效率。

2. 智慧服务场景

提供智慧病房整体解决方案，围绕医护、病患等角色在病区的医疗活动，涉及智能输液、智慧床旁等众多创新产品。

3. 智慧管理场景

面向临床医护人员提供便携、高效和安全的信息交互与即时通信设备——近场通信与便捷语音呼叫系统（以下简称"医呼通"）。"医呼通"支持点对点、直呼、点对多点群呼等实时语音通信，以及智能化语音控制，能够与医院 HIS 等业务系统、门禁系统相结合，实现紧急业务消息在跨系统间的实时信息分发与响应、门禁系统的身份复用与自动认证等。经医院测试验证，"医呼通"能够显著提高医护人员的沟通效率，减少不必要的临床信息冗余，实现病患关键信息的精准推送，助力医院实现医疗场景联动与全景业务协作。

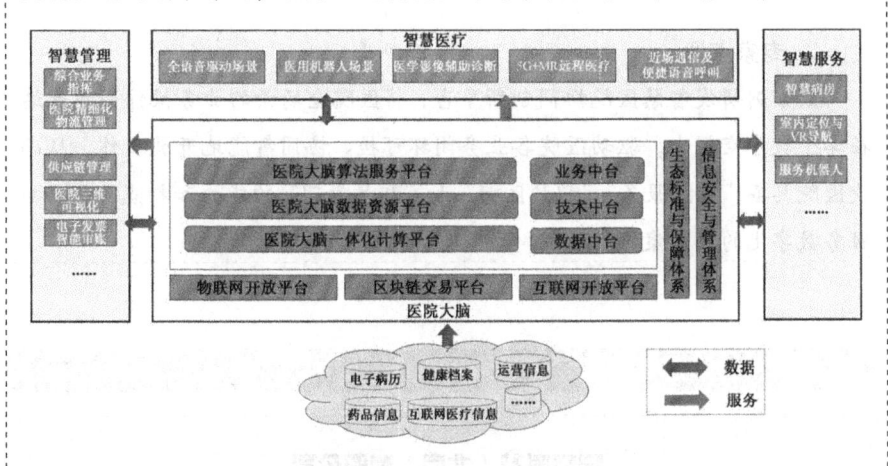

● 数字化变革之路

未来 3~5 年内，智慧医院产业面临双重机遇叠加，将迎来新一轮产业爆发期。一方面，新冠肺炎疫情进一步凸显了医疗资源供需不平衡、分级诊疗制度不完善等问题，极大地推动了全球对智慧医疗的需求；另一方面，5G、AI 等新技术发展，将为大量智慧医院应用落地，特别是 5G+远程医疗、AI 诊断、医疗机器人等创新应用解决方案落地带来机遇。

通过全面推进中关村示范区智慧医院协同创新平台战略，东华医为积极推出领先的产品、技术、解决方案和业务模式，为医院临床、医疗管理、应急等工作提供信息支撑，满足行业用户高质量发展新需求，破解行业用户数字化、互联网化、智能化转型中的难点、痛点和困局。

智慧医院协同创新平台—协同创新项目

- ◆ **医院大脑**：构建链接整合智慧诊疗、智慧服务和智慧管理的底层平台，搭建医院业务中台、AI中台、技术中台、数据中台运行环境。
- ◆ **智慧诊疗**：核心是诊疗场景智能化，通过AI辅助诊断、AI分诊、临床质量评价等应用，提升医生临床诊疗效率和水平。
- ◆ **智慧服务**：以优化患者就诊体验为中心，重构传统医疗服务模式，提升患者医疗服务获得感。
- ◆ **智慧管理**：包括医疗供应链、成本控制等精细化管理的应用，由信息化向精准化"升维"，保障医院日常工作的高效运行。

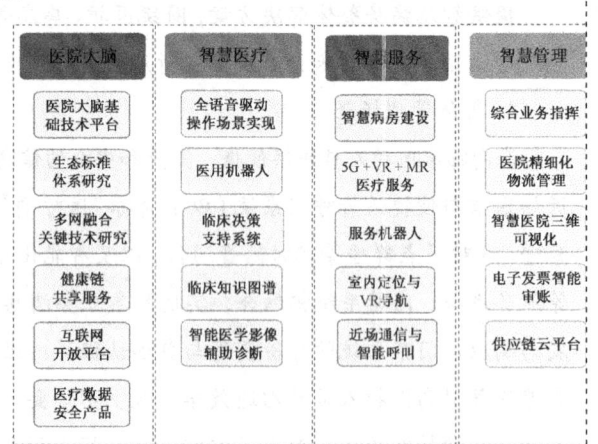

医院大脑	智慧医疗	智慧服务	智慧管理
医院大脑基础技术平台	全语音驱动操作场景实现	智慧病房建设	综合业务指挥
生态标准体系研究	医用机器人	5G+VR+MR医疗服务	医院精细化物流管理
多网融合关键技术研究	临床决策支持系统	服务机器人	智慧医院三维可视化
健康链共享服务	临床知识图谱	室内定位与VR导航	电子发票智能审账
互联网开放平台	智能医学影像辅助诊断	近场通信与智能呼叫	供应链云平台
医疗数据安全产品			

➲ **专家点评**

该案例研发智慧医院协同创新平台，将医院全场景的业务操作同步表达在孪生数字空间中，驱动医院各业务闭环可控、协同智能地开展工作，从而使医院具备"智慧服务""智慧医疗"和"智慧管理"的能力和特点，是公共服务数字化的典型案例。

案例：肿瘤患者智能全流程管理案例

零氪科技（北京）有限公司

零氪科技（北京）有限公司（以下简称"零氪科技"）是目前国内最大的肿瘤患者数字化健康管理平台，专注于医疗大数据及人工智能技术研发应用，开展基于精准生命科学解决方案的临床招募、真实世界研究、数据洞察等服务，以及互联网医院诊疗、线下服务中心照护和创新保险支付等全生命周期服务。

➲ **传统模式**

对于恶性肿瘤，早期患者通常无明显症状，因此易被患者忽视治疗；后期癌细胞转移至其他部位引起症状后才被发现，治疗效果和生存期都不理想。此外，基层医疗机构对肺癌治疗能力相对薄弱，无法对患者给予高质量的医疗服务。需要解决的问题包括：

（1）如何提高恶性肿瘤早期阶段的早诊早治能力，改进中晚期的综合治疗效果，是目前癌症治疗面临的共性问题；

（2）癌症患者在基层诊疗难，如何提升基层医疗机构对癌症的治疗能力是个难题。

◦ **数字化模式**

本案例利用 AI 技术实现医院及其医疗联合体内各级医疗机构间癌症诊断、规范治疗及患者管理业务协同。通过癌症患者 AI 健康管理服务体系，实现包括癌症的早期筛查和辅助诊断、治疗前的辅助治疗决策、治疗中的疗效评估等各环节、全流程的健康管理；依托物联网部署 AI 健康管理应用，实现基层医疗机构与北京肿瘤医院的数据实时互联互通，提升基层智慧医疗能力。

取得成效包括：

（1）肺癌患者筛查效率提升 40% 以上；

（2）AI 结节检出率从最开始的 82% 提升到 99.4%，检查准确率从原来的 51% 提升到 89.6%；

（3）医生使用智能辅助应用为患者提供诊治服务的比例从最开始的 3% 增加到现在的 47%；

（4）术前规划应用 AI 三维重建占肺癌手术比例达到 32%；

（5）随访成功率提升 6%。

◦ **数字化在医疗领域怎样落地**

以北京肿瘤医院为中心，围绕癌症健康管理业务需求，建设基于物联网的、具有 AI 辅助诊疗能力的影像辅助诊断中心、疾病智能辅助决策系统、影像 AI 会诊平台（支持 MDT）、院外随访系统及肺癌科研数据中心，实现肺癌诊疗数据共享和业务协同，实现 AI 与健康医疗场景深度融合。由零氪科技建立胸部影像数据 AI 辅助诊断中心，部署基于权威知识库和真实世界肺癌诊疗数据的肺癌诊疗辅助决策支持系统等。

借助物联网高通量、低时延、大连接的技术优势，通过统一、安全、标准、可移植的接口，链接基层医院，实现中心医院及其医疗联合体内各级医疗机构间肺癌诊断、规范治疗及患者管理业务协同。其中，移动网络由中国电信负责部署。

⊃ 数字化变革之路

本案例能够有效推动 AI 技术在医疗领域的应用发展，促进医疗健康领域信息化、智能化。本案例的建设需要政府、医疗机构在健康医疗信息基础设施、软硬件、信息资源开发等方面进行投资，将会为医疗 AI 行业释放更多的市场需求，从而进一步推动医疗 AI 产业相关上下游产业的发展。

本案例的推广，能有效提升肺癌诊疗效率和患者生活质量；能优化肺癌诊疗流程，缓解看病贵、看病难等民生问题；推进分级诊疗及家庭医生制度建设，帮助各级医疗机构对肺癌患者提供规范化医疗健康服务，实现肺癌患者全生命周期的综合管理。

⊃ 专家点评

该案例利用 AI 技术实现医院及其医疗联合体内各级医疗机构间癌症诊断、规范治疗及患者管理业务协同，为癌症患者提供了切实有效的帮助，具有良好的创新性和广阔的推广应用前景，有较为显著的示范意义。

第十四章

出击"城市病"

在超级城市中，通过各类公共服务缓解"城市病"成为政府投资的关注点。在公共领域提供数字化服务成为检验城市建设水平、增加市民无形资产的重要方式，是对"城市病"对症下药的主要手段。

当前，"城市病"主要集中在交通、医疗、教育等公共事务领域，建设基于物联网、云计算、人工智能等新技术的数字基础设施，能够促进数字人才培育、优质资源共享，有助于疏通缓解"城市病"。

在出击"城市病"的实践中，我们发现如下结论。

大数据帮助基层装上"眼"和"脑"。通过地理信息系统定位跟踪、实时人流动态感知、街镇画像精准定位、社区治理能力评估、疫情防控警情预警等，帮助基层管理减负，促进决策优化。

智能算法帮助城市交通疏堵引流。通过算法优化，解决路网结构不合理、主干道流量集聚，公共交通配套不足、出行分担率低，职住严重失衡、机动车出行需求大等问题。

数据互通解决影响生活的顽疾杂症。一方面，在水、电、燃气等管网体系中应用智能芯片和传感器，打通各领域数据，促进管网畅通；另一方面，在城市应急领域，通过人、物、场的数据贯通，实现健康监测和精准管控。

一、智慧城市的"眼"和"脑"

基层治理一直是高成本、高复杂度的难题，数字化能够帮助治理者减轻压力，解决人口密度高、公共服务供给不足等问题，通过网格化、精细化、

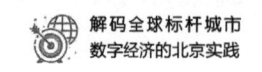

实时化管理，实现管理决策有据可依、行政流程有迹可循、落地实效有数可查。

案例：回天城市大脑

首都信息发展股份有限公司

首都信息发展股份有限公司（以下简称"首都信息"）致力于打造"领先的智慧城市和数据产业运营商"，面向基层治理领域提供回天城市大脑解决方案，有效提升管理者的治理决策效率，降低治理体系碎片化，实现脑域融合的协同效应和脑域匹配的匹配效应。

⊃ 传统模式

传统治理手段和行政管理方式依靠经验驱动。回天地区基层治理面临人口密度高、公共服务供给不足等巨大挑战。基层治理中数据、权限和资源分散在不同部门、不同层级及不同区域，传统基层治理方式存在管理碎片化、决策缺少数据支撑等问题。

⊃ 数字化模式

回天城市大脑以"大数据管理回天地区"为指导，基于首都信息大数据解决方案，通过构建回天城市大脑数据底座，集合地理信息系统定位跟踪、实时人流动态感知、街镇画像精准定位、社区治理能力评估、疫情防控警情预警等多项功能，全面展现回天地区"数据态势"，辅助领导掌控实时数据变化态势，为管理决策提供科学依据。在领导驾驶舱基础上，根据回天城市大脑可成长、可复制、可推广的原则，对场景进行指挥调度，构建回天地区指挥调度中心，实现"一屏观天下、一屏揽全局"。

取得成效包括：

（1）回天城市大脑打破传统逐级调度模式，全面实现网格化、精细化调度指挥，诉求直达一线，系统运行实现突破性进展，有效提升政府工作效率，极大降低基层治理成本；

（2）基于回天地区产业数据，运用大数据技术，及时掌握信息，不断提升精准招商的水平和能力，精准吸纳引入服务业态，推动区域经济健康可持续发展。

⊃ 数字化在政务领域怎样落地

第一阶段，按照回天城市大脑大屏"观态势"、中屏"统调度"、小屏"优处置"的定位，构建掌握回天地区数据态势、事件态势和发展态势的领导驾驶舱。

基于市、区、街道三级数据下沉与赋能，构建五清数据底座。结合昌平回天地区特点，从基层治理、公共安全、城市建设、城市运行、经济产业五个方面设计领导驾驶舱场景架构。对人口、地域、产业、事务和组织等数据进行社区级的精细化分析。基于实时接诉即办、实时人流、实时交通数据实现对回天地区事件态势的掌握，并跟踪处理详情、人流聚集防控、交通调优效果。基于常态化城市体检、回天行动计划、街镇画像掌握回天地区发展态势，及时了解回天行动计划的进展，并预测回天地区发展趋势。

第二阶段，在领导驾驶舱基础上，按照回天城市大脑可成长、可复制、可推广的原则，新增"社情民意""接诉即办""疫情防控""城市防汛""垃圾分类"等场景，并对其进行指挥调度，构建回天地区指挥调度中心。回天城市大脑可视化指挥调度中心可实现城市治理全方位的综合观测与智能预警，支持实时调度与应急指挥，打破了传统逐级调度模式，做到对回天地区精细化、网格化的调度管理，实现"一屏观天下、一屏揽全局"。

⊃ 数字化变革之路

城市人口密度高、职住分离，以及交通、医疗、教育、文化等公共服务供给不足等，成为城市基层治理普遍面临的挑战。

首都信息提供的回天城市大脑解决方案，综合运用大数据、人工智能、数字孪生、云计算等新技术，以数据、算力、算法为基础支撑，实现城市基层治理体系和治理能力现代化。回天城市大脑实现了超大型社区在疫情防控、垃圾分类、接诉即办等方面的精细化管理；实现了基于大数据的基层治理深度应用，为基层工作人员减负增效；打破了传统逐级调度模式，全面实现网格化、精细化调度指挥，诉求直达一线，有效提升政府工作效率，为全市城市大脑整体建设及智慧城市融合发展提供了实践经验。

⊃ 专家点评

该案例以"大数据管理回天地区"为指导，通过构建回天城市大脑数据

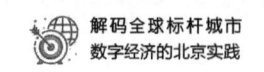

底座,全面展现回天地区数据态势,辅助领导掌控实时数据变化情况,为管理决策提供科学依据。

案例:人大代表数字化履职平台

中国软件与技术服务股份有限公司

中国软件与技术服务股份有限公司(以下简称"中国软件")以信创工程为核心,构建自主安全的产品生态;以现代数字城市建设为契机,结合云计算、大数据等技术,为涉及国计民生的关键行业客户提供新型行业信息化解决方案;拥有完整的从操作系统、中间件、安全产品到应用系统的业务链条,覆盖税务、电子政务、交通、知识产权、金融、能源等国民经济重要领域,客户群涵盖中央部委、地方政府、大型央企等。

⊃ 传统模式

人民代表大会制度的特点为:全国人民代表大会和地方人民代表大会分别代表国家和地方最高权力机关,没有领导关系,而是体现了在法律上的监督关系、选举上的指导关系、工作上的联系关系。

结合人民代表大会制度的特点,其信息化建设存在以下特征:信息化建设程度参差不齐、顶层设计较弱;信息化建设标准良莠不齐、内容要素不全;信息化建设资源分散林立、数据融合较难。

⊃ 数字化模式

人大代表数字化履职平台的建设内容包括人大代表数字化履职平台软件产品和基于中国电子PKS技术架构的相关智能硬件设备。软件产品将大数据、云计算和人工智能等技术发展与人大代表相关业务相结合,有利于促进相关技术的人才培养和科技创新,同时结合软件应用打造智能软硬件一体设备,如人大代表专用安全平板、智能一体机、数字大屏等智能终端,可以带动传统人大代表相关业务转型升级,融合传统设备产业能力,提升行业信息化水平。

取得成效包括:

人大代表数字化履职平台纵向可覆盖全国各级人民代表大会,涉及全国

31个省份的人民代表大会、300余个城市的人民代表大会、2800余个区县的人民代表大会,以及代表之家和联络站22.8万个、各级人大代表262万名。

平台化、数字化的科技手段,让民情、民意更加短、平、快地传达到中央和国家机关,这在推进国家治理体系和治理能力现代化建设、推进全过程人民民主发展等方面具有良好的社会效益。

数字化在政务领域怎样落地

人大代表数字化履职平台以人大代表履职服务为切入点,改变手工作业、线下办理、以PC模式为主的传统业务模式,平台通过业务移动化、数据服务智能化提升人大代表机关服务人员、联络人员的工作效率和质量,提高人大代表履职能力,充分发挥人大代表在全过程人民民主中的作用。

在服务模式方面,人大代表数字化履职平台可提供大数据、云平台等解决方案,亦可提供标准化的SaaS服务应用,可灵活应对不同层级的建设环境需求和数字化转型发展需要。

支持人大代表履职各类业务应用场景,包括:知情知政、培训考核、知识图谱等多端融合的人大代表学习平台;议案建议办理、征求代表意见、履职活动管理、履职档案管理、代表信息管理等高效智能的履职工作平台;移动通信、代表之家服务平台等实时、高效的多端互联平台。

数字化变革之路

近年来,全国人民代表大会及各级地方人民代表大会全链路、全方位、全要素不断推进政务数字化改革,尤其是在"十四五"规划期间,各级人民代表大会相继论证和推动信息化建设向数字化、一体化、智能化水平迈进,努力开创人大代表工作高质量发展新局面。人大代表数字化履职平台提供了一整套智慧人大解决方案,可以服务各级人民代表大会机关和人大代表,推进人大信息化、一体化建设及数字化转型和智慧化创新。

人大代表数字化履职平台围绕新时代人大代表工作需要,为人大代表履职工作提供智能化辅助服务,拓宽人民代表大会常务委员会联系人大代表、人大代表联系群众的渠道,有利于加快人大机关数字化转型与智能化发展。

专家点评

该案例构建的人大代表数字化履职平台,支持人大代表履职各类业务应

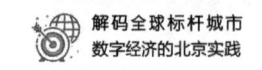

用场景，提供实时高效的多端互联平台，提升人大代表的工作效率和质量，以及履职能力，充分发挥人大代表在全过程人民民主中的作用，是服务业数字化的典型案例。

案例：国家政务服务平台

腾讯云计算（北京）有限责任公司

腾讯云计算（北京）有限责任公司（以下简称"腾讯云"）是云计算、大数据、人工智能技术服务提供商，面向政务服务领域打造国家政务服务平台，为各地区和国务院部门政务服务平台移动端提供公共入口、公共通道、公共支撑，为企业和群众提供查询、预约、办理、投诉建议和评价反馈等一体化服务。

➲ 传统模式

以前，我国政务服务平台建设管理分散、办事系统繁杂，并且事项标准不一，群众办理事务依靠"线下跑""分头办"；存在政务数据共享不畅、业务协同不足等问题；政务服务整体效能不强，仍不同程度地存在办事难、办事慢、办事繁的问题，难以快速、有效解决企业和群众关心的热点和难点问题。

➲ 数字化模式

国家政务服务平台作为全国政务服务的总枢纽，重点发挥公共入口、公共通道、公共支撑三大作用，为全国各地区、各部门政务服务平台提供统一政务服务门户、统一政务服务事项管理、统一身份认证、统一电子印章、统一电子证照、统一数据共享等"七个统一"支撑服务，实现支撑一网通办、汇聚数据信息、实现交换共享、强化动态监管四大功能，推动政务服务从"线下跑"向"网上办"、从"分头办"向"协同办"转变，解决跨地区、跨部门、跨层级政务服务中信息难以共享、业务难以协同、基础支撑不足等突出问题。

取得成效如下：

国家政务服务平台直通 31 个省（自治区、直辖市）和新疆生产建设兵团，以及 40 余个国务院部门的政务服务，接入地方部门 300 余万项政务服务事项及一大批高频热点公共服务。截至 2022 年 3 月，国家政务服务平台累计访问人数超过 70 亿人，总访问量达 500 亿次，总注册人数超过 4 亿人。

⊃ 数字化在政务领域怎样落地

1. 赋能载体

充分释放国家政务服务平台汇聚的数据资源价值，并协调国家部委能力，向下赋能，满足各地各部门跨层级、跨部门、跨系统的数据和能力需求，加速部门和层级之间的协同。

2. 跨域调度

发挥国家政务服务平台的顶层架构定位和角色，在省部业务协同、跨省一网通办的业务办理中发挥居中调度、业务转换、信任背书、标准制定作用，打通跨域通办的数据和业务障碍，实现全国业务"一网通办"。

3. 效能监督

融合群众"好差评"和效能管理驾驶舱内外部监督、监察数据，实现内外部政务服务改革效能的闭环管理，精确发现、精准分析过程中的"堵点""难点""亮点"，进一步促进业务流程的优化。

4. 数据中枢

构建并健全政务信息资源共享共用机制，支撑各地各部门政务服务跨层级、跨区域、跨部门、跨系统的协同管理和服务，定位于全国跨省跨域政务数据中枢、全国跨部门跨行业政务数据统筹、企业和互联网社会数据协同。

⊃ 数字化变革之路

建设全国一体化在线政务服务平台，推动政务服务从政府供给导向向群众需求导向转变，有效支撑解决企业和群众关心的热点、难点问题。

腾讯云建设国家政务服务平台移动政务服务应用管理系统，对接入的移动政务服务应用进行一体化管理和运行监测，支撑移动政务服务业务协同及事项跨地区、跨部门办理，实现各地区、各部门相关服务应用在国家政务服务平台移动端同步接入、同源发布、同质服务。

围绕企业和群众办事需求，进一步优化政务服务平台移动端功能，不断丰富集成套餐式服务及"扫码亮证""一证通办""无感通办"等应用场景，充分利用移动互联网新技术，持续提升移动政务服务便利化水平，为建设人民满意的服务型政府提供有力支撑。

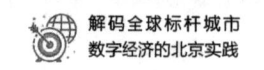

> **专家点评**
>
> 政务服务的数字化有重要的社会意义和价值，腾讯云建设国家政务服务平台的案例具有一定的典型性。

案例：北京市市级政务云（太极云）

太极计算机股份有限公司

太极计算机股份有限公司（以下简称"太极股份"）是数字政府、智慧城市和关键行业数字化转型服务提供商，重点发展数字化解决方案、云和大数据服务、数字基础设施建设及关键基础软件产品等核心产业，提供北京政务云（太极云）解决方案，实现电子政务集约化建设和管理。

> **传统模式**

在传统模式下，每3~5年就要增量采购电子政务IT设施，大量共性设施由业务独占，重复建设严重。各委办局信息系统相互独立，大量信息化人才资源用于基础设施运维管理。

在传统模式下，信息系统整合不足，政务服务效能不高，企业和群众办事不便利，数据资源开发利用水平低，信息资源碎片化、业务应用条块化、政务服务分割化等问题依然明显，数字技术在治理体系和治理能力现代化提升方面的作用尚未充分发挥。

> **数字化模式**

北京市市级政务云以北京市政务服务中心机房为生产云节点，为北京市属行政事业单位提供计算、存储、网络等云服务，依托北京市政务网络管理中心提供政务外网资源及云节点之间的专线资源，依托北京市信息安全容灾备份中心提供容灾备份服务，并纳入北京市电子政务统一安全监测体系。北京市市级政务云打破各委办局之间的信息壁垒，助力政务信息共享、政务大数据发展，共同为北京市居民住房、车牌指标、个人信用、电子证照、生育服务、积分落户等上百项政府重点、热点工作提供技术支撑。

取得成效包括：

北京市市级政务云承载了北京市 130 家委办局用户单位近 800 个业务系统。运营期间，其已为国家、北京市的数十次重大活动提供重点保障。按照同样的服务运行周期（5 年），提供同样的服务运行能力（虚拟 CPU 1600 个、虚拟内存 10TB、存储容量 900TB、4 路物理服务器 20 台），采用太极云后总体经费支出可节省约 49.58%。

⊃ 数字化在政务领域怎样落地

按照"企业投资建设，政府购买服务"模式及"统筹规划、适度超前、资源共享、确保安全"的原则，统筹建设北京市市级政务云平台，为北京市市属行政事业单位信息化系统提供统一的政务云服务。

政务云服务资源按量计费。利用虚拟化、高可靠、多副本容错、高可扩展等技术，打造可弹性扩展的共享虚拟资源池，显著提升资源利用率，实现按量计费，平台可用性达 99.99%，数据可靠性达 99.9999%。

持续迭代的安全防护体系。针对集约化的安全防护需要，按照公安部国家信息安全等级保护三级标准建设，为业务提供多样化的安全资源池，云平台安全能力级别为增强型。

"云+数+应用"一体化云管家服务。以"入云管家、数据管家、应用管家和运营管家"的管家式服务，提供全面的迁移预案、迁移工具，以及涵盖云规划、云建设、云安全、云迁移、云运营的闭环全流程服务。

支撑长效运维运营。利用"工具+知识库"模式，屡次成功保障国家、北京市多项重大活动，为北京市全面推进业务入云工作贡献力量，为集中、高效的数据分析提供可能，推动电子政务数据架构由以应用为中心的模式向以分析为中心的模式转变。

⊃ 数字化变革之路

目前，政务领域存在信息化水平不高、政务服务效能不高、数据资源开发利用不充分等痛点问题，改革意识、管理机制、资源整合、业务协同水平亟待提升。

太极股份利用边缘计算、大数据、区块链等技术，建设运营北京市市级政务云，助力降低成本、提升效率、优化服务，实现电子政务的集约化建设，打破各委办局之间的信息壁垒，为政务信息共享及政务大数据的发展提供支

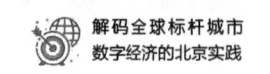

撑。太极股份基于政务云建设运营等经验，研发了政务云"一门户、五平台"产品体系，可以帮助管理者进一步开展智能化、数据化的服务提升，打造跨平台、跨厂商、跨部署区域的多云混合管理体系，实现对多源数据的一揽子分析，将运维数据作为资产优化和业务创新的支点，服务用云能力的提升。

◐ 专家点评

该案例研发了北京市市级政务云，完善了政务云服务能力体系和知识库模式，支撑长效运维运营，为政务信息共享、政务大数据的发展提供支撑，是公共服务数字化的典型案例。

二、交通的疏通良药

早晚高峰已经不是一个新鲜词汇，已成为市民常识的一部分。交通是城市拥堵的重要环节，路网结构、主干道流量、公共交通工具供给等问题不断出现，交通治理模式亟待提升。数字化供给能够帮助交通行业实现全领域数据管理，通过优化计算和实时推荐，减小拥堵概率，缓和堵点矛盾。

案例：杭州市滨江区大数据+全域交通综合治理

北京千方科技股份有限公司

北京千方科技股份有限公司（以下简称"千方科技"）是智慧交通和智能物联领域技术服务提供商，提供交通行业全业务领域、全栈式技术、全要素数据、全生命周期的全域交通解决方案，应用场景覆盖城市交通、城际交通、民航等多个业务领域。

◐ 传统模式

在传统模式下，道路拥堵情况感知不足，信号配时以单点和固定周期为主，泊位缺乏感知和共享应用。

杭州市滨江区路网结构不合理、主干道流量集聚，公共交通配套不足、出行分担率低，职住严重失衡、机动车出行需求大，当前交通治理模式精细化管理不足，导致道路资源、停车资源利用率低，存在高峰时期道路拥堵严重、停车资源调动和分配效率不高等问题。

◎ 数字化模式

基于千方科技 Omni-T2.0 全域交通解决方案，依托多源大数据、问卷调查及现场调研，用数据为交通情况画像。通过整合政务数据、运营数据、互联网数据、物联网数据等全要素数据，探索用大数据赋能指挥调度、宏观交通组织、微观交通组织、信号优化、公交优化、停车管理、事故预防七大业务。

取得成效包括：

（1）2021 年第一季度滨江区高峰拥堵指数同比下降 5%；

（2）浙江大学医学院附属儿童医院滨江院区周边高峰延误指数下降 25.8%，浙江大学医学院附属儿童医院和浙江大学医学院附属第二医院滨江院区治理后月均接诊患者上升 12 万人；

（3）龙湖天街商圈日均拥堵持续时间缩短 44.2%，月均客流增加 3 万人；

（4）互联网产业园周边公交客流增加 13.7%。

◎ 数字化在交通领域怎样落地

以大数据赋能作为城市交通综合治理的基础，在治理前、中、后三个阶段强调大数据对交通治理的赋能作用，推进精细化交通组织工程和智能化交通管控工程，以路网结构优化、交通组织优化、交通工程优化、停车管理优化、慢行交通优化、公交系统优化和科技管控提升七大综合治理手段，重点治理学校、医院、商业街、产业园、交通枢纽等多个场景。

千方科技提出了有针对性的"$1+X$"治理方案，打出了一套治堵组合拳。在"$1+X$"中，"1"是指任何场景的一个主要矛盾，"X"是围绕治理一个主要矛盾的多个手段，由此形成学校、医院、产业园等不同场景的治理方法。

（1）全域道路治理，优化交通组织；

（2）全域公交治理，推进公交优先；

（3）全域停车治理，推行"三化"管理；

（4）全域数字治理，推进感知上线、数据赋能和行动落地。

◎ 数字化变革之路

我国城市普遍面临道路资源利用率低、交通拥堵严重等问题，提高交通

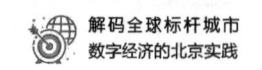

治理精细化水平已经成为行业的迫切需求。

千方科技 Omni-T2.0 全域交通解决方案依托全域交通"四全"要素——全业务领域、全栈式技术、全要素数据和全生命周期，帮助交通行业客户加速提升治理效率，推动行业向智能物联时代迈进，行业前景广阔。另外，交通综合治理将带动其上下游产业发展。开展精细化交通治理，可提升区域设施的使用率，并增速城市经济发展，价值空间极大。

➲ 专家点评

该案例通过全域交通数字治理，帮助行业客户加速实现业务数字化转型，助力交通行业在提升效率、推进变革、绿色及安全等方面不断突破。

三、管网的四通八达

水、电、燃气通常架设在城市建筑群落的地下，管网的监控、巡检和维护成本较高，并且存在"牵一发而动全身"的情况，例如，由水务延伸出污水处理、设备耗电、管网爆管等问题，亟待通过数字化手段提升效率。

案例：助力水务智能化转型

北京百度网讯科技有限公司

北京百度网讯科技有限公司（以下简称"百度"）是拥有强大互联网基础的领先 AI 公司，是全球为数不多的提供 AI 芯片、软件架构和应用程序等全栈 AI 技术的公司之一，被国际机构评为全球四大 AI 公司之一。自 2017 年起，百度将人工智能、云计算、大数据、物联网等领域积累的优势产品技术，与制造、能源、公用事业等行业融通创新，建设运营了"百度智能云开物工业互联网平台"（以下简称"百度智能云开物"）。百度智能云开物基于 AI 赋能产业的实践经验，为水务行业提供覆盖供水、排水、污水、水环境、水利等全链条业务的综合解决方案，助力水务行业打造安全水务、节能水务、清洁水务、民生水务。

传统模式

在传统模式下，供水加压泵站多采用变频恒压方式运行，管网富余压力较高，泵组能耗处于较高水平；水箱进水阀门一般处于常开状态，水箱未起到应有的调蓄作用，并且水箱水龄较长，增大了水质污染的风险；厂站的安全巡检由片区负责人定期巡查，人力成本高；数据分散在不同的部门和信息系统中，缺乏统一的数据规划、可信的数据来源和数据标准，数据利用效率低，业务共享信息难。

泉州市属于"水资源紧张区"，在传统水务管理模式下，其面临着管网漏损率高、爆管风险高、泵机能耗高、分散式污水处理设施管理压力大、多部门基础信息采集成本重复投入等问题。

数字化模式

百度智能云开物智慧水务解决方案依托自主创新的"云智一体"技术，将 AI 技术与水务业务场景深度融合，支撑业务应用和业务决策。总体解决方案可概括为"1+5+N"，即 1 套基础云平台、5 个智能支撑平台、N 个智能化应用。依托"1+5"打造智慧水务决策体系统一的数字化底座，通过 N 个智能化应用打造涵盖供水、排水、污水、水环境、水利全业务链条的智慧决策体系，解决水务行业面临的信息化资产重复建设、数据利用价值低、业务共享信息困难、精细化运营压力大等问题，实现社会水循环系统的真正智慧化运行。

数字化在水务领域怎样落地

依托百度智能云开物智慧水务解决方案，结合泉州市原水、制水、供水、排水、污水、节水六位一体的业务板块，打造泉州水务大脑。泉州水务大脑整体设计遵循"业务主导、数据驱动、顶层设计、统一标准"的原则，以实现核心业务需求和业务价值为导向，以提升服务水平和经营效益为宗旨，从平台能力和典型应用开始积累经验，循序渐进推动泉州水务大脑的建设工作。

泉州水务大脑一期整体架构为"1+5+5"，包括 1 个统一运营管理中心、5 个统一信息化能力平台、5 个可扩展的智慧应用群。泉州水务大脑统一运营管理中心是围绕水务场景定制的解决方案开放平台，为水务行业相关用户提供常用水务场景基础平台、内涵丰富的水务场景模型应用市场及水务类 App

等内容，助力实现数据和科技资产的"走出去"。5个统一信息化能力平台包括统一大数据平台、统一视觉智能平台、统一数据智能平台、统一地理信息平台、统一数字孪生平台，构建数字化、智能化的统一底座。5个可扩展的智慧应用群包括指挥调度智慧应用群、安全管理智慧应用群、运营管控智慧应用群、资产管理智慧应用群、惠民服务智慧应用群，构建智能化、高附加值的场景应用，解决业务痛点。

取得成效包括：

通过泉州水务大脑一期建设，整体人员效率提升5%以上，供水单位能耗下降8%；分散式污水处理设施正常运行率提升了5个百分点，排水应急处理响应及时率达到98%；客户投诉处理及时率提升到96%，下属企业80%以上的信息报送在1小时内完成，实现了良好的经济效益、管理效益和社会效益。

◉ **数字化变革之路**

水务大脑是工业互联网平台的典型示范，是工业互联网在水务行业的首次落地实践，具有非常强的示范效益。水务大脑的建设，可以帮助水务管理部门及水务企业降低水务资产运营管理成本，提高运营管理效率。水务大脑开放数据共享能力，整合共享气象水文、水务环境、市容绿化、建设交通等涉水领域的信息，助力智慧城市建设。

水务大脑通过平台运营可以对外进行输出赋能，人工智能模型可以对外部应用方进行授权，并收取授权费用，提升水务集团水务大脑板块盈利能力，实现平台价值增值。

◉ **专家点评**

水务大脑能够为水务集团业务工作提供综合、动态、事前、事中、事后相结合的决策支撑，最终形成一个全方位、多层次、规范化、信息化的业务模式，落地后提质增效效果比较显著。

四、健康的城池营垒

自2020年至今，疫情防控一直都是压在全世界人民肩膀上的巨石。得益于早期防控得当，中国在复工复产和经济稳定方面的良好表现吸引了全世界的目光。然而防疫任重道远，数据成为阻断传染链的重要手段，各类"健康码"应运而生，构筑了一条中国特色的"绿色通道"。

案例：北京健康宝大数据支撑平台

太极计算机股份有限公司

太极股份是数字政府、智慧城市和关键行业数字化转型服务提供商，重点发展数字化解决方案、云和大数据服务、数字基础设施建设，以及关键基础软件产品等核心产业。其提供的北京健康宝大数据支撑平台是疫情期间为恢复城市生产生活秩序需求推出的一项数字化信息服务应用，为首都抗击疫情和复工复产发挥了重要作用。

⊃ 传统模式

在传统疫情防控模式下，人工记录到访信息，人工筛查疫情传播链，防控压力大、筛选量大、追踪困难，并且现有的视频等设施无法支撑流调，疫情防控的精准性不高。

⊃ 数字化模式

利用大数据、人工智能等技术，按照"极简前台、复杂后台、准实时数据、最小化采集"的设计理念，打造北京健康宝大数据支撑平台。该平台在最大限度保证隐私的前提下，实现多部门、多源头、多类型数据的融合治理，打破公安、卫生、社区、民航、铁路、公路、信令等十几个部门之间的信息壁垒，通过接口封装实现微信端、支付宝端、北京通、百度端的多端健康状态查询服务，支撑城市级高可用健康服务，为北京生产生活秩序恢复提供有力支撑。

取得成效包括：

支撑北京这个超大城市每天 3000 万次的健康状态查询，支持 3 万次的并发量，上线 900 余天服务 1.2 亿人和 246 亿余次的累计查询，实时响应市民的核酸检测结果查询、疫苗注射查询等服务。一方面，简化人工登记程序，提高疫情防控的精准性；另一方面，打通复工复产的"堵点"，为北京生产生活秩序恢复，以及 2022 年北京冬奥会、冬残奥会提供有力支撑。

数字化在疾控领域怎样落地

健康宝针对不同数据安全等级，通过多种方式接入国家卫生健康委、北京市卫生健康委、北京市委组织部、北京市公安局、北京市教委、中国民航信息集团、中国铁道科学研究院等部门的数据，按照数据分级和分区策略将数据存储在指定分区，并设置相应的访问控制策略，依托北京市大数据平台开展数据的入库、治理、比对分析和接口封装，形成健康宝生产库和健康宝服务库，用于支撑健康数据比对、查询等数据服务。目前，健康宝共有"本人信息扫码登记""本人健康码自查询""老幼健康码助查询""他人健康码代查询""核酸疫苗服务查询""到访人信息登记簿"六大模块，可为北京生产生活秩序恢复提供支撑。

1. 最小化信息采集

在保障疫情防控的基础上，最小限度地采集使用者的相关数据，并且均以脱敏的形式展现，不采集任何地理位置相关信息和其他身份敏感信息，最大限度地保障用户的隐私。

2. 实名认证

参照公安部"互联网+"可信身份认证服务平台标准，依托生物识别技术，通过人脸识别+权威源比对，校验用户实名信息，以及是否为本人操作。

3. 防伪措施

健康状态展示页"跑马灯"颜色每天随机变化，实现防截图、防仿造，保护个人信息安全。健康装填结果页面包含经过脱敏的用户姓名、身份证号码及采集的照片等静态元素，防止出现顶替及冒用现象。

4. 扫码登记

根据各单位和用户的扫码记录，可第一时间追溯到疫情突发地的到访人员相关信息和健康状态，最大限度地为制止疫情争取了宝贵的时间，并第一时间为明确疫情传播途径提供了有力的相关数据支撑。

数字化变革之路

新冠肺炎病毒传播隐蔽、传播速度快，给全国各地疫情防控工作带来了巨大压力。北京健康宝大数据支撑平台是新冠肺炎疫情期间为恢复城市生产生活秩序需求推出的一项数字化信息服务应用。其基于大数据、人工智能等技术，为广大市民及进（返）京人员提供防疫相关健康状态查询服务，有助于疫情精准防控，以及缓解疫情防控和复工复产之间的矛盾。

目前，"城市健康码"正在向"城市码"进行创新成果转化，并基于"城市健康码"打造"城市码上办"。太极股份已推出一体化解决方案，深研"城市健康码"平台运营，设计打造横向融合城市智能中枢、纵向融合城市精准管理的"双融合"服务，实现从数据创新到服务创新的突破，推动智慧城市建设。

◐ 专家点评

该案例研发了北京健康宝大数据支撑平台，按照数据分级和分区策略将数据存储在指定分区，并设置相应的访问控制策略，依托北京市大数据平台开展数据的入库、治理、比对分析和接口封装，形成健康宝生产库和健康宝服务库，用于支撑健康数据比对、查询等数据服务，是公共服务数字化的典型案例。

第十五章

成就"城会玩"

改革开放以来，我国出现了三次消费升级，推动了经济的高速增长，消费结构的演变也带动了产业结构的升级。

消费领域是数字化应用的前沿领域，也是场景最丰富、变化最快、生命力最旺盛的领域。消费数字化聚焦人们生活方式向数字化转变涌现出来的新需求，在 2022 年北京冬奥会等大型活动场合应用数据驱动的虚拟产品及服务，推动人们生活便利化、丰富化、品质化。

数字技术正在助力消费领域打通虚与实的世界。虚拟游戏、虚拟身份正在通过消费互联网平台与实体消费相结合，为顾客提供新产品、新感观和新体验。

数字技术正在助力大型活动在云与端融合互联。2022 年北京冬奥会成为一个标志性的活动，数字技术在奥运赛场上广泛应用，从虚拟人到数字货币，从跨界文旅到在线教育，奥林匹克正在突破时间和空间的界限，向更广阔的领域散发魅力。

一、消费的虚与实

消费领域的数字化已经较为成熟，并且开始出现新"玩法"。零售市场被数据激发出新活力，线上线下结合的新零售方式逐渐深入生活中。一方面，商品范围正在逐步扩展，生鲜和冷链成为物流的新组成部分，数字化供应链的快速反应和实时感知能力帮助小批量、冷门货物进入消费视野。另一方面，虚实交互的购买体验正在逐步增加，虚拟游戏正在和实体消费相结合，成为一种新的获客方式。例如，在淘宝上"种田"可以收获水果，在盒马 App 上"养花"能够换购物袋，等等。

> **案例：多点 DMALL"零售联合云"**
>
> ### 多点生活（中国）网络科技有限公司
>
> 多点生活（中国）网络科技有限公司（以下简称"多点 DMALL"）成立于 2015 年，是一站式全渠道数字零售解决方案服务商。其紧随数字经济浪潮，突出产学研用结合，创新性地打造了具有完全自主知识产权的"零售联合云"；拥有多件发明专利，打破了国外零售 IT 工具的垄断，并将"IT 时代的 ERP 系统进化为 DT 时代的商业 SaaS"，用更高效、更快捷的方式帮助传统零售商数字化转型，解决实体零售转型痛点，在实现降本增效的同时，在新冠肺炎疫情期间发挥了数字零售"以民生为本"的重要作用。
>
> ● 传统模式
>
> 在实体零售领域，在新冠肺炎疫情和线上竞争等多重压力影响下，线下实体零售受到了严重冲击，同时影响到民生刚需品的消费安全。
>
> 一方面，传统线下运营模式无法承载技术带来的业务增量，需要外部力量协助变革；另一方面，消费者需求不断变化，迫使商超延伸到家场景新业务。
>
> 另外，长期以来，零售领域数字化系统被 SAP 等国外工具垄断，存在技术"卡脖子"等问题。
>
> ● 数字化模式
>
> 多点 DMALL"零售联合云"以在实体零售领域 20 余年打磨的经验为基础，运用"数字技术赋能+实体零售改造"双驱动模式，深入供应链领域底层数字化，引导线上线下一体化的深度融合，实现人人在线、物物在线、事事在线。
>
> 取得成效：
>
> 目前，多点 DMALL 已与物美、麦德龙、7-ELEVEN、武汉中百、重庆百货等 130 多家连锁零售商及 850 多家品牌商等达成合作，覆盖 5 个国家和地区的 15000 家门店，其发展模式经过广泛验证。截至 2021 年 2 月底，麦德

龙中国单月订单量较 2020 年 6 月大涨近 64 倍，电子会员数增长 54 倍，App 订单占比达 40%。7-ELEVEN 的 1500 多家便利店完成了数字化转型后，供应商送货的等待时间缩短了 20 分钟，仓库原箱分拣效率提高了 25%～30%，整个仓储效率提高了 38%，店日均外卖订单增长了 20%，会员单量增加了 41%。

> **数字化在消费领域怎样落地**

在大数据、人工智能、云计算等新技术的基础上，多点 DMALL 通过深入供应链领域底层数字化，"零售联合云"包含了 15 大系统、800 多个子系统，在会员、商品、促销与价格、供应链、系统、运营六大方面实现运用大数据技术的数字化赋能，实现人、货、场的全面在线，为实体零售提供全面数字化和线上线下一体化的全渠道解决方案。"零售联合云"既利用实体零售生鲜食品丰富、距离用户近、用户能到店现场体验的优势，又利用大数据技术优化仓储配送、供应链管理、营销分析处理等，帮助实体零售连接用户，解决传统连锁商超、便利店的运营痛点，实现降本增效，并以更优的体验满足用户需求。

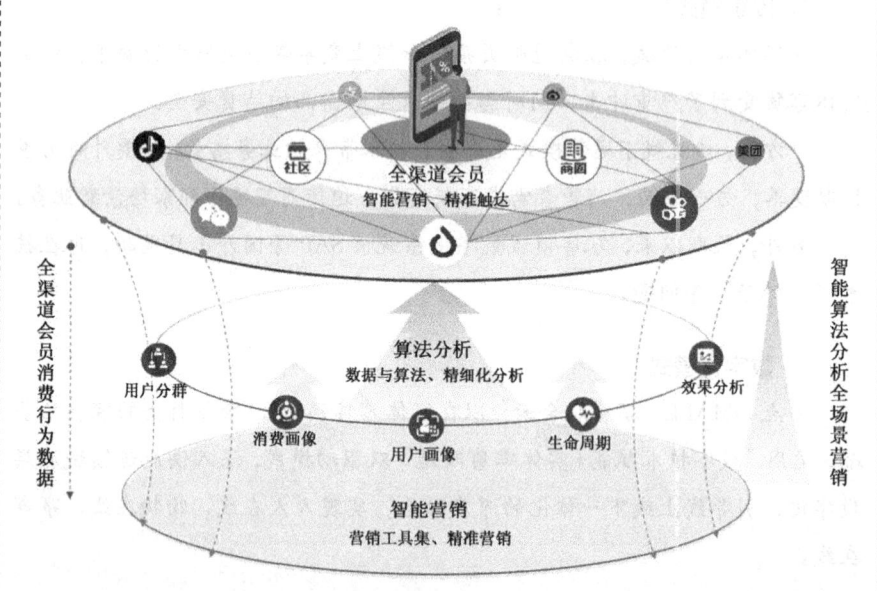

在智能营销方面，通过大数据分析用户的购买行为和偏好，绘制精准的用户画像，并通过具有自主知识产权的智能算法进行全渠道精准的个性化营销，在海量用户数据之上基于深度学习等人工智能技术实现精准的人货匹配。

在智能选品方面，多点 DMALL 运用大数据技术对商品属性进行分析，总结商品结构中存在的各种异常状况，如负毛利销售、长尾商品、负库存商品等，能够有效地指导门店提升品类结构。

在智能补货方面，多点 DMALL 自主研发的基于 AI 销量预测的自动补货系统，致力于打造"智能预测—智能补货—需求风控—人工复核"的完整解决方案，彻底颠覆传统手工补货方式，在大幅降低缺货率的同时，提升了补货效率与质量。

⊃ 数字化变革之路

多点 DMALL "零售联合云"赋能实体零售行业，通过对零售业态的解构、重构，找到其数字化转型的通用路径，并进行全面的在线化、数字化、智能化改造，助力实体零售企业实现全面数字化转型，包括线上线下一体化、全场景覆盖、全链条联通、全渠道经营，不断提升实体零售的核心竞争力。通过"零售联合云"一站式解决方案，帮助零售商和品牌商数字化转型，实现线上线下一体化。

⊃ 专家点评

该案例研发"零售联合云"，赋能实体零售数字化转型，实现线上线下一体化，通过多点 App 等工具赋能全渠道经营能力，并提供各类增值服务，是产业数字化转型的典型案例。

案例：吾卡数字预付式消费监管和服务平台

神州数码信息服务股份有限公司

神州数码信息服务股份有限公司（以下简称"神州信息"）以大数据、人工智能、区块链等数字技术融合应用为支撑，持续"科技+数据+场景"模式创新，发力金融信创、场景金融、数据智能、云原生数字化安全底座四大业务，赋能金融及各行业数字化转型，服务实体经济，实现普惠金融。

⊃ 传统模式

近年来，单用途预付卡使用规模日益提升，交钱容易退钱难、办卡容易退卡难等情况愈演愈烈，商家资金链断裂卷款跑路、卡内储值追还无门等行业乱象屡屡发生，提前消费模式让大家望而却步。

预付卡消费相关纠纷越来越多，监管部门监管难、防范难；卡片信息不透明，消费者遇到问题维权难；商户自建系统成本高，缺乏营销推广机制；金融机构缺乏业务切入点、增长点等诸多问题日益显现。

◎ 数字化模式

神州信息研发的基于区块链和数字人民币的数字预付式消费监管和服务平台——吾卡目前已上线推广。消费者端可集合各类卡片、消费券、积分，用户可以轻松管理各类数字资产；商户端实时记录各类消费积分、卡券兑换及使用情况；监管查询平台为消费者提供备案监管查询系统，为预付式消费保驾护航。

数字预付式消费监管和服务平台稳定运行后，预计可为过亿名消费者提供服务，资金规模将达千亿元。吾卡可以保障消费者资金安全，促进明白消费、放心消费、敢于消费的良性市场生态建设。

另外，吾卡兼顾商家利益，促进商家主动上平台，利用平台市场引流，降低运营成本，提升商家获客能力及收益；激发市场活力，促进在预付式消费领域经营者和消费者的良性互动，提供对"预付经济"的全领域服务，提振消费信心，拉动消费增长。

◎ 数字化在消费领域怎样落地

数字预付式消费监管和服务平台契合政府监管、商户营销、用户维权等需求，基于数字人民币研发技术，同时利用区块链的分布式特点，实现信息和数据共享。通过区块链技术对平台交易进行上链，保障支付和交易的真实性，并保障上下游信息不可被篡改，让交易过程更透明、更真实，保障数据安全。当数据出现问题时，用户还可以即刻追溯。

以数字化手段加强市场监管，使用个人数字身份唯一标识个人用户，更好地保障用户隐私及消费者的合法权益，打造规范有序的消费环境，为构建诚信社会、维护信息安全打下坚实基础。

该平台支持各管理部门信息互通共享，支持监管部门查看和管理预付式消费的相关信息，可充分发挥区块链分布式账本的特性，满足监管信息透明和共享要求。

该平台支持数字人民币支付及使用数字人民币进行资金管理，是数字人民币场景创新的有力实践。

产品探索阶段：神州信息积极配合城市预付卡管理部门行业监管要求落地，在保障资金监管的前提下，为消费者提供安全、灵活的预付卡使用、管理功能；为商户提供合规的金融服务支持及营销。该平台通过B端、C端、G端等共同构成全景生态，助力预付式消费在安全合规的前提下健康发展。

系统研发建设阶段：通过需求分析和政策研究，基于区块链技术进行研发，在各主体之间同步数据，并与银行系统对接，提供资金和管理方案支持，创新性研发平台系统。

系统推广落地阶段：目前，商户入驻和推广正在进行中；同时，根据各地政府需求，配合试点商户入驻。

数字化变革之路

1. 助力各方主体推进和落实数字经济建设目标

随着中国经济的发展，各省（自治区、直辖市）全面推进数字经济建设，预付式消费的规模也在逐年上升。以数字化技术为支撑推动预付式消费，支持政府监管，推动消费习惯及模式转型升级。

未来，预付式消费还将全面推进数字化生态建设，从商户、消费者到政府部门、金融机构等全面融合，共同构建数字经济的新模式。

2. 区块链技术应用拓展

区块链是构建信用的技术手段，预付式消费需要建立各方信用基石。因此，充分利用区块链技术，将其用于预付式消费过程中，增强全流程信用基础，构建共治、共建、共享的数字经济新模式。

专家点评

该案例研发了数字预付式消费监管和服务平台，以基于区块链技术和数字人民币应用的数字预付式消费监管和服务平台为底座，实现消费者购卡、消费、退卡全流程数字化管理，实现政府监管部门在线监管和风险防范，是消费数字化的典型案例。

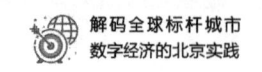

二、云端奥林匹克

2020 年开始，新冠肺炎疫情对各类大型活动产生了巨大的影响，尤其是在文旅、竞技等行业。人与人的聚集骤然减少，大家都在习惯用网络传递心情取代现实场景的面对面，用云上留下足迹取代跨越山川河流去旅行。

北京冬奥会是 2022 年的重大活动，而数字技术帮助北京冬奥会实现了"云上奥运"，为百年奥运史增添了数字化的浓墨重彩。

案例：阿里巴巴服务百年冬奥"上云"

阿里巴巴（北京）软件服务有限公司

阿里巴巴集团成立于 1999 年，2015 年阿里巴巴（北京）软件服务有限公司成立，2017 年阿里巴巴集团成为奥林匹克全球顶级合作伙伴。作为云计算和电商合作伙伴，阿里巴巴集团支持建设奥林匹克频道，并服务北京冬奥会在内的 6 届奥运会。2022 年北京冬奥会实现了百年奥运史上首次"云上奥运"，阿里巴巴集团围绕云服务、VR 及数字人应用、电商销售、文化创意全面服务北京冬奥会。

● 传统模式

传统大型活动基础设施主要依赖临时建设数据中心。搭建的传统虚拟演播室主要依赖绿幕抠图。

传统算力设施搭建、设备运输的成本高，产生的热能耗也高。虚拟演播室的接入门槛高，远距离、大规模转播的技术压力大。

● 首届"云上奥运"新数字化模式

2017 年，冬奥"上云"项目小组进入首钢园办公区。截至 2022 年 1 月初，北京冬奥会、冬残奥会实现赛事成绩、赛事转播、信息发布、运动员抵离、食宿、交通等核心信息系统全面迁移至阿里云，北京冬奥会成为奥运史上首届"云上奥运"；同时，北京冬奥会特许商品通过"电商+数字人"的方式向市场推广，支持北京冬奥会火炬、火种灯设计，开展全民参与的北京冬奥会公益活动。

取得成效包括：

（1）孵化了一批具有创新性的应用，如人工智能视频及媒体素材采编、云视频技术支持的"子弹时间"观赛体验等；

（2）实现数据中心100%无机械制冷，将热能耗降低至原来的70%以下；

（3）天猫电商平台冰雪运动装备消费总额增长3倍，国际客户下单踊跃；国内冰雪旅游线上订单增长超过30%；

（4）积极参与中华民族优秀传统文化和冬奥会文化的传播，参与火炬、火种灯设计，参与宣传内容拍摄、宣传推广，宣传内容播放量过亿次。

◯ 数字化技术如何运用于大型活动

1. 绿色数字基础设施服务百年奥运"上云"

为实现智能绿色交通技术服务北京冬奥会保障工作，将高德地图研发的基于人工智能技术的智慧巡检终端应用于北京冬奥会道路的保障工作中。安装终端的养护车可以通过人工智能技术，自动识别记录类似道路坑槽、结冰等问题。另外，在北京市公安局公安交通管理局指导下，阿里云为北京冬奥会期间的城市交通提供智能调度和预测服务，建设了智能交通预测系统。这套智能交通预测系统采用阿里云中台技术，可以综合处理北京市全部14大类交通数据，日均新增GPS数据上亿条。同时，北京市公安局公安交通管理局还引入阿里达摩院的视频智能AI分析和时空融合分析模型，将监控视频的利用率提升到80%以上。

全面"上云"也是"绿色冬奥"的重要举措。2022年北京冬奥会云计算支持来自位于张北的冬奥云数据中心。该中心通过自然风冷、浸没式液冷、智能调温等技术，实现100%无机械制冷，可以将热能耗降低至原来的70%以下。

2. 奥运云上频道带来全新观赛体验

2022年北京冬奥会实现了"媒体资产"的全面"上云"，通过超高清视频处理、高倍速分布式媒体引擎、人工智能标签与搜索等先进技术，可在24小时内完成多媒体资料的入库、处理和管理流程，支持资料智能汇聚关联、历史图片和视频修复、智能剪辑和创作等多种新型应用场景。

北京冬奥会启用了全新的云导播互动虚拟演播室技术，服务支持与央视国际频道（CGTN）场外记者的连线报道。搭建的虚拟演播室能够预设背景进行多路实景抠像，不再依赖绿幕抠图，大幅降低了虚拟演播室的接入门槛。另外，冬奥媒体活动实现了云视频技术创新。

上线奥林匹克官方旗舰店"云店"、出品北京冬奥会火炬传递故事片等，线上线下一体化促进北京冬奥会冰雪消费，积极推广冬奥文化，创新冬奥数字公益模式。

⊙ 数字化变革之路

本案例为北京冬奥会孵化了许多应用创新，如人工智能视频及媒体素材采编、云视频技术支持的"子弹时间"观赛体验、发丝级高清远程视频应用"Cloud Me"阿里云聚、交通大数据预测、线上体育公益扶贫等。电商、长视频等技术和应用，为推广冬奥文化、促进冰雪经济的发展带来了新的方式。

本案例可以有效赋能赛事活动，降低办赛成本，提高管理效率。

⊙ 专家点评

该案例是服务奥运会"上云"的实践，通过云计算等技术解决了大型赛事在运动员管理、多场馆、交通与防疫闭环管理等方面的难题，为如何搭建大型活动数字化基础设施提供了解决方案。

案例：拉卡拉深入参与建设数字人民币受理环境，助力冬奥会支付环境建设

拉卡拉支付股份有限公司

拉卡拉支付股份有限公司（以下简称"拉卡拉"）成立于2005年，是北京市海淀区成长起来的国内领先的第三方支付公司，以"为经营者创造价值，与创造者分享成果"为使命，定位于"商户数字化经营服务商"，从支付、科技、货源、物流、金融、品牌和营销等维度，助力商户数字化经营转型升级。拉卡拉主营业务分为两类：商户支付类业务，商户科技服务类业务。

⊙ 积极建设数字人民币受理环境

拉卡拉支付业务服务于商户侧，为商户提供全币种、全场景的收款服务，包括国内国际银行卡支付、扫码支付、数字人民币支付等，并支持超过100

个国家的跨境支付。拉卡拉在数字人民币业务方面拥有明显的先发优势和技术优势，是首批与中国人民银行数字货币研究所签署战略合作协议的机构，深度参与了全部数字人民币试点地区的受理环境建设。

目前，拉卡拉形成了市场领先的数字人民币支付受理能力，可向中小银行、大型商户输出数字人民币系统能力，商户收银系统只需要与拉卡拉数字人民币支付受理服务系统对接，便可以一站式开通工行、建行、中行、农行、交行、邮储、招行、兴业等十大运营机构的数字人民币钱包、受理、对账等相关服务。拉卡拉深度参与了所有试点城市的数字人民币红包发放活动，深化数字人民币在零售交易、生活服务、代发工资等场景试点使用，让数字人民币的创新试点落到服务实体经济和百姓生活上，使得更多企业和群众可以感受到数字人民币的便利性。

取得成效包括：

拉卡拉积极参与当前23个城市和地区的数字人民币试点活动。其中，在北京市"京彩奋斗者数字嘉年华"数字人民币红包活动中，拉卡拉服务的商户红包消费笔数达7.5万笔，总金额达638.54万元，占整体发放红包金额的15%以上。

⇨ 深度参与北京冬奥会支付环境建设

在赛场封闭区域，拉卡拉独家提供的集合数字人民币、外卡支付及数字化科技运营的便利店整体解决方案，满足了近1000名冬奥会官员、外国媒体和300多名工作人员的日常生活需求。在赛场周边，拉卡拉与外卡组织、银行等多方合作，针对故宫、颐和园等著名公园景区，以及大悦城、合生汇等核心商圈，建设聚合数字人民币、外币银行卡在内的全支付受理环境，为境外人士旅行、消费、出行提供便捷支付环境。

⇨ 数字人民币发展空间

数字人民币正在给支付行业，尤其是第三方支付市场带来新的刺激。

1. 解锁重要获客途径

通过获得更加稳定的交易规模，并为商户提供"支付+"全链式、多元化服务，在支付市场上获取更多的市场份额，并大大提升商户的黏性。

2. 推动传统支付数字化转型

数字人民币有可能会在民生、缴费、数字政务方面有更深层面的试点出

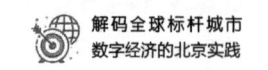

现，也将是值得探索挖掘且能有效形成用户黏性的场景。

3. 撬动 B 端支付市场

随着数字人民币应用场景的不断拓展与延伸，B2B 领域的数字人民币创新合作模式也先后试水。展望未来，数字人民币的大规模落地将在支付方面发挥重要作用，数字人民币的持续推广会进一步催生更多数字支付场景。

◎ 专家点评

该案例推动数字人民币落地，通过数字人民币聚合支付终端产品加速中小微商户数字化经营，并在北京冬奥会落地实施，具有广泛的应用前景。

案例：猿力教育冬奥知识云端数字化普及体系

北京猿力教育科技有限公司

北京猿力教育科技有限公司（以下简称"猿力教育"）成立于 2012 年，是国家级高新技术企业，也是最早成立 AI 研究院的教育科技公司。猿力教育业务除在线教育外，在智慧教育、数字出版、工具应用、STEAM 科学等领域也持续布局。"双减"政策出台后，猿力教育已完成学科培训业务的拆分剥离。针对学校数字化升级，猿力教育推出专门的技术品牌飞象星球，利用积累的人工智能技术为校内的提质减负赋能。

◎ 传统模式

2020 年，在北京即将举办 2022 年冬奥会的背景下，人们在实现国家迎接"双奥之城"的愿景，以及了解与实践冬奥知识方面有迫切需求。

在过往实践中，我国冰雪运动的推广受地理等多因素限制起步较晚，如何激发公众尤其是青少年群体对冰雪运动的兴趣至关重要。新冠肺炎疫情的暴发，进一步制约了实地体验冰雪运动的可能性，给冬奥知识普及带来成本和效率难题。

◎ 数字化模式

猿辅导运用数字技术和信息化平台，面向广泛的冬奥筹办人员、技术人员、志愿者、体育爱好者等人群提供系统、趣味、多角度的冬奥知识，助力国家实现"三亿人上冰雪"和迎接"双奥之城"目标。

取得成效包括：

冬奥云端知识体系直接服务于冬奥筹办人员和130万名志愿者候选人，向外辐射全社会公众。"学习冬奥"平台上线3个月内访问量突破1100万人次，相关微博话题阅读量超过3.5亿人次。《冬奥在线直播课》后台统计，最受猿辅导App平台用户欢迎的课程依次为高山滑雪、北欧两项和冰壶；《冬奥公益大讲堂》全网累计观看次数超过5342万人次；"冬奥达人赛"累计答题超过260万次。

● 数字化在交叉领域怎样落地

通过调研确立目标，打破地域和时间的限制，结合多元受众年龄，重点研究云端教学创新方式。利用互联网优势，重点开发"学习冬奥"微信公益小程序，其主体为电影级影视化知识内容《冬奥公益大讲堂》和长内容《冬奥在线直播课》（第一季），涵盖了2022年北京冬奥会和冬残奥会全部项目，在小程序和猿辅导App内同步直播。

在课程研发方面，三重保障促顺畅运行。为辅助学习效果，小程序内设置专门的冬奥题库，经北京冬奥组委会审核以后面向公众开放，用户可以通过组队PK的形式参与冬奥知识答题互动，在答题的同时可以获取积分兑换礼品。

在课程架构方面，针对不同年龄段打造个性化课程，激发各年轻群体学习兴趣。例如，面向低年龄段儿童，在南瓜科学App上线《运动中的科学》，在斑马App上线《冰雪语音绘本》，增强学习冬奥知识的互动性、趣味性；面向K12群体，在小猿搜题App内上线《冬奥我知道》栏目，以视频形式科普奥运知识；面向全社会用户，在"学习冬奥"微信公益小程序、猿辅导App内上线《动画看冬奥》《冬奥公益大讲堂》栏目，其生动形象的表达赢得了青少年群体的喜爱，同时其内容的专业性覆盖了18岁以上的用户群体。为响应体育强国的号召，增加目前青少年的课间活动时间，猿辅导首创性地将冬季各项运动的经典动作与在线教育元素相结合，打造青少年"猿力操"，为青少年课间休息提供了第二选择。

为了保障产品持续迭代，打造不断创新的冬奥知识公益传播体系，经过对过往上课用户需求的洞察分析，猿辅导决定将冰雪运动知识与广受青少年欢迎的编程知识结合，以此拓展冰雪运动中科技知识的普及。

⊃ 数字化变革之路

奥运会不仅是举世瞩目的体育盛会，也是展示科技成果、应用创新科技的重要窗口和平台。猿力教育冬奥知识云端数字化普及体系已成为"2022年北京冬奥会筹办工作的奠基石"，极大地提升和改善奥运知识学习模式，为奥林匹克运动留下了北京印记。

本案例首次由教育公司跨界体育行业开展云端知识开发，进一步证实了教育科技的便利性和延展性，以教育助力"数字中国"建设，将数字资源的静态使能转化为强大的教育动能，有助于推进国家教育数字化战略转型。

以高水平的教育信息化引领教育现代化，通过奥运会这一国民大事件强化"学习型社会"建设，完善教育数字化公共服务体系，打造国家品牌，从而为教育变革提供动力，为共建共享数字社会创造契机，助力教育沿着高效化、智能化、低碳化方向前进。

⊃ 专家点评

该案例研发数字化冬奥知识解决方案，搭建了涵盖教研资源、主讲、技术、学生的激励集成式教学平台，以信息化催动、网络化传播、数字化互动方式，将传统的冰雪普及场景延伸到云端，协助公众在无法亲临冰雪的情况下开展学习，极大地提升了信息传播和知识学习的效率，是消费数字化的典型案例。

06 第六篇
未来之望

全球正在加速迈进数字经济时代,在不断变化中孕育着无限可能,新产品、新模式、新业态层出不穷,未来产业正在茁壮成长。

变革孕育着新生态。价值模式颠覆、产业链重构和虚实交互的变革中,催生出开放式、跨领域的虚拟空间,人与人的关系、组织与组织的关系正在发生变化,竞争变成竞合,封闭变成开放,单向流动变成双向循环,人们越来越多地认同了生态共赢的观念。

需求催生了新趋势。需求市场正在发生巨大变化,数据驱动的新需求不断涌现,推动消费升级,促进内需潜力释放,成为拉动经济增长的新动能,产生了系列新趋势。

创新带来了新问题。先行者既有优势也有劣势,创新探索者在开荒阶段仍然面临重重阻碍,规模效应尚未出现,技术和业务融合水平较低,仍需要更多的投入和时间。另外,在市场不完备的情况下,应用方也存在种种顾虑，需要先行者具有更多的耐力和定力。

变局中应有新对策。数字经济是全球变局的必争之地。一方面，需要提升数字应用能力，加快融入国际市场；另一方面，需要完善数字治理体系，提升国际话语权。

第十六章
变与不变

一、新变革与新生态

平台重构价值模式，促进产业从封闭竞争走向生态构建。在传统产业体系中，各行业有严格的界限和分工，通过竖高技术壁垒来争夺竞争力，形成了烟囱式发展格局。在数字经济背景下，信息和市场需求快速变化，其对资源整合、业务协同的要求更高，平台化发展已经成为共识。部分行业头部企业正在从集团发展向平台生态转型，不仅将深耕多年的工业经验面向行业推广，而且跨界向其他行业实现模式输出，打造以工业互联网平台为核心的产业生态。

网络延伸产业链，促进行业从纵向发展到跨界合作。数据流通正在促进工业行业林立的状态发生"化学反应"，原本清晰的组织界限逐渐模糊，使产业由原来的上下游、产供销的线性关系向立体、多维的网络化方向发展。行业内企业从原本的竞争关系转向竞合关系，个人消费者成为参与产品设计和制造的产消者，产业网络逐渐成型，重新定义人与人、人与物、物与物之间的关系，带来产业发展逻辑、产业组织形态、产业发展形态的结构性、颠覆性变化。

数据打破时空限制，促进企业从物理空间向虚拟平台汇聚。工业企业在建厂选址过程中，地理位置重要性居第一位，中小企业更倾向于支撑服务完善、配套设施齐全的工业园区，创业企业更乐于在科研资源富集的大城市落户。工业互联网平台正在构建工业体系的虚拟数字映射，平台生态更是打破了现实空间的隔阂，通过远程协同、多地协同，实现从地理位置集聚到线上载体集聚的转变，有助于缓解区域之间产业发展不均衡、不协调的问题。

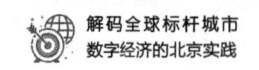

二、新需求与新趋势

新技术、新产品正在挖掘需求潜力。一方面，通过技术和产品创新，不断提升可穿戴设备、移动智能终端、智能家居、智能机器人、智能网联汽车等产品的智能化程度，不仅能更好地满足人民群众的消费升级需求，而且有助于创造新需求、拓展新市场、形成新蓝海。例如，智能网联汽车作为汽车、电子、信息通信、道路交通运输等行业深度融合的新产品、新产业，具有广阔的发展前景。另一方面，通过开展覆盖产品全生命周期的维保和服务，建立广泛的"产品+服务"智能化生态体系，有利于提升智能产品的用户体验，进而激发更多需求潜力。

信息消费模式正在引导需求升级。近年来，信息消费已成为有效扩大内需、拉动经济增长的新动力。远程医疗、在线教育、智慧养老、数字内容等新消费模式发展迅猛，不仅成为引领消费升级的重要引擎，而且孕育形成了新的经济增长点。例如，新冠肺炎疫情发生以来，在传统线下消费受到影响的情况下，云游戏、云旅游、云展览、直播电商等信息消费模式在新冠肺炎疫情之下逆势增长，有效地满足人们日常生活的需要，助力国内消费恢复和升级，保障国内循环畅通。

线上线下融合正在拓展需求空间。一方面，线上应用正在和线下深度融合。例如，九阳股份与天猫平台合作推出 C2M（Customer-to-Manufacturer，用户直连制造）模式，在线上通过共享淘宝、天猫消费数据，精准预测销售和定位个性化需求，拓展全渠道营销，提升用户体验；在线下升级工厂柔性制造系统，快速组织设计、采购、生产、配送等协同响应，有效缩短新品研发周期和上市时间。另一方面，线上场景正在向线下延伸。平台企业抓住流通领域全渠道变革机遇，积极向线下拓展实体业务。例如，阿里巴巴的盒马鲜生、京东的 7FRESH，积极打造"食品超市+餐饮+App 电商+物流"一体化经营模式，为人们的生活提供便利，培育新消费增长点。

三、新模式与新问题

新模式应用推广不均衡，应用生态尚不完善。一方面，模式创新的主体仍然是大企业，小企业缺乏主动性。统计数据显示，在创新模式方面，龙头企业引领平台化研发、个性化定制等高附加值环节的模式创新，并积极探索服务化转型的路径；小企业应用需求集中在数字化管理、智能化制造和供应链协同方面，成本、交付压力是平台应用的主要驱动力，研发设计仍然是薄弱环节。另一方面，新模式复制推广难度大，价值变现周期较长。个性化定制、网络化协同等新模式对柔性生产能力和资源调配能力要求较高，目前仅在部分面向终端的行业和细分领域应用，难以实现规模化复制。

新技术与业务绑定深度不足，数据应用较为局限。一方面，新技术融合应用还需要沉淀。当前，应用区块链、AR/VR 等技术的企业占比不足 1 成，AR/VR 更多用在培训等场景，而 5G、区块链技术的应用与业务绑定的深度不足。另一方面，虽然近半数的企业已经开始探索人工智能、数字孪生的应用，但是场景主要集中在质检、设备运维等特定场景，感知与可视化、诊断与分析仍然是数据应用的主流，数据集成多、深度挖掘少，应用场景有待拓展。

工业企业数据开放选择偏审慎，运营模式仍需要探索。在云部署方面，中小企业更愿意选择公有云部署方式，其中，阿里云和华为云居前两位。大企业的部署方式偏谨慎，大多数选择了本地部署，数据开放共享首先需要解决大企业的数据安全顾虑。在运营模式方面，数字化项目落地之后，企业更倾向于自运营，委托运营比例较低，尤其是大企业。"平台+应用服务"的长期运行模式尚不成熟，服务商和应用企业仍然在探索如何合理地构建长期合作关系。

四、新格局与新对策

提升数字应用能力，促进融入国际市场。随着电子商务、智慧物流、数字服务等企业积极"走出去",一大批具有全球资源配置能力的企业脱颖而出。这些企业以多种形式实现境外本土化经营,形成了覆盖全球的贸易、仓储和物流网络,助力传统企业拓展国际市场、降低物流成本,推动高质量共建"一带一路"。例如,在欧洲多国航运因新冠肺炎疫情中断的情况下,阿里巴巴世界电子贸易平台(Electronic World Trade Platform,eWTP)与比利时合作打造的列日机场枢纽一直保持高效运转,一批国内中小型跨境电商通过该枢纽做到了新冠肺炎疫情期间"不打烊",保障了国际循环通道畅通。

完善数字治理体系,提升国际话语权。随着数字化进程加快,工业大数据业务不断增长,数据跨境流动日益频繁,数据治理成为国际竞争的聚焦点。因此,数字化标准变得尤为重要,尤其是在推动重构全球治理格局方面发挥重要作用。一方面,利用我国数字化基础设施优势,推动企业和"一带一路"沿线国家和地区在5G、数字供应链和工业互联网等数字新基建领域深化合作,打造功能完善的数字贸易国际港和全球数字贸易网络,扩大双向贸易和投资,推动新一轮高水平对外开放。另一方面,加快数字贸易便利化、电子认证互认、数据跨境流动和知识产权保护,完善数据治理机制,有利于培育世界级数字产业集群、深化国际产能合作,实现从产品输出向产业输出提升,形成具有更强创新力、更高附加值、更安全可控的产业链供应链体系。

参考文献

[1] 中国人工智能产业发展联盟. 脑机接口技术在医疗健康领域应用白皮书[R]. 2021年.

[2] 施路平，裴京，赵蓉. 面向人工通用智能的类脑计算[J]. 人工智能，2020（1）：6-15.

[3] 吴朝晖. 类脑计算——构建"人造超级大脑"[EB/OL]. 光明网，2022-01-11.

[4] 云计算开源产业联盟. 泛在计算服务白皮书[R]. 2020年.

[5] 赛迪智库电子信息研究所. 量子计算发展白皮书[R]. 2019年.

[6] 赛迪顾问物联网产业研究中心，新浪5G. "新基建"之中国卫星互联网产业发展研究白皮书[N]. 中国电子报，2020-06-02.